主 编／伍长南
副主编／吴肇光 陈 捷

统筹城乡发展研究

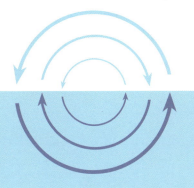

A Study
on Balance of Urban and Rural
Development

社会科学文献出版社
SOCIAL SCIENCES ACADEMIC PRESS (CHINA)

前　言

党的十八大报告提出：要推动城乡发展一体化，城乡发展一体化是解决"三农"问题的根本途径。要加大统筹城乡发展力度，促进城乡共同繁荣。

统筹城乡经济社会发展，是深入贯彻落实科学发展观，努力把以福建省为主体的海峡西岸经济区建设成为科学发展先行先试区域的重要内容，也是全省率先实现全面建成小康社会发展目标的需要。为此，要加快推进经济结构调整和自主创新，解决制约经济发展的瓶颈问题；加快推进基础设施和公共服务设施建设，解决城乡公共设施一体发展问题；加快推进环境保护和资源节约，改善城乡人居环境问题；加快推进社会事业发展，形成有利于科学发展与社会和谐的体制机制，促进经济社会又好又快发展。

统筹城乡经济社会发展，要遵循以下基本原则：坚持城乡统筹，促进城乡协调发展；坚持科学发展，着力转变发展方式；坚持以人为本，推进和谐社会建设；坚持改革开放，推进体制机制创新。以统筹城乡改革为抓手，在重要领域和关键环节率先突破，破除制约经济社会发展的体制机制障碍。因此，本书重点分析当前福建省推进城乡经济社会发展的现状、存在的问题与原因，研究"十二五"期间统筹城乡经济社会发展趋势；研究统筹城乡经济社会发展的总体思路、重点任务和政策措施；研究如何统筹城乡产业发展、基础设施、公共服务、劳动就业、社会管理等方面的内容。

目 录
CONTENTS

第一章 统筹城乡发展的国内外经验与启示 …………………… 001

第一节 统筹城乡发展的国际经验与启示 …………………… 001

第二节 统筹城乡发展的国内经验与启示 …………………… 011

第三节 山东省与成都市统筹城乡发展的实践与启示 ………… 018

第四节 国内外经验对福建统筹城乡发展的启示 …………… 023

第二章 福建省统筹城乡区域发展研究 …………………… 030

第一节 城乡区域发展现状 …………………………………… 031

第二节 统筹城乡区域发展的必要性 ………………………… 039

第三节 统筹城乡区域发展基本思路 ………………………… 045

第四节 统筹城乡区域发展保障措施 ………………………… 050

第三章 福建省统筹先进制造业发展研究 ………………… 056

第一节 国外先进制造业发展态势 …………………………… 056

第二节 先进制造业发展基本情况 …………………………… 068

第三节 统筹先进制造业发展思路 …………………………… 080

第四节 统筹先进制造业发展措施 …………………………… 085

第四章 福建省统筹城乡基础设施研究 …………………… 096

第一节 农村基础设施建设现状 …………………… 097
第二节 发展农村基础设施建设的国际经验 …………………… 102
第三节 统筹城乡基础设施建设的必要性 …………………… 108
第四节 统筹农村基础设施建设的思路 …………………… 113
第五节 统筹农村基础设施的保障措施 …………………… 120

第五章 福建省统筹城乡公共服务研究 …………………… 126

第一节 城乡公共服务发展现状 …………………… 126
第二节 统筹城乡公共服务的必要性 …………………… 132
第三节 统筹城乡公共服务的思路 …………………… 137
第四节 统筹城乡公共服务的保障措施 …………………… 148

第六章 福建省统筹城乡就业的研究 …………………… 152

第一节 统筹城乡就业的必要性 …………………… 152
第二节 统筹城乡就业的现状 …………………… 159
第三节 统筹城乡就业的思路 …………………… 169
第四节 统筹城乡就业的保障措施 …………………… 175

第七章 福建省统筹城乡社会保障研究 …………………… 188

第一节 统筹城乡社会保障的基础 …………………… 189
第二节 统筹城乡社会保障的必要性 …………………… 197
第三节 统筹城乡社会保障的思路 …………………… 204
第四节 统筹城乡社会保障的政策措施 …………………… 213

第八章 福建省统筹城乡社会管理研究 …………………… 223

第一节 社会管理发展现状 …………………… 223

第二节 统筹城乡社会管理的必要性 ……………………………… 229

第三节 统筹城乡社会管理的思路 ………………………………… 233

第四节 统筹城乡社会管理的保障措施 …………………………… 240

第九章 福建省统筹城乡生态环境研究 ………………………… 251

第一节 统筹城乡生态环境发展现状 ……………………………… 251

第二节 统筹城乡生态环境发展的必要性 ………………………… 256

第三节 统筹城乡生态环境发展的基本思路 ……………………… 257

第四节 统筹城乡生态环境发展的保障措施 ……………………… 269

第十章 福建省统筹海洋经济发展研究 ………………………… 273

第一节 统筹海洋经济发展现状 …………………………………… 273

第二节 统筹海洋经济发展存在的主要问题 ……………………… 279

第三节 统筹海洋经济发展思路 …………………………………… 284

第四节 统筹海洋经济发展保障措施 ……………………………… 291

第十一章 统筹中央苏区与沿海发达地区发展研究 …………… 299

第一节 统筹中央苏区与沿海发达地区发展的意义 ……………… 300

第二节 统筹中央苏区与沿海发达地区发展的相关理论简述 …… 306

第三节 统筹中央苏区与沿海发达地区发展可行性分析 ………… 311

第四节 统筹中央苏区与沿海发达地区发展障碍分析 …………… 323

第五节 构建中央苏区与沿海发达地区统筹发展的机制与平台 …… 325

主要参考文献 ……………………………………………………… 336

后 记 ……………………………………………………………… 340

第 一 章

统筹城乡发展的国内外经验与启示

统筹城乡发展是一个国家和地区在生产力水平或城市化水平发展到一定程度的必然选择。城乡统筹的基本目的是缩小城乡差别，实现城乡经济社会的和谐发展，使城乡共享现代文明。城乡统筹的基本内容是在加快城市化发展的基础上，强化城市主体的辐射带动作用，促进城乡之间各种要素的双向流动，实现资源的共享、互补和合理配置。这就需要我们在充分把握福建实际的基础上，对我国城乡统筹的实践与经验进行深入研究，同时也要借鉴发达资本主义国家和其他发展中国家的有益经验，努力探索符合福建实际的"以城带乡、以乡促城、城乡结合、优势互补、共同发展"的统筹城乡一体化的发展道路。

第一节 统筹城乡发展的国际经验与启示

时至今日，西方发达国家先后完成城市化，步入城乡统筹发展阶段；一些发展中国家对城乡统筹发展也进行了探索，获得了丰富的成果和经验。

一 美国统筹城乡发展的基本经验

(一) 技术革命是城乡统筹的根本动力

美国是一个以农村、农业开始其历史的国家，美国革命时期，农村人口比重在95%以上，但美国农村城市化速度和范围可与任何发达国家相媲美，到1920年城市人口就超过了农村，占总人口的51.2%。美国农村城市化同技术革命关系密切，尤其是交通运输技术发展对城市化发展及布局影响很大，1920年就已建成连接全国城镇的铁路网，并着手高速公路网的建设。

(二) 形成工业化、城市化和农业现代化的良性循环

美国的工业化是从棉纺织业开始的，经过几十年的发展，到1860年时，工厂制度已在各个工业部门，如棉毛、纺织、面粉、肉食罐头等行业占据了支配地位。19世纪最后的30年里，一系列新兴工业部门，如石油工业、汽车工业、电气工业、化学工业、炼铝工业等得以建立并迅速发展。1860年时名列前茅的是面粉、棉纺织、木材加工、制鞋等轻工部门，19世纪末排在前面的则是钢铁业、屠宰和肉类罐头业、机器制造业、木材加工业。美国的这种工业化特点促使农业等基础产业发展较快，反过来又刺激了工业发展，农工协调发展促进了城市化较快发展。农业发展对城市化的促进作用表现在：一是为城镇化解决了粮食问题，提供了原料和广大的国内市场；二是为城镇化提供了大量资金积累。

(三) 全球范围内吸引、配置劳动力资源

美国是一个地多人少的国家，城市化面临劳动力不足问题，国际移民正好满足了这一需求。1851～1860年从欧洲到美国的移民为248.8万，1881～1890年增长到473.7万，1901～1910年更高达821.3万。在这些国际移民中，工人占近50%，专业技术人员占近25%，来自英、德、法的移民带来了先进的冶铁、纺织、炼油和其他工业部门的知识和技术，对美国

工业化发挥了重要作用。外来人口也是城镇人口增长的主要来源，外来人口中从事农业的只有16%左右，绝大部分转移到了城市。目前，美国运用各种可能的机会或方式千方百计地吸引全世界的优秀人才到美国工作、生活，尽其可能使全球的人力资源服务于美国利益。

二　德国统筹城乡发展的基本经验

德国城市化与英、法、美相比，起步较晚，启动较迟，但是速度快、水平高，到1910年，德国基本实现城市化，比法国和美国分别早20年和10年；到1996年，德国城市化水平已达94.6%。德国的独特之处在于境内城市分布均衡、城乡一体，形成一种城乡统筹、分布合理、均衡发展的独特模式。

（一）均衡持续的发展观及其政策措施

德国在联邦宪法中规定，追求全德国区域的平衡发展和共同富裕。因此，在城乡建设和区域规划的政策上，有两项最高宗旨：一是在全境内形成平等的生活环境，减小各地区的差异；二是追求可持续发展，使后代有生存和发展的机会。德国的政治、经济和文化中心职能分散在全国各地城市，有利于形成全国城市均衡分布的局面。政府和企业通过技术改造和加大环保投入，不仅改善了环境，更提高了土地利用效率，实现了资源的优化配置、持续发展，创造了更高的综合效益。保护城市绿地则是城市可持续发展的重要方面，通过增加市区中心的绿化，不仅可以改善环境，减少城市"热岛"现象，而且环境优良的市区中心有助于解决城市交通问题，为城市留有发展的空间，防止城市环境恶化、犯罪率上升、城市空心化等城市衰败问题，实现城市的可持续发展。

（二）科学的城乡规划管理体制

科学的城乡规划管理体制为城市提供了自由发展的空间。德国在城乡管理上有四级机构，联邦一级有联邦规划局，其主要任务是制定政策框架，通过部长会议衔接和协调联邦与联邦州以及联邦州之间的规划；通过制定框架性法律《联邦规划法》规定基本的规划目标、职能划分、区域规划的操作过程；通过不断发布区域规划报告，指导全国的城乡建设。联邦州以下具体编制和执行规划。联邦州有区域规划法，根据联邦州的有关法律，各市共同制定土地使用规划，通过城市共同协商确定。土地使用规划一旦确立，就作为法律，不可更改。同时，土地使用规划对可建用地的类别划分并不十分详细，为各市的具体操作留下很大的自由空间。各市在土地使用规划的指导下，编制城市的建筑规划。

（三）统一而健全的社会保障体系

统一而健全的社会保障体系为城市化降低了门槛。德国在宪法上规定了人的基本权利，如选举、工作、迁徙、就学、社会保障等平等的权利，在社会上没有明显的农工、城乡差别，可以说，农民享有一切城市居民的权利。农工差别只是从事的工作性质的差别。因此，在政策上没有农业人口转化的政策门槛，只要农民进城工作，按章纳税，进入社会保障，就成为城市居民。在政策上保障了人口的自由流动和农业人口向城市转移。为了促进土地的流转，集中土地，提高农业效率，鼓励农民脱离传统农业，出台了农民卖地退休补贴政策。对农民卖地退休者国家给予额外退休金，使农业用地集中，适合农业向现代化大生产的生产方式转变。同时，脱离农业的劳动力转变为工业和服务业劳动者，加速了生产力的转移和城市化过程。

（四）方便与网络化的交通系统

方便与网络化的交通系统为城市均衡发展提供了重要保障。德国现在还有大量的有轨电车，甚至超过了公共汽车。有轨电车有相当多的优点：运量大、无污染、安全、速度快而且准时。由于有了这些有轨电车，为城市的跨区域发展提供了条件。同时方便的公共交通将各个市镇联系起来，形成网络；加之小轿车的普及，人们可以居住在小镇而到别的城市工作。城市单元之间的空间距离已变得不重要，而时间距离才是人们所关心的。

（五）注重广泛的市民参与

在市级的城市规划中，都有市民广泛参与的过程。在编制控制性详细规划中，市政府要向市民公示，广泛听取市民的意见，对市民提出的意见和建议，市政府或者规划局必须给出书面答复，要向市民逐条解释说明。因此，大家都有主人翁的意识，市民对自己的城市，特别是居住附近的规划非常了解，对周边的建设管理形成自觉的共同监督、共同管理。可以说，市民参与制定具体地区的详细规划有助于在规划执行过程中的社会监督，防止违反规划行为的发生。同样，广泛的市民参与，增强了市民的参与意识，形成共建共管的良好氛围。

三　日韩统筹城乡发展的基本经验

由于日本和韩国具有基本一致的城市化和农村发展历程，因此将其作为城乡统筹的一种模式加以总结。

（一）城乡发展的主要特征

一是典型的"城市拉动型的城市化"，最终形成高度集中城市化模式。日本、韩国虽然是市场经济国家，但政府对工业发展和城市时空布局起着重要的作用。日本从明治时代开始，中央政府就建立了国家工业企业作为"导航工厂"；二次大战后，在工业建设用地、工业区的准备、工业用水和交通设施的建设以及技术帮助等多方面，中央、地方两级政府持续提供了多种多样的金融支持和帮助。在韩国，从 20 世纪 60 年代初开始，政府就致力于建立一种"政府指导的资本主义体制"或实行"政府主导性增长战略"。结果，日本城市化向太平洋沿岸城市移动的过程中，形成东京、大阪、名古屋三大都市，1998 年，三大都市市区人口占全国人口的 46.8%。而 1993 年韩国四分之一的人口集中在汉城。

二是工业化与城市化同步推进。日本表现得更为突出，其轻重工业之间关系比较协调，轻工业吸纳了工业化过程中大量从农业转出的劳动力，而重工业则始终保持高技术密集性，劳动生产率高，技术进步快，为整个国民经济的发展提供了先进的技术设备。此外，日本工业的另一特点是，中小企业发挥着十分重要的作用，中小企业吸收了大量的劳动力。

三是内力作用和外力作用相结合的城市化。尽管在日本经济发展中，以本国资本为主，外资占的比重较少，但由于外资主要集中在电子、钢铁、公路、铁路、机械、石油、化工和海运业等基础生产部门，对推动日本工业化和城市化提供了直接动力。韩国的城市化也深受美国等发达国家的大力支持。

（二）城乡统筹过程中产生的问题

首先是大城市人口的过度膨胀，导致教育、交通、土地、住宅等一系列社会问题。其次是农业、农村发展困难。1958～1960年，日本到非农产业就业的农业劳动力每年为68.6万人，其中有41.1万人流入城市，占59.5%，导致农村人口稀疏、产业衰退、社会设施奇缺、文化水平落后，农业发展出现严重衰退。韩国在20世纪60年代以来的30多年内，相对忽视了农村的发展，造成农村一定程度的衰落。农村已变成了"不能生活"和"迟早要离开"的地方。

（三）促进农村发展采取的措施

日本政府主要采用如下措施：一是用法律手段促进城乡协调发展。日本在城市化中后期注意到农业和农村发展问题，制定了大量法律促进农村发展，如《过疏地区活跃法特别措施法》《半岛振兴法》《山区振兴法》等。二是加大对农村投入，促进城乡一体化。日本各级政府十分重视对农村的投资，日本农村城镇化水平高实际上是政府大量投资的结果。韩国政府则通过"新村运动"促进农村发展（见表1）。

表1 韩国"新村运动"发展历程

阶段	基础建设阶段	扩散阶段	充实提高阶段	自发运动阶段	自我发展阶段
时间	1971～1973年	1974～1976年	1977～1980年	1981～1988年	1988年以后
目标	改善农民居住条件	改善农民居住环境	发展畜牧业、农产品加工业和特产农业、农村保险业	改善农村生活环境和文化环境，继续提高农民收入	社区建设和经济开发

续表

阶段	基础建设阶段	扩散阶段	充实提高阶段	自发运动阶段	自我发展阶段
时间	1971~1973年	1974~1976年	1977~1980年	1981~1988年	1988年以后
措施	政府无偿提供物资，激发农民建设新农村的积极性、创造性和勤勉、自助、协同精神；建立中央研修院，培养新农村指导员	修建公用设施，建住房，发展多种经营，进行新农村教育；提供贷款和优惠政策；推广农科技文化知识和技术	推动乡村文化的建设与发展，为广大农民提供各种建材，支持农村文化住宅和农工开发区建设	完善民间组织，通过规划、协调、服务，提供财政、物资、技术服务，调整农业结构，发展多种经营、金融、流通	致力于国民伦理道德建设、共同体意识教育和民主与法制教育；积极推动城乡流通业的健康发展
主导力量	政府	政府	民间自发	国民	民间组织结构

四　拉美国家城市化的教训

19世纪末，一些拉美国家开始启动现代化进程，到20世纪50年代，大多数拉美国家先后进入了现代化的起飞阶段。一些拉美国家全面推进工业化，工业发展战略由初级产品出口为主转向进口替代工业化为主；各国政府集中全国的资源，重点和优先发展与工业化相关的基础设施，并大力投资制造业。这期间，它们实施了牺牲农业、扶植"幼稚工业"的产业倾斜政策和一系列吸引外资的优惠政策。由于现代化进程的快速推进，拉美国家城市化取得了令人瞩目的成就。1950年的城市人口占总人口的41.6%，1980年达到65.6%，已接近欧洲的城市化水平，但是拉美国家遭遇了"过度城市化"问题。到70年代中期，拉美城市人口的比重已占地区总人口的60%，但工业人口的比重不超过20%~30%。

过度城市化造成的严重后果表现在：一是城市化过程中的贫困化。20世纪90年代末，10个贫民中有6人住在城市。二是严重的失业问题。由于经济发展缓慢，城市人口膨胀，导致拉美城市的失业率很高，形成一个相当大的非正规部门及其多种表现形式的存在。三是城市的首位度奇高，首位城市的发展面临巨大的压力。四是沉重的外债负担和不利的外贸条件。拉美国家对外资利用率较低，许多国家还债能力差。70年代末80年代初，西方发达国家发生了经济危机，实行贸易保护主义，普遍提高利率，拉美利用外资和对外贸易的条件日益恶化，导致拉美背负沉重的债务负担，最后引发了"债务危机"。五是严重的社会问题。在拉美许多国家，城市人口恶性膨胀导致就业机会不足，城市中的贫富差距拉大，社会不稳定因素急剧增加，暴力活动、毒品犯罪、道德沦丧问题泛滥成灾。六是许多拉美国家城市资源与环境承载力已达极限。城市环境污染严重，交通拥挤，供水困难。七是拉美国家出现的"贫民窟包围城市"的尴尬局面。

五 统筹城乡发展的国际实践经验和启示

（一）对城乡统筹的重新认识

一是农民进城只是城市化的一种表象。城市化的实质在于现代化，即在于社会生产方式、生活方式、价值观念的现代化，而不仅仅是人口在地域空间单纯的移动问题，也不仅仅是居住区向城市的汇集，更重要的是乡村传统封闭的文化向城市现代化开放文化的转变和人们的生产方式、生活方式向城市的存在方式和运行方式发展。

二是韩国的经验表明，在促进城乡一体化发展过程中，政府应充分教育农民、调动农民的积极性与创造性；农民应当逐渐自我发展，形成自生能力。

三是城市化的根本在于经济的快速发展。美、德、日、韩和拉美国家的发展从正反两个方面说明：经济发展是城市化的基础，城市化是地区经济发展的产物，城市化和社会经济发展水平应保持在一个相互适应的区间之内。城市化的规模和速度，必须以经济发展为基础，经济不发展，就谈不上城市化的发展。通过行政可以引导和促进城市化，但是单靠行政手段无法实现城市化的健康发展，而且行政推动的城市化，是不可持续的发展，也必将带来很多问题。

四是城乡一体化是一项系统工程，受多种因素制约，要处理好各方面的关系。福建农村城市化相对滞后，既有农业、农村方面的原因，又有城

市本身的原因；既有生产力方面的原因，又有生产关系、上层建筑方面的
原因；既有宏观的原因，又有微观的原因；既有产业发展的原因，又有制
度建设的原因，只有从各方面形成一整套配套改革措施，才能推动农村城
市化的快速发展。

（二）探索与区域发展相适应的城乡统筹模式

美国是在市场经济和技术不断革命的基础上城市和农村互动同步发展
一体化模式，德国是以均衡、持续发展为特征的民主式城乡统筹模式，日
本、韩国是先城市后农村、政府主导的非均衡城乡统筹模式，而拉美国家
总体看来是工业化和城市化失调的过度城乡统筹模式。福建存在沿海地区
和内陆山区不同的经济发展带，各个地域差距较大，沿海地区已进入城市
化发展中期阶段，内陆山区仍处于城市化发展的初级阶段。面对这种区域
发展极不平衡的现象，城市化不应采取一种模式，要根据其城市化水平及
城市结构等特点，因地制宜地选择和实施不同的城市化发展模式。对于沿
海地区，应以现代化和国际化为目标，重点加强"中心城市"建设，控制
大城市的人口数量，发展卫星城；内陆中心城市应以大力发展中等城市为
目标，走集中与分散并举的城市化道路；而内陆山区城市化水平低，在资
金、人才、技术、资源有限的情况下，应走集中型城市化发展道路。选择
基础好、交通便利的城市，集中投资、集中建设，使其成为当地新的中心
城市，带动区域城市化与现代化。只有走多元化的发展道路，才能更好地
协调发展，促进城乡一体化健康发展。

（三）以农村、农业现代化和城市化有机结合为目标

以农村、农业现代化和城市化有机结合为目标，以机会公平为基础，
以产业化经营为纽带。

一是把农村、农业现代化和城市化有机结合起来。城乡一体化现阶段
主要矛盾仍然是进一步充分转移农村劳动力和人口的问题，因此必须高度
重视农村和农业的现代化问题只有和城市化同步进行农业的现代化，才能
在农村人口转移不充分的情况下，有效增加农民收入，缓解农村人口转移
的压力；只有发展高效益的现代农业和农产品加工运销业，才能为小城镇

的发展提供更有力的产业依托，为农村劳动力向小城镇的转移创造更广阔的就业空间，进而推进农村内发型的城市化进程，实现城乡一体化。

二是逐步缩小城市居民与农民在各项待遇上的差距，逐步降低农民进入城市的门槛，使每年进城打工的农民逐步居住在城市，转化为城市居民；使放弃土地的农民与城市居民享有同等待遇，从根本上实现国民待遇的平等。加强农民的职业教育，促进其生产方式的转化；不断创新，逐步实现人口的自由流动；大力加强城市和农村的公共基础设施建设，进一步完善公共品的供给体制，尤其是交通、通信网络的构建与发展。

三是在农村城市化过程中应促进农业经营的现代化。美国的经验表明，一方面，在工业化、城市化过程中，农业劳动力的快速转移速度促进了农业规模经营的发展；规模经营的发展，又大大地提高了农业劳动生产率。另一方面，美国农业工业化也促进了农业发展。从 20 世纪 50 年代起，美国就非常重视农产品产后的加工、运输、贮存、销售的产业化经营。从福建实际情况看，农业生产超小规模经营、乡镇企业的快速发展并没有解决小规模问题，因此，在新一轮推动农村城镇化的过程中一定要促进乡镇企业向城镇集中，促进农业人口动态转移，促进农业规模的扩大和农业产业化的发展。

（四）注重城乡规划的科学性和权威性

在城乡一体化过程中，区域规划是实现均衡、高效、快速、持续、健康发展的关键。

一要注重科学发展，打破行政规划。行政区划的影响，无形中会形成城乡一体化发展中的一些贸易和生产的壁垒，形成一个重要的体制上的障碍，结果导致地区同质化竞争、重复建设、盲目发展等问题。科学发展就是要淡化行政区划的概念，强化区域协调，加强城市之间的横向联系，追求城市之间的差异化发展，以社会、经济、环境的均衡发展为追求目标。

二要区分规划的层次，注重规划的权威性与灵活性的统一。学习德国的经验，明确不同层级的规划控制内容。在规划中首先明确哪些是不可动的，那些是可以建设的。对不可动的，要严格控制，而该放开的就要允许其充分的自由度。

三要加强市民对城市规划建设的参与，区分好市民参与重大战略决策的范畴。在战略上的城市总体规划，应该由决策者、专业部门、专家学者来制定。对于贴近市民的详细规划，要注重充分听取驻地群众的意见，充分让群众参与其中，让群众参与规划、参与监督、参与管理。

（五）树立协调理念，坚持可持续发展

国际城乡发展过程中正反两方面经验一再验证着一个结论或规律，即协调、持续发展是城市化、农村发展不可逾越的阶段。因此要特别注重城乡的均衡协调发展，注重城市中自然、人与社会的和谐统一。近年来，随着城市化加快，土地非农化流转速度惊人，给乡经济社会发展带来十分不利的影响。加之农地经济效益较低，在比较效益驱动下，若不严格控制，农地非农化趋势将不可遏制，将给粮食安全、农业可持续发展、环境保护带来难以估量的损害。因此，在城乡一体化的过程中一定要进一步加强对土地资源的保护；要注重城市环境保护工作，实现优良的生存环境；实行公交优先战略，注重大力发展城市乡村公共交通系统。

第二节 统筹城乡发展的国内经验与启示

推进城乡一体化，统筹城乡发展是全面建设小康社会的内在要求。党的十六大以后，各地把推进统筹城乡协调发展、推进城乡一体化作为保持经济社会持续健康发展的重要措施来抓，部分地区在城乡统筹方面推行了一些政策措施，积累了宝贵的经验，同时也遇到了一些突出的问题，这些经验和问题都是福建在推进城乡一体化进程中值得借鉴和重视的。

一 国内统筹城乡发展的基本做法

（一）将城乡发展纳入统一规划

浙江省把统筹城乡发展、推进城乡一体化作为全省经济社会发展的主线，作出了整体推进城乡产业结构战略性调整、城乡就业结构战略性调整、城乡规划建设与生态环境建设、城乡社会保障与公共服务体系建设、城乡配套改革、发达地区加快发展与欠发达地区跨越式发展的"六个整体推进"的总体部署，并起草了《浙江省统筹城乡发展推进城乡一体化纲要》。上海市按照城乡一体化发展要求，在明确中心城区和郊区的功能定位以后，把农村经济和社会发展纳入建设上海国际化大都市中，将经济发展重心、工业发展和基础设施建设重点从中心城区向郊区转移。

（二）突破影响城乡一体化发展的体制障碍

（1）加快公共就业服务体系的建设，完善城乡统筹的就业服务体系。浙江省有35个县（市）实行了就业政策、失业登记、劳动力市场、就业服务和劳动用工管理的城乡"五统一"制度。

（2）加快建立失地农民养老保障，构建适应城乡一体化的社会保障体系。浙江省绍兴县为了使被征地农民"有保障、有股份、有技能"和实现"农村社区化"，专门推行"四个改"，即改现金为社保，创新被征地农民社会保障机制；改资产为股份，创新集体资产管理体制和运行机制；改失地为有业，创新被征地农民职业技能的培训机制；改村落为社区，创新农村社区化管理机制。

（3）改革完善户籍制度，努力让农民享有自由进城和迁徙的权利。有的地区把农村户口改为居民户口，只是将从事职业一栏写为"以农业劳动为主"；有的地区"撤村建居"，建立了以居住地划分城镇人口、农村人口的管理制度。

（4）改革完善土地制度，切实保障农民的现实利益和长远利益。浙江省余姚市探索允许进镇落户，乡镇企业将原厂房用地复垦后新增有效耕地面积，按等面积置换工业园区建设用地；农民宅基地有偿调剂和农户退出宅基地集中有偿收购机制，并允许农民进城入镇购房享受土地出让金的优惠政策等。

（5）探索改革农村集体资产管理制度，使农村管理与城市化、法治化接轨。上海市推进了村级集体经济股份合作制改革试点，将集体资产折股量化到人，资产变股权，农民变股民，享受集体资产股金分配。同时，还建立农民集体土地征地留用地制度，按照一定比例安排集体征地留用地面积，让农民入股持有不动产，长期享受土地开发收益分配。

（三）加快推进"三个集中"

1. 土地向规模经营集中

浙江省通过产业化经营组织推进土地的规模经营，全省各类产业化经营组织达 7000 多个，带动农产品养殖基地 1040 万亩。全省种养大户已经超过 60 万户，畜牧饲养业和水产养殖业的规模经营水平分别超过 60%和 90%。

2. 工业向园区集中

上海市整合市级以下各类工业区，归并乡、镇、村各类零星工业点；要求新办企业必须向工业园区，特别是向市级以上工业园区集中，对未进工业园区的新增项目，一律不批；已建成的项目主要通过产业政策调整，逐步加快消化。

3. 农民居住向城镇集中

上海市在城市总体规划的框架下，对郊区城镇布局作了适当调整，形成了 2 个辅城、7 个新城、15 个中心镇和 40 个一般集镇，另外建设 100 个左右社区，5000 个左右的农民居住点。通过放宽农民进镇落户和居住的准入条件，提供就业和保障，鼓励农民进镇；通过提升社会事业发展水平，完善社会服务功能，吸引市民进镇；通过优化投资和创业环境，开放移民进镇。

（四）整体推进城乡社会公共服务建设

1. 教育实现无差别管理

浙江省统筹安排城乡教育规划、教育资源和教育投资，从 2004 年至 2007 年财政每年划拨 5000 万元专项经费用于扶持欠发达地区教师补贴，支持欠发达地区义务教育和高中段扶贫助学。同时坚持以流入地政府为主和公办学校为主、民工子女学校为辅的方针，把进城农民子女教育纳入当地教育发展规划。

2. 最低生活保障实现城乡覆盖

浙江省把低收入农户纳入保障范围，对低保家庭子女实行从小学到高中段的免费教育；上海市建立健全了覆盖全郊区的农村社会养老保险制度。建立失地农民基本生活保障制度，通过从土地出让金收入或财政列支，从土地补偿费、安置补助费中列支集体和个人承担部分的筹集资金的办法，解决被征占用土地后失地农民的基本生活保障问题。

3. 建立新型城乡居民合作医疗保险制度

浙江已有 60 个市县实施了以县为单位、以大病统筹为主的农村新型合作医疗制度，并在全省率先推出了普及型合作医疗保险，把在本地就业或就业并办理暂住证的非本地户籍的中、小学生和农村企业职工纳入参保对象，实行了弱势群体由政府出资参加的办法，完善合作医疗保障的补偿机制。

（五）加大农村基础设施建设的投入力度

浙江省实施了"千村示范万村整治"工程，通过对现有村庄分类改造、拆建和整治，优化县域村庄布局，推进农村新社区的建设；全面整合部门力量，把交通道路、河道清理、供水供电、土地整理、平原绿化、垃圾收集等基础设施建设与"千村示范万村整治"工程有机结合。

（六）及时转变有关政府部门的职能

浙江省嘉兴市专门成立了城乡一体化工作领导小组，有的地区还将撤销农业局，成立新的城乡一体化局，负责城乡一体化的各项具体协调工作；有的地区在推进城乡一体化的过程中，积极有序地改革乡镇行政管理制度，使乡镇行政管理体制逐渐顺应城乡一体化的发展要求；有的地区撤销了乡镇人民政府，建立具有城市特色的街道办事处；还有的地区积极推进乡镇行政区划的调整，做大中心镇，强化对拟建设开发区、旅游区的行政管理统筹，降低行政管理成本。浙江省余姚市实行了撤村建居、村社分离、政企分开，将公共事务融入社区管理，统一筹划村级管理向社区管理的成本开支，纳入财政转移支付范围，以城市管理取代农村管理。

二 国内统筹城乡发展过程中的突出问题

(一) 工业向园区集中的难度大

由于农村的工业经历了"乡乡办厂、村村冒烟"的粗放型发展阶段,有的地区的各种产业的空间布局不尽合理,各个园区的发展不平衡,在推进城乡一体化时存在利益格局的调整,还存在税收收入的问题,因此,推进工业向园区集中存在一定的阻力和成本。从工业园区的规划来看,存在规划滞后的问题,有的地区的发展甚至已经超过其最初的设计载荷能力,工业园区的综合功能不强;从工业园区的扩张成本来看,随着社会经济的发展,各地经济发展的综合成本趋高,尤其是征地成本高;从工业园区内的产业发展来看,主要制造企业资本扩张缓慢、竞争力下降的问题等仍然比较突出,新的产业领域开拓速度较慢,适应现代消费需求的精细加工农业、绿色安全农业发展相对缓慢。

(二) 环境保护的压力大

各地都意识到统筹城乡发展不能以破坏环境为代价,而且把加强农村基础设施和生态环境建设作为推进城乡发展的重点来抓,但是这需要大量的投入。例如农民的饮水工程、生态公益林工程、河流污染治理、畜禽养殖场的污染治理、农业垃圾集中收集处理、农村的生活污水处理等,都需要大量的资金投入。尤其困难的是,既要发展经济,又不能把城市的污染转嫁到农村。因此,在统筹城乡发展的过程中,各地政府的环境保护压力非常大。

(三) 城乡统一的文化生活难以形成

一些地方集中建设居民小区,将失地农民集中居住,改善了农民的生产生活条件。但是,由于农民长期习惯于分散居住,从事农业生产,突然间变为城市居民,集中居住,在生活方式上还不适应。有的农民集中居住以后,由于可以得到两套甚至更多的住房,他们一般住一套,把其他的住房用来出租，靠租金就可以生活得很好。他们自己则没有事可干，有的农民说："每天就是你看着我，我看着你，没有事情可干。"

（四） 保障失地农民权益的难度大

目前，征用农民土地的通行做法是，由国家先征用，再出让。农民并不能确保合理分享工业化和城镇化发展利益，被征地农民还没有完全享受到城镇低保、养老、医疗待遇。一些地方由于缺乏系统的产业发展基础，农民的就业矛盾无从解决，原来的分散失业变为集中失业。小部分纯务农人员失地后，无法从传统意义上的农民解脱出来，对自主创业无法接受，对参与培训的积极性不高，而且现有的培训成果无法满足用工的要求，农民无法实现充分就业。

（五） 农村基层干部工作难度大

随着城乡统筹的力度加大，大多数地方进行税费改革和乡镇机构改革，一些地方乡镇财政与事权不对称，缺乏调控权力，乡镇发展受到一定影响。一些地方农村基层组织尤其是村级集体组织收入来源减少，支出增加，经济综合实力有所下降，调节功能有所减弱，导致农村基层干部工作难度大。

（六） 社会保障体系与城市接轨的难度大

尽管政府提出建立城乡统一的社会保障体系，但是，要扩大这种社会保障体系的覆盖范围，保证补贴资金的稳定投入，客观地说，还有一定的难度，要完全与城市的社会保障体系接轨，尚需时日。

三 统筹城乡发展的国内实践经验与启示

（一） 统一规划是推进城乡一体化的核心

规划不配套导致重复拆迁与重复建设、城市化与农业现代化互动作用不强等问题。因此，在统筹城乡之初必须做到城乡统一规划，这样既可以避免重复建设，保证推进工作更加井然有序，又可以明确阶段性的任务，保证推进统筹工作逐渐取得成效。在统一规划中，要明确各个区域的功能定位，有效整合城乡资源，立足现有产业发展、基础设施、公共服务等城乡发展基础，把广大农村纳入城市规划范围，把城市的基础设施延伸到农村，社会服务设施配套到农村，分类、分步推进一体化。

（二）政府的职能定位是城乡一体化的保证

由于推进城乡一体化的实质是调节收入分配格局、调整城乡利益关系、改革城乡二元体制，这都需要政府发挥主观能动性的作用。各地的实践也表明，统筹城乡经济社会协调发展，不能仅仅依靠市场机制发挥作用，必须依靠政府这个行为主体进行推进。那么就必须针对管理幅度小、机构交叉多、资源共享差、职能不配套的问题对有关行政管理制度进行改革。从市、县级来看，无论是成立城乡一体化局，还是成立城乡一体化工作领导小组，都必须对所承担的职能进行明确定位。一方面要通过主管和主要领导的参与，做好相关职能部门的协调工作，确保每项政策都能扎扎实实地推进；另一方面要采取一定的激励措施，通过市场机制来配置资源，促进人才、资金、技术等生产要素流向农村地区。

（三）产业是城乡一体化的重要支撑力量

如果没有以产业作为基础，城乡一体化就是一句空话。因此，在推进城乡一体化过程中，要充分发挥工业化、城市化对农业和农村经济发展的带动作用。各地积极推进工业向园区集中时，一定要优化城乡产业布局，促进一、二、三产业协调发展。对那些没有产业发展为基础，缺乏人气、商流、物流的工业集中区，必须采取合适的方式予以合并或取缔。

（四）健全公共财政制度是城乡一体化的重要内容

从根本上说，推进城乡统筹发展，是工农利益格局的调整，城乡二元体制障碍的破除，也是一场深刻的社会经济制度的革命。因此，必须调整收入分配格局，健全公共财政制度，使财政扶持农业、农村发展的支出结构趋于合理，把更多的资源尽快投向农村。做到一次分配注重效率，二次分配注重公平，三次分配注重社会责任，把大量的财政资金投入到农业增产、农民增收和农村社会事业发展上来，使农村面貌发生深刻的变化。

（五）促进社会和谐发展是城乡一体化的目标

在推进城乡一体化的过程中，必须尊重经济社会发展规律，以促进社会和谐发展作为城乡一体化的最终目标。因此，在推进城乡统筹发展中，只有以农民利益为最高出发点，农民的生活质量提高了，农民的切身利益得到了维护，农民才会拥护和参与到这项工作中。如果推进城乡统筹仅仅是为了建几个漂亮的城镇，搞几个政绩工程，而农民的利益却受到了损害，那么就偏离了城乡统筹的根本方向。

第三节　山东省与成都市统筹城乡发展的实践与启示

一　山东省统筹城乡发展的实践与启示

山东推进城乡一体化的主要做法是，坚持统筹城乡发展，对农村基础设施建设问题高度重视；坚持公共服务向农村延伸，着力加强农村"路水电气医学"建设，大力发展农村社会事业；坚持城市化带动，促进农村富余劳动力就地就近转移；坚持支农惠农方针，公共财政支持"三农"的力度不断加强；坚持抓县域经济发展，把县域经济发展作为解决"三农"问题的重要抓手；坚持抓好小城镇建设，县城和中心镇成为城乡一体化发展的重要节点。

（一）山东推进城乡一体化的主要模式

1. "新城市主义"模式

强调合理利用土地、公共轨道交通优先、鼓励步行以及在社区内部提供就业等新的规划概念，主要包含两方面意义：一方面体现通过旧城改造，改善城区的居住环境，提倡回归城市的理念；另一方面则是对城市边缘进行重构，实现近郊农村城市化。新市镇建设，可以从很大程度上重构农村城市化功能，不仅能够使周边的农村人口集聚，享受高质量的城市生活水平，还能够将原先分散的农村集镇汇集起来，节约居住空间资源，实现聚集化小城镇建设，更能进一步扩大农村人口就业机会，减轻城市就业压力，实现农村共同富裕。

2. "城乡等值化"试验

不通过耕地变厂房、农村变城市的方式使农村在生产、生活质量而非形态上与城市逐渐消除差异，使在农村居住仅是环境选择、当农民只是职业选择，并通过土地整理、村庄革新等方式，实现"与城市生活不同类但等值"的目的。"城乡等值化"试验，包括片区规划、土地整合、机械化耕作、农村基础设施建设、修路、发展教育等很多项措施。这种模式显著区别于中国农村大批农民进城打工的常态，从某种意义上说，这是对于新农村建设命题求解的一次独特实践，其意义重大。

3. "村企一体化"模式

在推进城乡一体化过程中，充分发挥工业化、城市化对农业和农村经济发展的带动作用。只有发展高效益的现代农业和农产品加工运销业，才能为小城镇的发展提供更有力的产业依托，为农村劳动力向小城镇的转移创造更广阔的就业空间，进而推进农村内发型的城市化进程，实现城乡一体化。

4. "公共服务延伸"模式

积极探索农村社区化服务与建设，提高农村公共服务效益，在更大的范围内优化了生产要素配置，促进了农村社会和谐，促进了城乡基本公共服务均等化，初步形成了城乡经济社会一体化发展的新格局。这种模式助推了现代农业发展，实现了政府由管理型向服务型的转变，政府公共服务资源得到优化配置，巩固了党的执政基础和农村基层政权，提高了乡村文明程度，推动了社区内其他村庄向社区中心村的融合聚集。

（二）山东探索城乡一体化的几点启示

1. 推进城乡一体化是改变城乡二元经济社会结构的必然选择

城乡二元经济社会结构的存在，是现代化进程中遇到的最大难题。只有走城市建设与乡村建设并行的道路，在城市化的过程中建设乡村而不是破坏乡村，让农民能在城市里待不下去的时候，愿意并且能顺利回到乡村，并使广大生活在乡村的人口不断提高生活质量，转变生产方式和生活方式，留在农村也同样可以享受城市幸福生活。

2. 城乡一体化发展在相当长的一段历史时期将表现出多样化特征

从理论上讲，当今中国统筹城乡发展由于受多元素（包括政治的、文化的、经济的、社会的等）的影响，实现城乡一体化就要探索不同的发展道路。尤其在目前急剧变迁的中国，再用一个统一的所谓模式来统领中国城乡一体化的发展格局基本上是不现实的。相反，多元化的发展方式选择必然带来多元化的发展。

3. 必须坚持从实际出发，规划先行，分类指导推进

当前尤为重要的是从当地实际出发，做好符合当地生产力水平的规划，明确总体思路和工作目标、重点，进行分类指导。换句话说，就是建设的基点是立足于农村，追求的是农村的发展，并不是要将农村城市化；追求的是与城市不同的更符合农民需求的生产和生活方式。在资源有限的前提下，必须量力而行，从实际出发，以取得事半功倍的效果。

4. 推进城乡一体化必须以政府为主导，重视调动农民的积极性

在推进城乡一体化的过程中，政府要加强组织引导，认真制定城乡总体规划，做到规划先行、科学指导；要加大农村建设资金投入，为农村提供更多的公共产品和公共服务；要通过财政贴息、税收优惠、项目扶持等形式，引导农民和社会积极投入新农村建设，形成建设新农村的合力。政府发挥主导作用，还要充分调动农民建设自己家园的积极性，从群众最关心、最迫切要求解决的问题入手，使农民成为建设主体、投资主体、管理主体。

二 成都市统筹城乡发展的做法与启示

2007年6月，国家正式批准成都、重庆两市成为全国统筹城乡综合配套改革试验区。成都市在总结实践经验的基础上，提出了"坚定不移地按照城乡统筹、'四位一体'科学发展总体战略部署，即以'三个集中'为核心、以市场化为动力、以规范化服务型政府建设和基层民主政治建设为保障，全面提升城乡一体化水平"的总体要求，和"力争到 2017 年，'三个集中'取得显著成效、经济社会实现跨越发展、城乡差距得到明显缩小、科学发展体制初步形成"的总体目标。

（一）成都统筹城乡发展的基本做法

1. 深入实施以"三个集中"为核心的城乡一体化发展战略

一是强力推进工业向集中发展区集中。制定了城乡一体的工业布局规划，通过加强规划调控、政策引导和工业园区建设，建立投资促进机制，推进工业向集中发展区集中。二是有序推进农民向城镇集中。遵循"因地制宜、农民自愿、依法有偿、稳步推进"的原则，在中心城区，实行农村与城市社区完全接轨，按照城市社区标准建设新型社区，推动农民向市民转变；在县城和区域中心镇，按照城市社区标准建设城镇新型社区，引导农民向城镇集中；在有条件的农村地区，参照城镇社区的标准建设农村新型社区，引导农民向农村新型社区集中。三是稳步推进土地向规模经营集中。坚持以稳定农村家庭承包经营为基础，按照依法、自愿、有偿的原则，健全土地流转机制，采取转包、租赁、入股等多种形式，稳步推进土地向农业龙头企业、农村新型集体经济组织、农民专业合作经济组织和种植大户集中，实施规模化、集约化经营。

2. 科学制定城乡一体化发展规划

一是建立城乡一体的规划体系，包括城乡发展空间规划、基础设施建设规划、产业发展规划、社会事业发展规划、生态环境建设与保护规划。二是坚持按"三个集中"原则编制城市总体规划、城镇和农村新型社区建设规划以及各个专项规划，科学和合理规划城市、小城镇、农村新型社区的人口规模以及基础设施和公共服务建设，增强村镇对产业、人口的集聚能力，解决产业布局、村镇聚落分散问题，最大限度实现资源优化配置。

3. 重点加快以工业为核心的产业发展

坚持把加快产业发展作为推进城乡一体化的支撑和重点来抓，在工业方面，致力于做大做强电子信息、机械、医药、食品四大主导产业，培育发展冶金建材、石油化工，建设六大产业基地；在农业方面，大力发展生猪、蔬菜、柑橘、食用菌、茶叶等十大优势产业；在服务业方面，深入实施旅游带动战略，大力发展现代物流、金融、会展、通信、网络、咨询等现代服务业。

4. 努力构建统筹城乡发展的体制机制

一是深入推进政府职能转变，全面推进以转变政府职能为核心的规范化服务型政府（机关）建设。二是按照城乡规划编制、管理、监督工作全覆盖的要求，从市到乡镇都组建了规划管理机构和规划工作监督机制；按照城乡一体、全面覆盖和"三个集中"的要求，推动城市总体规划、土地利用总体规划的修编和城乡一体的产业发展、基础设施建设、社会事业发展等规划的制定，初步形成了城乡一体的规划体系。三是积极推进涉及规划、农业、交通、水务、林业和园林等30多个部门的行政管理体制改革，初步建立了城乡一体、高效运转的管理体制。四是坚持把加快社会事业发展作为统筹城乡发展的基本着力点，大力推进户籍、就业、社保等制度和教育、卫生等体制改革，基本形成了城乡一体的就业体系、社会保障和救助体系以及统筹城乡社会事业发展的政策体系。五是积极推进投融资体制改革，构建政府引导、市场运作、社会参与的多元投资机制。

（二）成都探索城乡统筹发展的几点启示

1. 必须充分发挥政府的主导作用

统筹城乡发展，缩小城乡差距，一方面，逐步打破城乡二元体制；另一方面，在公共资源配置上逐步使城乡均等化。这都要求政府发挥主导作用，特别是要加快建立公共财政体系并使公共资源向农村倾斜。成都市推进城乡一体化的有效实践证明，政府主导既是起点，也是核心动力。

2. 必须充分发挥市场的基础性作用

统筹城乡发展，既需要政府发挥主导作用，也需要市场发挥基础性作用。只有充分尊重市场规律，健全现代市场体系，保证城乡生产要素自由流动，给企业以更大的发展空间，并通过市场运作，调动民间资本和社会资金参与，才可能为统筹城镇及农村新型社区基础设施建设和城乡各项社会事业发展筹集到足够的资金。

3. 必须创新体制机制及政策支持体系

推进城乡一体化，必须下大气力打破长期以来形成的城乡二元分割结构，彻底解决体制制约问题。成都市致力于拆除城乡之间的体制障碍，通过一系列统筹城乡发展的规划和政策体系，为城乡一体化发展提供体制机制和政策保障，出现了城乡全面健康发展、城乡差距开始缩小以及广大城乡居民普遍受益的可喜局面。

4. 必须引导产业走集聚化、集约化、规模化发展之路

加快产业发展，是统筹城乡发展、推进城乡一体化的经济基础。成都市实施以"三个集中"为核心的城乡一体化战略，之所以卓有成效，其重要原因之一就在于抓住了产业发展并使之走上集中、集群、集约和规模化道路。

5. 必须坚持以人为本

成都市推进城乡一体化以来，积极转变政府职能，致力于满足城市居民和农村居民的共同需要，使长期处于困境的农民群体与城市居民一样普遍受益，农村居民人均纯收入和享受的公共服务水平短期内得到大幅度提高，城乡居民收入差距呈现缩小的态势，大批失地农民逐步解决了就业、住房和社会保障问题。

第四节　国内外经验对福建统筹城乡发展的启示

福建省的城市化滞后于工业化，城市与城市人口的区域分布不平衡，城乡二元结构与城市化本身带来了一系列社会和环境问题。这就需要我们在充分把握省情实际的基础上，对我国的城乡一体化的实践与经验进行深入研究，同时也要借鉴发达资本主义国家和其他发展中国家的有益经验，努力探索符合福建实际的统筹城乡一体化发展的道路。

一　坚持推进城乡规划体系一体化

把城乡作为一个有机整体，加快推进城乡规划体系一体化，形成城乡统筹、相互衔接、全面覆盖的城乡规划体系。深入贯彻《城乡规划法》，积极探索城乡统一规划、统一建设、统一管理的新机制，进一步健全完善城乡规划体系，抓紧修编省级土地利用总体规划和省域城市群空间发展战略规划、城市总体规划、市（县）域总体规划、镇（乡）域规划以及城乡产业发展、基础设施建设、社会事业发展、生态环境保护等专项规划，合理安排城镇建设、产业发展、基本农田、生态保护的空间布局，规范城乡基础设施和公共设施建设项目的规划选址，确保各类城乡规划定位清晰、功能互补、衔接协调，做到统筹规划、整体布局、资源共享、共同发展。创新城乡规划管理体制，建立城乡规划协调机制，形成以国民经济和社会发展规划为依据、土地利用规划和城乡建设规划为支撑的空间规划体系，逐步推进"三归合一"；改进城乡规划编制和实施机制，强化社会的参与和监督，通过法定的程序，拓宽社会公众参与渠道，鼓励社会公众积极参与各类城乡规划的编制和监督各类城乡规划的实施；提高城乡规划管理水平，进一步加强城乡规划执法，维护城乡规划的科学性、严肃性、权威性，改变以往"规划规划，纸上画画，墙上挂挂"的状况。

二 坚持推进城乡产业发展一体化

顺应城乡经济不断融合和三次产业联动发展的趋势，统筹规划和整体推进城乡产业的发展，努力形成工业化与信息化相融合、制造业与服务业相配套、工业与农业相促进、具有较强竞争力的现代产业体系。进一步完善城乡产业布局，积极推进特色农业的区域化布局、规模化开发、专业化生产、集约化经营，整合优化各类开发区、工业园区，大力推进城乡工业向工业园区集聚，着力形成城乡分工合理、区域特色鲜明、生产要素和自然资源禀赋优势得到充分发挥的产业空间布局。进一步优化城乡产业结构，遵循产业结构演进规律，大力发展现代农业，按照高产、优质、高效、生态、安全的要求，加快转变农业发展方式，积极发展设施农业、品牌农业，鼓励发展生态现代农业、休闲观光农业，促进农业结构优化升级，提高农业的组织化、规模化、标准化水平，构建现代农业产业体系；加快建设海峡西岸先进制造业基地，坚持走新型工业化道路，着力发展先进制造业，加快发展高新技术产业，应用高新技术和先进适用技术改造提升传统优势产业，形成产业集聚化、资源集约化、技术创新化、制造信息化、标准国际化的先进制造业体系；加快发展现代服务业，建设连接海峡两岸的现代物流中心、对台服务外包示范城市、富有特色的自然文化旅游中心。进一步强化城乡产业内在联系，以工业化的理念推进农业产业化，以现代农业的发展促进制造业、服务业升级，以现代服务业的发展推动三次产业融合，鼓励城市工商企业向农村延伸产业链，引导城市资金、技术、人才、管理等生产要素向农村流动，努力形成现代农业、先进制造业和现代服务业互促共进、协调发展的格局。

三 坚持推进城乡基础设施建设一体化

充分发挥基础设施建设对城乡经济社会发展的支撑作用，建立城乡基础设施共同发展机制，统一规划、合理布局、协调推进城乡交通、电力、电信、信息、邮政、供水、环保等基础设施建设，促进基础设施向农村延伸，构建城乡一体的公共交通网、供水排污网、有线电视网、电信通讯网、宽带信息网和环卫设施网，实现重点基础设施项目共建共享，缩短城乡之间的空间距离和设施落差，着力改变农村基础设施建设滞后的状况。加快城乡一体化的交通基础设施建设，重点加强高速公路、干线公路和乡村道路建设，提高城乡道路标准和路网密度，完善城乡路网结构，促进城乡交通衔接，形成干支相连、区域成网、城乡通达的公路交通网络。加快城乡一体化的公共服务设施建设，切实加强城乡供水设施建设，确保城乡供水安全；切实加强城乡污水集中处理和垃圾无害化处理设施建设，强化城乡环境综合治理；切实加强城乡防洪排涝系统建设，提高城乡防灾减灾能力；切实加强农村供电、通信、广播电视等设施建设，改善农村生产生活条件，形成以区域中心城市和县城为核心，以中心镇、中心村为基本联结点，覆盖城乡的交通、供水、供电、通信等公共服务设施网络体系，提升城乡公共设施保障能力。

四   坚持推进城乡公共服务一体化

按照经济与社会协调发展的要求，大力推动城乡教育、文化、卫生、体育等社会事业共同发展，促进公共服务向农村拓展，使城乡居民共享现代文明，实现城乡公共服务均等化。进一步巩固提高九年义务教育，把义务教育重点放在农村，完善农村义务教育经费保障机制，优化农村义务教育布局结构，推进城乡教育一体化改革试点，完善"以县为主"教师管理体制，将县镇、农村义务教育学校教职工编制标准提高到城市学校水平，并将编制核定到具体教学点，加强农村中小学教师队伍建设，加快推进中小学合格校建设，促进城乡义务教育均衡发展。加强城乡公共卫生服务体系建设，重点是健全基层医疗卫生服务体系，完善农村三级医疗卫生服务网络和城市社区卫生服务网络，提高城乡公共卫生服务能力，促进城乡基本公共卫生服务均等化。加快建立完善覆盖城乡的疾病预防控制体系、医疗救治体系、突发公共卫生事件预警和应急体系，建立健全卫生监督、动植物检疫等执法体系，加强食品药品安全监管网络建设和食品药品质量检测工作，切实保障城乡居民健康水平。进一步完善城乡文化、体育服务网络，建立覆盖城乡的公共文化、体育服务体系，重点推进城乡文化基础设施建设，重点加强图书馆、博物馆、文化馆（站）等文化设施建设，消除社区文化中心、行政村文化室建设空白点，继续实施文化信息资源共享、广播电视"村村通"、农村电影放映、农家书屋等文化工程，加强网络文化建设和管理；重点推进城乡公共体育设施建设，完善全民健身服务体系，深入开展各类群众性体育竞赛、健身活动，丰富和活跃城乡居民文化、体育生活。

五   坚持推进城乡劳动就业和社会保障一体化

以城乡劳动力充分就业和人人享有社会保障为目标，加快推进城乡劳动就业和社会保障一体化。实施积极的就业政策，以经济的持续快速协调健康发展带动就业容量的扩大，以产业结构的战略性调整促进就业结构的优化，为城乡劳动者提供更多的就业机会和稳定的就业岗位；按照劳动者自主择业、市场引导就业和政府促进就业的原则，建立健全覆盖城乡的就业服务体系，打造功能完善、平等竞争、城乡统一的人力资源市场，形成城乡劳动者平等就业制度，稳定和增加就业机会；改革劳动和就业管理体制，健全就业援助体系，统筹抓好城镇新增劳动力就业、农村富余劳动力转移就业、失业人员再就业工作；加强城乡劳动力培训，不断提高劳动者素质，增强城乡劳动者的就业能力；加强城乡劳动者特别是农村进城务工人员的劳动权益保护，逐步消除劳动用工中城乡居民在劳动报酬、社会保障等方面的差异，实现同工同酬同保障。加快推进覆盖城乡、惠及全民的社会保障网络建设，建立广覆盖、保基本、多层次、可持续的社会保障体系，推进机关、事业单位养老保险制度改革，建立新型农村社会养老保险制度，积极探索以个人账户为核心的养老保险制度改革，实现人人享有养老保障；健全城乡居民最低生活保障制度和被征地农民社会保障制度；完善失业、工伤、生育保险制度；全面推进城镇职工、城镇居民基本医疗保险，巩固完善新型农村合作医疗制度，有条件的地方实行城乡医保一体化管理；健全城乡医疗救助体系；实施国家基本药物制度，建立健全基本药品供应保障体系；健全以低保和救灾救济为主体的社会救助，以优抚和退役士兵安置为重点的优抚安置，以服务老年人、残疾人、孤儿为主的社会福利服务保障体系，根据经济社会发展水平调整低保标准，提高优抚对象抚恤补助标准，依法落实农村"五保"、城镇"三无"救济对象不低于当地群众平均生活水平的政策；健全社会保障性住房制度，加快社会保障性住房建设步伐，继续实施农村安居工程，进一步改善城乡中低收入住房困难家庭居住条件。

六　坚持推进城乡社会管理一体化

　　加强和完善城乡社会管理，健全城乡基层社会管理体制，提高城乡社会管理水平。建立城乡一体的新型户籍管理制度，进一步深化户籍管理制度改革，取消户籍管理上的歧视性政策和不合理的限制性规定，实行城乡无差别的、以身份证管理为核心的户籍登记管理制度，以经常居住地登记户口为基本形式，以合法固定住所和相对稳定职业或合法生活来源为城镇户口基本准入条件，有序推进农民转变为城镇居民。建立城乡一体的社会管理模式，打破政府行政管理"城乡分治"的局面，调整各级政府部门的内设机构和行政职能，重心向基层下移，工作向农村拓展，管理职能向农村延伸，逐步从制度上使政府对城市和农村的社会管理统一起来。建立城乡一体的基层社会管理体制，充分发挥社区在社会管理中的基础性作用，扎实推进城乡社区建设，把城乡社区建设成为服务完善、管理有序、文明祥和的社会生活共同体，实现政府行政管理和社区自我管理的有效对接、政府依法行政和居民依法自治的良性互动。建立城乡一体的矛盾纠纷调解机制，畅通社情民意诉求渠道和反映途径，认真对待和解决城乡人民群众合理诉求，做好矛盾纠纷排查调处，及时化解人民内部矛盾。建立城乡一体的社会公共安全预警体系和应急管理机制，加强安全生产应急管理，加强食品药品质量安全监管，加强防灾减灾设施和应急管理能力建设，提高处置社会公共安全问题能力。建立城乡一体的社会治安综合治理机制，深入推进"平安福建"建设，强化维护社会稳定目标责任管理，完善社会治安防控体系，加强城乡社区警务建设，依法打击各种违法犯罪活动。

七 坚持推进城乡生态建设和环境保护一体化

坚持预防为主、综合治理的方针，进一步加大城乡生态建设和环境保护力度，创新城乡生态环境管理体制，提高城乡生态环境管理水平，切实解决危害人民群众身体健康和影响经济社会发展的突出问题，促进人与自然和谐发展。抓好主体功能区规划建设，优化生态环境功能布局，加强闽江、九龙江等江河源头和自然保护区、世界遗产保护地等重点区域管理，实施生物多样性保护工程建设和对重要生态功能区生态环境抢救性保护、重点资源开发区生态环境强制性保护、生态环境良好区和农村生态环境积极性保护、风景名胜资源严格保护，加强水土流失治理，加快沿海防护林、生态公益林和区域生态廊道建设，建立健全生态效益补偿机制，维护生态平衡，保障生态安全。加强城市环境综合整治，积极推广使用清洁能源，严格控制城区水污染、大气污染、噪声污染、烟尘污染、餐饮油烟污染、建筑粉尘污染、固体废物污染、机动车尾气污染等，不断改善城区环境质量；加强农村环境和农业面源污染综合整治，保护农村饮用水源，强化畜禽养殖和水产养殖污染防治，持续开展农村家园清洁行动，实施"三清六改"，基本实现农村水电道路通达、饮水卫生安全、村庄庭院绿化、厕圈卫生整洁、垃圾堆放无害、家居清洁净化，改善农村人居环境和村容村貌；持续推进国家环保模范城市、园林城市、卫生城市、文明城市、生态示范区、可持续发展实验区、环境优美乡镇、绿色社区、生态村等生态示范创建工作。加强城乡环境管理能力体系建设，切实增强城乡环境保护现场执法监督和技术监督能力，建立城乡环境污染事故应急系统，提高环境安全突发事件处置和应对能力。坚持合理开发和集约高效利用资源，对土地、水资源、森林、矿产等重要资源实行有限开发、有序开发、有偿开发和集约高效利用，不断增强资源承载能力。积极开发和应用低碳技术，大力发展循环经济，全面推进清洁生产，切实加强节能减排，形成有利于节约资源和保护环境的产业结构和消费方式，努力做到经济社会持续发展、资源利用率持续提高、污染排放持续减少、生态环境持续改善。

（执笔：吴肇光、倪成）

第 二 章

福建省统筹城乡区域发展研究

党的十七届三中全会指出，我国目前总体上已经进入以工促农、以城带乡的发展阶段，进入加快改造传统农业、走中国特色农业现代化道路的关键时刻，正逐步步入破除城乡二元结构、形成城乡经济社会发展一体化新格局的重要时期。福建省作为海峡西岸经济区发展的主体区域和东南沿海省份之一，近年来始终坚持工业反哺农业、城市支持农村和多予少取放活的方针，扎实推进社会主义新农村建设，统筹城乡区域发展保持了持续快速推进的良好态势。然而，应该看到，虽然福建省在城乡区域协调发展方面取得显著成绩，但从总体上看，农业区域在工商业、农民收入和生活水平方面仍然明显落后于城镇区域，农村居民发展保障、农村基础设施建设和社会事业等方面发展仍然落后于城镇区域的问题还是比较突出，城乡区域分割的观念、体制和机制障碍仍然存在。为进一步促进福建省的城乡区域协调发展，解决现有的体制机制问题，实现建成富强、文明、和谐的东南沿海省份发展目标，并对海峡西岸经济区乃至内陆周边区域形成辐射带动作用，亟待加强对城乡统筹区域一体化发展进行深入细致的研究。

第一节　城乡区域发展现状

近年来，福建省委、省政府始终围绕党中央国务院的统一部署，坚持以人为本这一科学发展观的核心，把实现好、维护好、发展好最广大人民的根本利益作为区域发展的出发点和落脚点，始终围绕统筹城乡区域一体化发展这一目标，努力发挥城市区域对农村地区的辐射作用、工业对农业的带动作用，引导强化农村地区对城市区域、农业对工业的促进作用，着力推进城乡区域的融合发展，经过多年的区域发展实践和努力，开始逐步建立起社会主义市场经济体制下的平等、和谐、协调发展的工农关系和城乡区域关系，城乡区域经济社会一体化进程总体上看得到了进一步加快发展。

一　福建省统筹城乡区域发展概况

（一）城乡经济规模扩大发展水平逐步提升

近年来，福建围绕海峡西岸经济区建设，经济发展保持了强劲上升趋势，城乡经济总量不断扩大，国内生产总值增长速度维持在13%以上，人均国内生产总值平均水平连年高于全国平均水平，截至2011年，全国国内生产总值、人均国内生产总值分别由1978年的全国第22位、第23位，跃升至全国第12位和第10位，步入全国经济强省行列。在经济总量上升的同时全省经济结构也发生了显著的变化，依据《福建统计年鉴》公布的数据看（详见表1），全省三次产业结构由2005年的12.6∶48.5∶38.9转变为2011年的9.2∶51.6∶39.2，农业所占产业比例呈现下降趋势，非农产业比例稳步上升，到2011年产值比例达到90.8%，农业与非农业的就业结构由2005年的29.7∶70.3转变为2011年的42.4∶57.6，农业从业人口不断下降；此外，随着制造业能力的不断增强及服务业的迅速发展壮大，福建已开始步入工业化中后期阶段，也是城乡关系和工农产业关系调整和优化的关键时期，经济发展水平逐步接近甚至达到两个"反哺"阶段，也即走向"工业反哺农业，城市支持农村"的城乡经济统筹发展的战略调整期。

表 1　福建省经济发展构成情况

年份	从业人员数（人）			国内生产总值（亿元）		
	第一产业	第二产业	第三产业	第一产业	第二产业	第三产业
2005	702.49	582.31	583.69	827.36	3175.92	2551.41
2006	686.28	646.87	616.43	865.98	3695.04	3022.83
2007	658.08	707.46	649.79	1002.11	4476.42	3770.00
2008	647.84	739.70	692.24	1158.17	5318.44	4346.40
2009	638.63	775.68	754.55	1182.74	6005.30	5048.49
2010	636.54	820.89	784.16	1363.67	7522.83	5850.62
2011	647.53	928.81	883.66	1612.24	9069.20	6878.74

（二）城乡联动发展城镇化水平稳步提高

"十一五"以来，福建把建设海峡西岸城市群作为城乡区域发展的中心任务和重中之重，分步组织实施《福建省城镇体系规划》，组织开展编制闽江口、厦门湾、泉州湾三大城镇密集地区发展规划，并积极会同建设部组织编制《海峡西岸城市群协调发展规划》，全省基本形成了以中心城市为骨干、中小城市和小城镇为基础的城乡发展体系。在此过程中进一步明确了中心城市的发展定位，统一全省建设城乡区域发展部署，努力构建福州省会城市服务全省的重心和辐射作用，发挥厦门经济特区先行先试的龙头和示范作用，形成泉州创业型城市经济快速发展的支撑和带动作用，进一步强化漳州、莆田、宁德拓展一线的骨干作用和三明、南平、龙岩纵深推进的前锋作用；进一步加强中心城市建设，认真实施政府出台的《关于加快发展壮大中心城市的若干意见》，积极稳妥地推进行政区划调整，强化城市规划建设管理，促进中心城市提升产业竞争力、扩大产业发展规模、优化城市发展功能、美化人居生活环境。近三年来三大中心城市 GDP 及地方财政收入在全省的比重均达到 60% 以上，中心城市的地位得到进一步巩固；进一步推进区域城市联盟建设，注重强化规划上的对接、项目实行过程中的协调、机制建设方面的统一配合，有效促进了城市间产业协作配套，初步实现了设施共建共享和生态协同保护，有力推动了区域资源要素的优化配置；注重加快小城镇建设的步伐，立足当地发展实际条件，坚持因地制宜，选择符合当地情况的发展道路，突出地域特色注重完善功能和配套，积极组织实施试点镇建设，制定出台和实施促进小城镇发展的一系列政策措施，强力推动了重点集镇和特色乡村的发展。随着海峡西岸城市群建设的顺利推进和发展壮大中心城市重大举措的有效实施，福建城乡建设快速发展，城镇在全省国民经济和社会发展中的主导作用日益增强。全省城镇人口从 2005 年的 1758 万人增加到 2011 年的 2161 万人，城镇人口规模增加 403 万人；全省城镇化水平从 2005 年的 49.4% 提高到 2011 年的 58.1%，平均每年提高 1.4 个百分点，详见图 1。

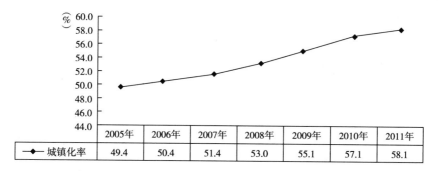

	2005年	2006年	2007年	2008年	2009年	2010年	2011年
城镇化率	49.4	50.4	51.4	53.0	55.1	57.1	58.1

图 1　福建省各年度城镇化发展情况

（三）农村投入不断增加农民生活得到改善

近年来，福建贯彻落实加快社会主义新农村建设的总体部署，把农村基础设施建设列入公共财政开支范围，列入为民办实事项目，不断加大对农村发展的投入，如图 2 示，农村固定资产投资额呈现连年增加的趋势，实施了多项与农村发展相关的建设项目和示范工程，使得农村面貌发生了巨大变化，2003 年，福建省政府开始实施"年万里农村路网工程"，工程总投资累积约 176 亿元，每年建设约一万公里的通乡、通村硬化公路，并于 2008 年圆满完成，实现了全省每个行政村都有一条硬化等级公路通往乡镇的预定目标，行政村通硬化公路率从 2003 年的不足 53%，提高到 2011 年的 98% 以上。在此基础上，福建省又开始推进以行政村为节点的农村公路网络化建设和"村村通客车"工程，道路畅通水平不断得到提升，逐步实现"路通车通"，形成城乡公交资源相互衔接、方便快捷的客运网络；福建于2004年推动实施千万农村人口饮水工程、千座水库保安工程、千万亩农田节水灌溉工程、千万方山地水利工程、千万亩水土流失治理工程、千里河道清水工程等"六千"工程，几年来累积投入资金达到50亿元以上，其中新农村饮水安全工程建设平稳推进，基本解决全省近700万人的农村饮水安全问题，实现全省80%以上农村人口基本达到国家规定的饮用水标准；2006年在全省农村组织开展以农村垃圾污染治理为主要内容的"家园清洁行动"，完善村庄环境卫生基础设施，健全农村垃圾清运和处理机制，全面清理公路沿线、河道两侧、村道里弄的垃圾，逐步实现农村垃圾无害化处理，较大程度上推动了农民的卫生观念、卫生习惯转变，讲文明的乡风开始逐步形成。

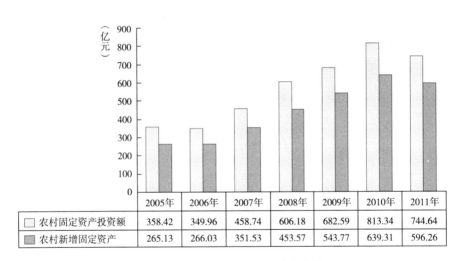

（亿元）	2005年	2006年	2007年	2008年	2009年	2010年	2011年
□ 农村固定资产投资额	358.42	349.96	458.74	606.18	682.59	813.34	744.64
▨ 农村新增固定资产	265.13	266.03	351.53	453.57	543.77	639.31	596.26

图2　福建省历年农村固定资产投资情况

（四）农村社会事业发展取得长足进步

在政府的强力推动下，近年来通过加强农村公共服务，着眼于解决好群众最关心、最直接、最现实的利益问题，积极贯彻民生优先的发展原则，让农村居民更多地享受到经济社会发展的成果，农村各项社会事业建设均取得较大突破。教育发展水平有了较大提升，在全国率先对农村义务教育阶段学生全部免除学杂费，对农村义务教育阶段学生教科书免费提供，对农村义务教育阶段寄宿生实行生活费补助并推广免费营养早餐工程，率先实行高校和中等职业学校贫困生助学金制度，启动农村中小学寄宿制学校建设，实施农村中小学现代远程教育工程，基本完成农村中小学危房改造任务，农村中小学办学条件明显改善；农村医疗卫生服务条件显著改善，福建省从 2004 年开始实行新型农村合作医疗试点，到 2010 年全省新农合参合人数达 2406.56 万人，参合率达到 98.17%，省内九个设区市均达到 95% 的医改目标，其中漳州、泉州、莆田、南平和龙岩五市的参合率均超过 98%；农村文化建设步伐日益加快，启动新时期广播电视"村村通"工程，从 2007 年起四年内由省级安排 10800 万元，完成 9815 个 20户以上已通电自然村和新通电建制村的通广播电视目标；实施年百个乡（镇）综合文化站改造完善工程，从 2007 年起四年内每年安排 3750 万元，对全省 500 个无站址和建筑面积在 50 平方米以下的乡（镇）文化站进行新建和扩建；深入实施文化、科技、卫生"三下乡"活动，文明村、文明户创建活动覆盖延伸到全省 90% 的乡镇和 85% 的建制村，农村计生工作和群众体育活动取得新成效，科学、文明、健康的新风尚开始逐步形成。

（五）城乡就业和社会保障体系进一步健全

多年来，省政府一直坚持扩大城乡就业，不断完善社会保障体系，想方设法增加农民收入，重视改善农民生活。实施税费减免提高农民收入，率先推行免征部分农业特产税和全面免征农业税，全省农民年直接受益 27亿元，通过农村税费改革试点，实行粮食收购最低保护价、种粮免税、订单售粮直补、良种补贴等措施，全省农民直接受益 25 亿元，农村居民收入呈现稳步增加态势（如图 3 示）；着力创新就业机制，在全国率先出台劳务派遣政府规章及配套政策，完善"四位一体"运作机制，加强街道（乡镇）、社区（村）劳动保障平台建设，推进就业服务体系建设向基层延伸；积极援助有劳动能力的"农村贫困家庭"和"城镇零就业家庭"一户一就业；在全国率先开展创建和谐劳动关系工业园区活动；建立培训与就业有机结合的转移机制，实施农村劳动力转移就业技能培训计划，大力开展农村劳动力转移培训"阳光工程"，开展农民职业技能培训和岗前培训，提高农民就业和致富能力。初步建立社会保险、社会救助、社会福利、慈善事业相衔接的覆盖城乡居民的社会保障体系，在全国率先推行全省范围的农村最低生活保障制度，从 2007 年开始将农村居民最低生活保障标准从 1000 元提高到 2011 年的 1200 元；在全国率先将农民工纳入失业保险，探索和完善农民工参加大病医疗补充保险制度，积极推进高风险企业农民工参加工伤保险；实施百所敬老院新建、改扩建工程，注重改善农村孤寡老人生活条件，提高了农村五保供养服务水平。

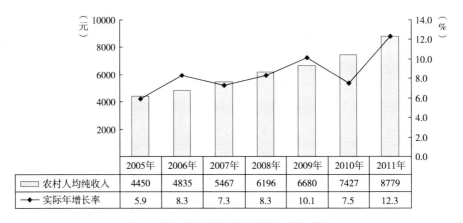

	2005年	2006年	2007年	2008年	2009年	2010年	2011年
农村人均纯收入	4450	4835	5467	6196	6680	7427	8779
实际年增长率	5.9	8.3	7.3	8.3	10.1	7.5	12.3

图 3　福建省历年农村居民收入增长情况

二　福建省城乡区域发展中面临的问题

综上所述，经过多年的努力，福建城乡区域一体化发展已经取得了巨大的成就，统筹城乡发展的成效相当显著，但在进一步发展过程中，也呈现出一些难以回避的问题，我们必须客观审慎对待，才能破除统筹城乡区域发展的障碍，抓住海峡西岸经济区建设的历史机遇，争取更大的发展成就，为从根本上实现城乡一体化奠定更加牢固的发展基础。

（一）城市化发展水平区域差异较大

"十一五"以来，福建城市化进程虽然明显加快，城市化水平增幅位于全国前列，但大城市数量依然较少，城市规模偏小，中心城市发展稍显滞后，城市的基础设施比较薄弱，城市功能有待进一步完善，从而制约了城市发展承载力的跨越式提升，而且城市化发展水平呈现出较大差异，城镇化水平不均衡，如图4所示，2011年福州、厦门、泉州地区城镇化率明显高于全省其他地区，也即沿海地区高于山区，城镇化水平最低的是龙岩地区，仅为47.5%，城镇化水平最高则是厦门，达到了88.5%，两者相差接近一半以上，呈现出巨大差距，其他地区城镇化水平则维持在50% ~ 60%，从经济学理论我们得知，城镇化进程缓慢，说明农村人口长期占据总人口的大多数，各区域之间的不平衡以及城镇化水平的差距，归根结底主要是由沿海和山区处于不同发展层次的原因，产业发展参差不齐，发展条件的差异导致了城乡产业分离，势必会影响区域经济一体化发展进程，加大城乡统筹的难度。

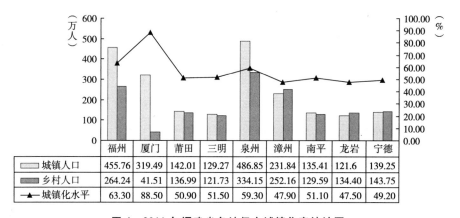

	福州	厦门	莆田	三明	泉州	漳州	南平	龙岩	宁德
城镇人口	455.76	319.49	142.01	129.27	486.85	231.84	135.41	121.6	139.25
乡村人口	264.24	41.51	136.99	121.73	334.15	252.16	129.59	134.40	143.75
城镇化水平	63.30	88.50	50.90	51.50	59.30	47.90	51.10	47.50	49.20

图4 2011年福建省各地级市城镇化率统计图

（二）城乡生活差距仍然比较悬殊

当前福建经济社会发展过程中城乡二元结构矛盾仍然比较突出，城乡经济发展还存在较大差距，一方面表现在城乡居民人均收入差距显著，近年来福建省城乡居民收入差距与全国平均水平相比稍低，但收入差距呈现出逐年扩大的趋势，在人均可支配收入方面城镇居民明显高于农村居民，随着经济水平的提高，城乡居民收入均呈现逐年增长态势，但城镇居民收入增长的速度快于农村居民；另一方面城乡居民人均生活水平差距也相对扩大，近年来，全省农村居民的生活水平始终低于城镇居民，并始终处于绝对的劣势，而且城乡居民的消费差距也出现扩大迹象，甚至消费差距还可能高于收入差距，城乡居民人均消费支出结构中，衣着、教育文化娱乐服务、交通通信和家庭设备、用品及服务等方面的享受性和发展性支出城镇居民远远高于农村居民，虽然随着农民收入的提高，消费状况已经有了一定程度的改观，但消费层次仍然处于相对较低水平。

（三）城乡产业经济发展不均衡

福建城乡经济差距拉大，主要体现在农村二、三产业发展严重滞后，基础设施相对薄弱，城乡产业出现一定程度的分割对立，城乡产业关系没有出现良性互动，导致全省城乡产业发展水平不断扩大，尤其是农业整体发展水平还未实现农业现代化，导致农业劳动生产率偏低，农业大而不强，农业农村经济结构还以传统型为主，直接影响劳动效率的提升，此外农业产业化和规模化程度还是偏低，产业化经营尚处于初级阶段，整体水平还亟待提高，仍以农户小规模分散生产经营为主，未形成规模经济效应，农民参与农业产业化的程度还不高，利益机制不完善，技术含量偏低，主导产业不够突出，缺乏品牌竞争力，产业化的区域布局也比较零散，地区发展不平衡；此外，农业发展后劲不足，城乡产业投资联系尚未形成强大的带动作用，政策支农的效应还有待进一步发挥，导致农业部分对国民经济发展的贡献与国家财政对农业的支持出现了不对称的情况。

（四）城乡区域经济发展不平衡

与全国其他省份一样，福建区域发展也不平衡，沿海和山区经济社会发展的非均衡性尤其突出，从经济总量上看，闽东南地区整体上高于闽西北地区，闽西北地区在总人口约占全省1/3，土地面积约占全省2/3的情况下，其GDP总量占全省的份额仅占到1/4左右，差距相当明显，而且闽东南地区不仅在总量上领先，从人均GDP这一衡量标准看也保持明显优势，虽然近年来整体区域经济发展差距开始缩小，但差距仍然相当明显，此外，区域间的固定资产投资和财政收支的差距也很悬殊，沿海财政收入和财政支出都明显高于山区，而且有逐步扩大的趋势，在固定资产投资上沿海地区和内陆山区其规模上的差距也非常突出，几乎处于不同层次的发展水准。①

综上所述，福建的城乡区域统筹发展还存在众多需要解决的问题，其差距依然比较明显，因此，要真正实现整个城乡区域经济社会一体化发展的目标，城乡区域一体化发展的任务依然相当艰巨，需要进行慎重的摸索和实践探索，甄选出一条符合福建省情的区域统筹发展道路，需要通过采取更加有力的统筹措施和出台更强力的支农惠农政策，提出更加有针对性的做法，在统筹区域发展实践中始终贯彻好科学发展观，才能真正实现福建城乡区域发展的均等化、一体化。

第二节 统筹城乡区域发展的必要性

改革开放 30 年来，我们国家经济取得了长足发展，然而由于计划经济时代的城乡二元结构的惯性，城乡各要素市场相互分割依然存在，城乡二元结构甚至一定程度上更加严重，这势必严重影响国家及区域经济的持续稳定发展，况且这一制度的影响在各省市区域发展中都是普遍存在的，为了扭转城乡经济发展的不利局面，党的十六大就提出"统筹城乡经济社会发展，建设现代农业，发展农村经济，增加农民收入，是全面建设小康社会的重大任务"。到了党的十七大又提出"统筹城乡发展，推进社会主义新农村建设"的发展战略，指出"要加强农业基础地位，走中国特色农业现代化道路，建立以工促农、以城带乡长效机制，形成城乡经济社会发展一体化新格局"。就福建的情况看，经济社会的快速发展有力推动了城乡面貌焕然一新。目前，福建总体上正在进入以工促农、以城带乡的发展阶段，进入着力破除城乡二元结构、形成城乡经济社会发展一体化新格局的重要时期。统筹城乡区域协调发展是当前福建贯彻落实科学发展观，实现以人为本和统筹协调发展中矛盾最突出、工作最艰巨、任务最紧迫的突出问题。统筹城乡区域协调发展，已经成为福建现阶段经济社会发展的客观要求，也是推进全省又好又快发展的最首要任务。

---

① 陈卫璀：《福建省统筹城乡经济发展研究——基于马克思主义城乡关系理论》，福建农林大学硕士学位论文，2010 年 4 月。

一 统筹城乡区域发展是全面建设小康社会的必要环节

按照党中央国务院的战略部署，到 2020 年要努力达到全面建成小康社会的宏伟目标。就福建目前城乡经济社会发展的状况看，如果统筹城乡协调发展时间滞后，农村不加紧迎头赶上加快发展，不改变农村发展的落后局面，要实现这一宏伟目标将无从谈起。三农问题一直是困扰我国乃至福建区域发展的难点和重点，也是小康社会的主要节点，无法实现农村的现代化，就可能会影响到全省各方面现代化的实现，无法实现农村的全面小康，就很难实现全省顺利达到全面小康。无论从经济层面看还是社会发展层面看，只有统筹城乡区域平衡发展，才能实现全省整个区域的持续稳定和又好又快发展；从政治层面看，只有统筹城乡区域全面发展，才可能更好地维护社会稳定、创造安宁的生活环境，才可能实现大家的共同富裕、共同发展，维持区域长期发展的根基；从文化层面看，只有统筹城乡区域发展，才能使城市和农村共同享受丰富多彩的文化生活，有效地推进全省精神文明建设和人民大众生活品位的提升；从社会层面看，只有统筹城乡区域发展，才能更好地坚持以人为本，维护社会公平，促进全省社会发展的全面进步。因此，统筹城乡区域协调发展是建设福建全面小康社会的紧要任务和迫切要求。

二 统筹城乡区域发展是落实科学发展观的要求

科学发展观是发展中国特色社会主义过程中，中共中央提出的必须坚持和贯彻的重大战略思想。2003 年 10 月，十六届三中全会把统筹城乡发展作为科学发展观的重要组成部分，摆在"五个统筹"之首。党的十七大提出建立以工促农、以城带乡长效机制，形成城乡经济社会发展一体化新格局。在近十年间，中央出台的一号文件均聚焦"三农"问题，而"统筹城乡发展"成为贯穿其中的一条红线。中央关于经济社会、城乡、区域、人与自然、对内对外这五个统筹的内容中，统筹城乡区域发展是实现城乡协调发展的一个落脚点和工作重点，是五个统筹中最首要和最紧迫的任务。因此，要从根本上维护最广大人民的根本利益，应致力于实现城乡均衡发展促进城乡区域协调发展，通过科学规划、缩小城乡差距，努力营造出城镇化和新农村建设双轮驱动良好态势，才能从根本上保障社会持续进步，这个始终是贯彻落实科学发展观的重要内容。

三 统筹城乡区域发展是福建经济协调发展的客观需要

近几年来，福建经济发展持续快速发展连续跃上新台阶，全省经济总量 2011 年达到 17500 亿元，人均生产总值连续突破 10000 元、20000 元、40000 元，2011 年达到 4.70 万人民币，突破 7000 美元，提前几年实现了总体小康目标。产业结构方面也获得不断优化，三次产业结构从改革开放初期的 36.0：42.5：21.5 调整到 2011 年的 9.2：51.6：39.2。但福建经济总量与珠三角、长三角沿海地区仍有一定差距，落后于周边的浙江、江苏、广东等省份，全省人均 GDP 也仍然落后于东部平均水平，与对岸台湾还有很大的差距。全省地区发展不平衡突出，不同地区人均生产总值最高和最低相差数倍之多。福建三次产业结构与全国平均三次产业结构相比，第三产业所占比例还有待进一步提升。同时，福建一、二、三产业结构比例的地区间差距尤其突出，需要进一步转变现有经济增长方式，加快推进福建城乡区域协调发展，真正做到山海联动协作，才能从根本上保障福建经济顺利达到或接近东部地区的发展水平。

四 统筹城乡区域发展有助于缩小城乡居民收入差距

近年来，虽然福建农业发展进程不断加速，农村面貌也获得较大的改善，正加快发展，但是与城市及城镇的发展状况相比，城乡发展的差距仍然较大。1978 年，全省城镇居民人均可支配收入为 371 元，农村人均纯收入为 138 元，相差 233 元，城乡收入比为 1：2.7；2011 年，全省城镇人均可支配收入为 24907 元，农村人均纯收入为 8779 元，相差 16128 元，城乡收入比为 1：2.84；2011 年，全国农民人均纯收入与城镇居民人均可支配收入的比值为 1：3.13，福建城乡收入差距略低于全国水平，但与 1978

年相比，仍然没有下降的趋势。因此，统筹城乡区域发展仍然任重道远，当前应该加快农村居民增收步伐，通过调整农业结构，扩大农民就业，加快科技进步，深化农村改革，增加农业收入，强化支持保护，努力实现农民收入保持较快增长，才能遏制城乡居民收入差距不断扩大的趋势，通过大力推进农村区域加快发展，出台长足有效的措施积极发展农村经济，在政策上加以倾斜，想方设法繁荣福建农村市场，积极促进农村居民提高消费水平，才能从根本上调动农村消费需求，有效扩大内需。

五　统筹城乡区域发展是福建城市化进程的必然选择

福建正在加紧完成和完善国土规划编制工作，大力推进国土空间开发战略布局和推动完善大城市、中心城市、中小城市、县城、小城镇的空间结构网络，在现有城乡规划和区域发展规划的基础上，提出了福建省城乡统筹土地利用空间布局方案，促进海峡西岸城市群的协调发展，加快社会主义新农村建设，实现以城带乡，统筹发展，加快形成城乡经济社会一体化发展新格局，并提出了促进欠发达地区经济社会发展的国土空间开发方案，以实现区域均衡协调发展格局。致力于推动以公路、铁路、港口、机场沿线主要节点城市为重点，致力于构建和完善有效推动全省经济社会发展的主要廊道和通道。到2011年底，全省城镇人口达到2161万人，城镇化率达到58%。但同时，福建城镇化进程仍然有待进一步加快，城镇体系布局还不尽合理，城镇产业发展还需要充分提升发展层次，以产业集群为核心架构的城市功能需要进一步加快完善优化，目前福建城市吸纳农村需要转移的庞大劳动力的能力还稍显不足，以城带乡的发展能力依然比较弱。因此，只有大力推进城乡区域统筹发展，以城乡统筹和城市带动农村发展的思路进行市镇布局空间优化，才能有效实现城市和集镇对农村发展的辐射带动发挥引领作用。

六　统筹城乡区域发展是加强福建社会建设的迫切需要

到目前为止，福建"双高普九"工作取得较快发展，全省已有50多个县基本实现"双高普九"目标，占全省 87 个县（市、区）的 65% 以上，义务教育普及率保持在较高水平。小学和初中每万人口中在校学生数在全国位次也明显得到改善，此外，福建"十一五"期间扫除文盲人数近 30 万人，15 岁及以上不识字的文盲率从 2005 年的 10.53%，降低到 2010 年底的 2.44%，文盲率从 2005 年的高于国家平均文盲率 1.65 个百分点，降低到 2010 年低于国家平均文盲率 1.64 个百分点，提前 5 年完成国家规定的扫盲任务。全省新型农村合作医疗在 87 个县（市、区）全面开展，参合率达到 97% 以上；农村医疗救助及困难群众的救助制度逐步建立和完善。全省广播电视人口基本实现了全覆盖，实现了"县县有图书馆、文化馆"的目标。全省城乡公共服务体系建设步伐加快，截至 2010 年底，福建省农村公路已超过 8 万公里，乡镇公路通达率达到 100%，全省 99% 的建制村通上水泥路，群众出行难问题得到缓解。福建农村教育、卫生、文化、水电路等各项公共社会基础建设从纵向看不断取得新的进展和发展；从横向看，农村与城市的发展差距呈现出明显扩大的趋势，一定程度上制约到全省构建和谐社会的发展步伐。因此，只有加快农村社会事业的全面建设，加大农村公共服务产品供给和基础设施投入，才能更好地为实现社会的和谐稳定奠定坚实的发展基础。

七 统筹城乡区域发展是加快福建贫困地区致富的内在需要

过去几年，福建认真组织实施扶贫开发纲要，扎实推进扶贫开发各项工作，稳步推进扶贫搬迁造福工程，以统筹城乡区域发展为主线，在全省贫困人口脱贫中取得了突出成效，然而福建的脱贫任务仍十分艰巨，还面临着众多贫困人口亟待解决的问题。这些贫困人口多分布在革命老区、民族和偏远山区，面临着基础设施不足、产业结构有待调整、生态环境治理欠账、公共服务水平低、社会保障欠缺等重大问题。只有继续以城乡区域统筹为方法，继续做好新阶段扶贫开发工作，主动服务于全省工作大局、推进福建科学发展跨越发展、顺应满足贫困群众过上美好生活期待的重大部署，进一步把思想和行动统一到中央和省委、省政府的部署要求上来，把握重点，把扶贫开发工作重点县、重点村、扶贫对象作为主攻方向，因县因村因户施策、逐县逐村逐户扶持；充分发挥贫困群众的主体作用，提倡自力更生、艰苦奋斗、自立自强的精神，紧密结合贫困地区实际，找准自身比较优势，引导贫困群众发展现代农业、促进转移就业、推动资源转化，增强自我发展能力；深入推进扶贫搬迁造福工程，实现"搬得出、稳得住、能致富、共和谐"；继续实施整村推进帮扶工程，强化挂钩帮扶责任，不脱贫不脱钩；加快贫困地区基础设施建设和社会事业发展，努力提高贫困地区基本公共服务水平；不断完善扶贫开发政策措施，加强扶贫开发与其他政策的衔接配套；着力实施定点扶贫、推进山海协作、凝聚全社会力量共同参与，才能进一步推动形成大扶贫工作格局，从而更好地贯彻中央促进共同富裕、维护社会和谐稳定的战略方针，加快民族、山区、贫困地区的经济社会发展，促进各区域共同繁荣，构建和谐社会。

八　统筹城乡区域发展是福建深化改革开放的重要内容

福建改革开放既为城乡区域统筹发展提出了新的要求，也为城乡区域统筹发展奠定了良好的基础。当前，我国改革开放进入深水区，只有进行城乡区域统筹，深化城乡改革，才能促进经济社会的又好又快发展。就福建区域发展状况看，全省有90%的面积和75%的人口在县域，2010年县均GDP为138亿元，"十一五"期间，福建省县域经济年均增长13.7%，主要经济指标均实现翻番。2010年全省58个县（市）生产总值达到7988亿元，占全省GDP总量的55.6%，超过了"半壁江山"，前10位县（市）GDP总和占全省近30%。县域经济每增加1个百分点，就带动全省经济增长0.55个百分点，城镇居民人均可支配收入五年增长92%，农民人均纯收入增长63.3%，尤其是2010年全省县域城乡居民收入分别增长11.4%和11.7%，略高于全省平均水平。"十一五"期间，全省县域城镇化步伐明显加快，年均递增1.2个百分点，去年达到41.2%。县域地方财政新增对"三农"的投入82.6亿元，年均增幅达到12.7%。2010年经济较发达的9个县（市）地区生产总值占全省县域经济总量的46.5%，地方财政收入占50.8%；经济总量排位在后15位的县，GDP总和仅为晋江的3/4，最强县与排名末位县经济总量相差37倍、地方财政收入相差53倍。全省县域仍有 90% 左右的城镇居民、60% 左右的农民收入低于全省平均水平。福建省县域各项社会事业加快发展，取得了可喜成就，民生状况得到不断改善，呈现出经济跨越发展、社会和谐稳定的良好局面。但与全国相比，福建县域经济社会发展还存在很大差距，综合实力不强、产业层次不高、发展不平衡、收入增长缓慢的状况还没有根本改变，县域基础设施不完善、产业结构不合理、特色产业不明显、企业竞争力不强、城镇化步伐不快、对经济增长的拉动作用不大等问题依然突出。总之福建省县域经济发展既面临着难得的历史机遇，也存在不容忽视的困难和挑战。2011 年 4 月福建省委、省政府下发的《关于进一步加快县域经济发展的若干意见》，对新形势下加快福建县域经济发展进行部署，深入谋划县域长远发展的方方面面，进一步夯实发展基础，这些都为深化改革，实现城乡区域统筹发展描绘良好的发展前景和蓝图。

此外，海峡西岸经济区建设使福建作为连接两岸的前沿阵地的区位优势更加凸显，福建积极响应中央号召，大胆创新先行先试，深入推进平潭综合实验区建设，制定了一系列政策举措，加快了海峡两岸经济社会共通共融的发展步伐。充分利用 ECFA 成功签署的合作机遇，积极扩大与台湾地区深层次全方位的合作，加深了地区之间的交流与合作，建立了较为成熟稳健的合作机制，为下一步扩大与周边省份的合作奠定了较好基础。此外还积极参与"泛珠三角"区域合作，进一步拓展福建发展空间，优化产业结构，延伸农业产业链，开展海峡农业合作，这些都为推进统筹区域城乡协调发展创造了良好的外部环境。[1]

第三节　统筹城乡区域发展基本思路

党中央国务院根据国家新的发展阶段，围绕我国经济社会发展的时代特征和主要矛盾，着力破解城乡二元经济结构，想方设法解决好"三农"难题，这是为达到全面建设小康社会奋斗目标进行的重大战略部署，也是

---

① 云南省发展与改革委员会：《云南省统筹城乡协调发展总体规划（2009～2020 年）》，2010 年 2 月。

贯彻落实科学发展观的必然要求和具体实践，福建省作为东南沿海重要省份，统筹城乡发展同样十分紧迫，在这一过程中需要充分发挥好自身优势，加快推进城乡区域协调发展步伐，从根本上保障我省统筹城乡区域发展的成功。

一　指导思想

以邓小平理论和"三个代表"重要思想为指导，认真贯彻落实科学发展观，围绕国务院关于海峡西岸经济区建设的战略定位和发展目标，坚持工业反哺农业、城市支持农村和多予、少取、放活的基本方针，突出统筹城乡规划建设，统筹城乡人口和产业布局，统筹城乡配套改革，统筹城乡公共资源配置，统筹城乡精神文明建设，坚持分类指导、协调推进，充分发挥工业化、城市化、市场化对"三农"发展的促进和带动作用，着力解决好"三农"问题，以产业为支撑、以创新为动力、以县域为载体、以民生为根本，实现城乡互动，逐步消除城乡二元经济结构；紧盯全面建设小康社会的发展目标，着力先行先试，全面推进特色农业产业化、新型工业化、城镇化、城乡一体化"四化进程"，着力改善城乡人居环境，切实建立城乡经济社会发展一体化的体制机制，着力提升城乡居民幸福指数，形成科学发展、社会和谐、城乡共荣的发展新局面，促进城乡经济、政治、文化、社会协调发展，推动海峡西岸经济社会发展取得更大的跨越式提升。

二　基本原则

1. 因地制宜，分类指导

充分考虑各区域资源条件和经济发展水平等因素，坚持一切从实际出发，严格按客观规律办事，区别不同情况，做到具体问题具体对待。

2. 尊重民意，群众受益

广大农民是推进城乡一体化建设的参与者、实践者和创造者，更是最直接的受益者。尊重理解农民群众的意愿和要求，调动农民群众的积极性和创造性。

3. 先易后难，分步实施

根据福建的省情实际，从解决住房难、上学难、看病难、饮水难、用电难、交通难、增收难等农民群众最盼望、干部容易抓、收效最明显的事情做起，有选择、有重点、分步骤，抓点带面，循序渐进地推进城乡区域一体化建设。

4. 教育先行，保障跟进

始终把教育摆在优先发展的地位，深化教育体制改革，优化教育布局，改善办学条件，提高教学质量，逐步实现农村教育城镇化、城镇教育现代化、城乡教育均等化。深化医疗卫生体制改革，完善覆盖城乡居民的基本医疗制度，建立城乡一体的社会保障和救助体系。

5. 多予少取，加大投入

按照整合资源、反哺农村，集中财力、支持农业，广开渠道、增加收入的要求，采取财政投入、争取专项资金和激活社会资金等多种方式，多渠道筹集城乡一体化建设资金。着力改变农村基础设施建设落后的局面。

6. 政府主导，市场运作

强化政府的宏观引导与组织协调职能，强化政府统筹的主体作用，克服市场机制的缺陷，按照公平的原则，制定公共政策，突破户籍、社保、就业等体制机制性障碍，切实抓好各项配套政策的制定和落实。充分发挥市场机制在资源配置中的基础性作用，运用市场机制开发资源、筹集资金，促进城乡人口和生产要素的合理流动。①

三　发展目标

按照福建省政府发展研究中心《福建城乡一体化发展的探索与实践》报告中的论述，全省在城乡区域统筹发展方面，按照"一年启动（2010年），三年突破（2012年），六年见效（2015年），八年基本完成（2017年）"的基本思路来设定目标任务，主要分为三个阶段。

---

① 云南省人民政府门户网站：《云县推进城乡统筹协调发展规划（2009～2020年）》，2009年3月。

第一步，到 2012 年，统筹城乡发展的制度框架基本形成。统筹城乡的土地管理制度、就业社保制度、户籍制度、行政管理制度、产业发展机制、投融资体制、公共财政体制、公共服务体制等重要领域和关键环节改革取得突破。厦门市率先基本建成城乡经济社会一体化的体制机制。

第二步，到 2015 年，基本建立统筹城乡发展的制度体系。统筹城乡的产业体系、城镇体系、基础设施体系、创业就业体系、金融服务体系、社会保障体系、公共服务体系、环境保护体系基本完善。福州市、泉州市和莆田市基本建立城乡经济社会一体化的体制机制。

第三步，到 2017 年，在全省范围内基本建立城乡经济社会一体化的体制机制。公共资源在城乡之间均衡配置，生产要素在城乡之间自由流动，城乡经济社会实现高度融合，农村居民和城市居民拥有同质化的生活条件、均等化的公共服务，以及平等参与政治、经济、文化、社会建设的权利。

到 2020 年全省总人口控制在 4000 万人左右，城镇人口达 2780 万人，城镇化水平达到 69.5% 左右，到 2030 年全省总人口控制在 4200 万人左右，城镇人口达 3150 万人，城镇化水平达到 75% 左右。⑤

四 主要思路

根据福建省情特征和发展要求，分步实施稳步推进城乡区域统筹和一体化发展，坚持分类指导的原则，紧密结合各地区经济发展状况，实施差异化发展，统筹解决城乡区域发展不均衡的问题；致力于理顺城乡区域管理体制，促进各部门间的协调配合，全面推进城乡区域管理的现代化和紧密融合，贯彻落实走新型城镇化道路的战略部署，强力推进福州、厦漳泉两个大都市区建设，大力发展福州、厦门、泉州三大省域中心城市和省域次中心城市，积极发展中小城市和小城镇，走以两大都市区为依托，以都市区和中心城市为核心，大中小城市和小城镇协调发展的具有福建特色的新型城镇化道路，逐步实现城乡区域的融合发展和同步提升。①

---

① 福建省住房与城乡建设厅：《福建省城镇体系规划（2010~2030）》，2010 年 9 月。

第一阶段（2010~2012年）：以《福建省城镇体系规划》为指导，积极探索和研究适合福建基本情况的城乡区域发展模式，在有条件的情况下进行城乡区域发展一体化的试点工作，这是推进统筹城乡区域发展的启动和实施阶段，重点是通过专题研究制订实施方案，完善城乡区域管理工作机制，制定适宜的配套发展政策，致力于构建形成城乡协调发展的体制机制，重点是改变城乡体制分割造成的不合理的城乡差别，特别是改变公共政策方面的城乡差别。先期可以把厦门市作为试点，尽快制定和完善城乡区域一体化的试点方案，加强指导、协调和服务，通过发挥引领示范作用，累积可靠经验逐步进行推广。

第二阶段（2012~2015年）：由于福建九个设区市和平潭综合实验区经济社会发展水平的差异巨大，要坚持因地制宜，依照福建各地不同的自然、经济、社会条件和发展基础对条件相似的设区市进行归类管理，对发展水平接近的设区市进行分层次推进，实现城乡区域统筹的差异化发展，这是推进统筹城乡发展的加速阶段，应主要致力于初步形成全省统筹城乡区域协调发展的新格局，积极探索不同类型区域统筹城乡的发展路径。

第一层次是厦门市，由于厦门的城镇化水平较高，各方面的基础配套比较成熟，应立足于岛内的成熟经济影响力，致力于加快先进生产力和公共服务向同安、翔安等地辐射和拓展，稳步实现岛内外发展的同步协调，率先实现城乡一体化体制机制先行先试，为其他城市提供借鉴参考。

第二层次是福州、泉州和莆田市，城市发展的水平已基本具备城乡区域一体化的发展条件，应找准当前区域统筹的出发点和落脚点，坚持工业强市，全力推动新型城镇化体系构建，全面推进在基础设施、生态建设、产业互动、城乡居民基本公共服务均等化等方面实现一体化建设，加快形成以工促农、以城带乡反哺机制。

第三层次是漳州、龙岩市、三明市、南平市和宁德市等经济社会发展稍显滞后的地区，从解决当地统筹城乡发展中存在的突出问题入手，全面推进农村、农业、农民现代化，促进边远山区摆脱贫困，改善区域内的基本公共服务条件，以整合各级政府投入为重点，积极推动与周边城市的融合互动，加大城镇基础设施，形成覆盖城乡的电力、给排水、通信、公交、信息等公共服务设施网络体系，不断改善城乡群众的生产和生活条件，提升城市集镇的集聚和辐射能力。

第四节　统筹城乡区域发展保障措施

福建统筹城乡区域一体化发展必须要立足于各个区域当地实际情况和发展条件方面的特点，充分发挥当地区域社会基础和发展层次，结合地区的发展特色，着力调动有利于城乡区域统筹发展的各方面资源和优势，紧紧围绕城乡区域一体化这个目标，着力开展各项实务工作稳扎稳打，扎实推进各项城乡统筹发展的环节，有条不紊地展开各项区域统筹的保障功能，才能更加顺利地达到区域一体化发展任务目标，结合福建省的具体情况看，主要可以从以下几个方面着手。

一　强化组织领导发挥统筹管理的功能

为确保福建推进统筹城乡协调发展各项工作及时开展、顺利推进，需要建立统筹协调的工作机制与组织领导和监督机制，推进和完善全省城乡统筹协调发展工作的领导体制、管理体制、工作机制，最大限度地保障统筹解决好城乡发展中出现的问题，统一对推进统筹城乡区域协调发展工作的领导，以保证各市县（区）、各相关部门能够在统一的部署和指导下，明确统筹城乡区域发展的各阶段工作重点，保证各个相关的项目建设能够得以顺利实施，通过各级别的政府部门协调配合密切合作，保证各组织之间能够做到相互支持，按照统筹城乡区域协调发展的总体思路和理念，才能在统一领导下协调好各方面力量，切实有效地整合各种资源，强化政府的服务职能，构建起统筹城乡区域协调发展的良好工作氛围，形成一致的目标，拧成一股绳，化作一缕劲，切实将全省城乡区域统筹协调发展的专题工作做得更深、做得更细，才有可能在实质上做出真正的成效。

因此，为了保障福建统筹城乡区域发展的落实，首要的就是要加强组织领导，精心组织和实施统筹城乡发展的工作方案，扎实有效地推进各方面的工作，才有可能力求取得实质性的突破，尽快完成城乡区域一体化的终极目标。重点是要建立健全全省统筹城乡区域发展的工作机构，建议由省住房与城乡建设厅牵头，配备专门的工作力量，组织有关人员专门负责城乡统筹发展的事宜。坚持从实际出发，立足于当地经济社会发展的层次和水平，因地制宜、树立典型，发挥示范作用，通过分类指导分步骤推进，真正做到有条不紊。构建和完善各级领导班子成员和有关职能部门的横向联系和纵向沟通，构建起相对成熟的城乡区域一体化建设工作制度，切实加强对城乡一体化建设的全盘领导、全程指导、全面协调和全方位督查。还要保障各级政府的相关职能部门加强业务指导和协调，优化业务服务流程，保证能够全力配合城乡区域一体化建设。此外，还应积极探索建立与城乡一体化发展相适应的组织体系，进一步增强各级组织的创造力、凝聚力和战斗力。依托社会研究机构的力量，鼓励各类民间组织和协会针对城乡区域统筹建言献策，充分发挥专业研究机构的作用，做好宣传工作，树立人人关心城乡统筹，事事为了一体化发展的理念，保证在思想上能达到高度统一，在政治上能形成强大合力，在工作态度上能全力保证推动城乡区域一体化建设尽心尽力。

二　完善统筹城乡区域发展的制度安排

要切实理顺事关城乡区域一体化发展的各项制度，破除制约城乡统筹的制度障碍，探索建立符合福建实际的城乡区域发展的各类制度。一是要探索尝试建立起城乡统一的产权制度，尤其是在与城乡百姓民生关联最大的住房领域，要敢于先行先试，切实形成城乡统一的住房产权制度，在合理合法的情况下，要使农村居民的住房与生活在城市的居民一样，能够拥有房屋产权证和土地使用证，盘活农村房地产市场，保障其产权可以进行正常出售或者抵押，保证城乡居民的住房领域获得同等对待。二是要积极探索和完善城乡区域统一的户籍管理制度，主要可以围绕设立以身份证管理为核心的城乡统一的人口流动制度，积极推行和探索居住证制度的完善和推广，保证所有城乡居民能够在有稳定的收入来源及居住年限的情况下，都有资格办理当地居住证，甚至在此基础上逐步过渡到当地户口，并保障其能够依法享受当地居民的权利，从而从根本上实现以居住地来划分城镇人口和农村人口，或者以职业来划分农业人口和非农业人口，使户籍登记能够最大限度地准确反映公民的现实居住和职业状况，从而从根本上破除城乡人口流动的障碍，为城乡区域发展奠定坚实基础。三是要尝试建立健全城乡区域统一的就业服务及管理制度，致力于形成城乡区域统一的人才市场，引导城乡区域生产要素跨区域合理自由流动，尤其是要从根本上消除社会对农民工进城就业或务工的歧视性、限制性的各种规定，尝试构建起城乡统一、自由平等、开放透明、公平竞争、合理有序的就业制度和失业登记制度，建立和完善城乡区域一体的劳动市场服务功能，多渠道全方位开拓就业岗位，及时发布各类用工信息，促进城乡劳动力自由流动、公平就业、平等享有政府提供的公共就业服务的体制机制，促进城乡充分就业。四是要逐步形成城乡统一的社会保障制度，按照"老有所养、病有所医、弱有所扶、贫有所济、壮有所为"的目标，在全省范围内构建和完善覆盖全省所有人口的新型养老、医疗、工伤、失业、生育五大保险制度，尤其要做好被征地农民养老保障工作，建议将被征地农民纳入失业保险范畴，解决好这部分居民的后顾之忧，还应积极推进城乡居民大病医疗补充保险工作，保证其与城镇职工基本医疗保险的衔接，逐步建立起统一受理、分层救助的新型社会救助服务体系，真正实现城乡居民大病医疗保险的全覆盖，切实杜绝城乡因病致贫现象的发生，还应致力于完善城乡居民最低生活保障制度，做好城乡贫困人口的帮扶和管理工作，另外还要切实梳理和健全省住房建设体制，调整和优化住房供应结构和管理方式，完善城镇住房保障体系，有步骤地解决中低收入家庭的住房困难。最后是要逐步建立起城乡统一的公共服务制度，确保城乡居民能够人人享有基本医疗卫生服务，保障公共医疗卫生的公益性质，按照政事分开，管办分离、医药分开、营利性与非营利性分开的原则，深化医药卫生体制改革，为广大群众提供安全方便、有效合理的公共卫生和基本医疗服务。另一个基本公共服务就是教育，在这一方面要不断推进城乡教育体制改革，致力于形成城乡一体化的现代教育体系，促进城乡居民能够在教育上实现公平，享受到统一的优质教育服务。

三 优化城乡区域一体化体制机制环境

坚持实事求是的发展理念,大胆进行实践创新,牢固树立实践第一的观点,敢于围绕城乡区域统筹发展工作进行体制机制改革,先行先试,紧紧抓住海峡西岸经济区建设这一重大机遇,大力弘扬敢闯敢拼的精神,全面推进制约城乡区域发展的各领域的体制改革,确保能够在重点领域和事关全局的关键环节进行突破,积极营造务实工作、大胆创新的氛围环境。一是要大胆进行行政管理体制改革创新,切实转变好政府职能,致力于转换政府角色推动形成服务型政府,积极强化政府经济调节、市场监控、社会管理和公共服务的基本职能,梳理各市、县(区)、乡镇的综合管理机构,科学设置合理配置职能部门,打破妨碍城乡区域统筹的行政管理体制的瓶颈,从根本上消除机构重叠、责任不清、效率低下,职能交叉、行政成本过高等问题,构建起城乡协调合理高效的职能管理机构,此外为了保证政府机构推进城乡区域统筹工作的顺利展开,还应建立起有效的绩效考核机制,形成对各级政府及职能部门的考核工作办法,把推进城乡区域一体化建设工作业绩情况纳入考核内容,把这一内容作为评价各级干部政绩和工作水平的重要项目,由此来推动形成分工协作、责任明确、激励持续、约束长效的绩效考核工作机制,建议可以在条件允许的情况下设立统筹城乡工作奖励专项资金,从制度上保证城乡区域一体化建设的各项工作能够落到实处。

此外,还需要在农村土地流转机制上进行大胆突破和改革创新,按照"依法、自愿、有偿"的原则,采取以土地承包权入股、租赁、托管经营等方法,完善土地使用权流转机制,促进农村土地适度规模经营,另外还可以探索和完善农村土地整理、宅基地异地置换,鼓励进城农民自愿有偿退出宅基地和承包地,盘活农村建设用地存量,弥补城镇建设和中心村建设用地需要,进一步完善理顺土地征用补偿机制,切实解决好被征地农民转岗就业、进镇进城落户和生活保障方面的问题;积极探索在农村金融体制方面的改革,引导和支持各类金融机构到农村发展业务,积极培育发展农村多种所有制金融机构,扶持培育龙头企业,鼓励发展中介组织帮助农户参加农业保险,创新农村金融服务,开展多种形式的农户家庭经营贷款，农产品流动资金贷款和农民创业贷款，构建适应福建"三农"特点的多层次、广覆盖、可持续的农村金融体系。

四 完善促进城乡区域发展的配套政策

围绕全省城乡区域统筹发展的工作部署和目标要求，应积极制订和出台加快城乡区域一体化建设的具体实施意见，推动各地根据当地实际条件提出相关配套的促进政策。一是要在财政政策上予以倾斜，深化财政管理体制方面的改革，尝试建立城乡区域一体化的公共财政管理体制，完善抵押贷款担保机制，深化投融资体制改革，优化信贷投向，创新业务品种，拓宽市场化融资渠道，从而加大对城乡公共设施建设的投入，按照"简税制、轻税基、低税率、严征管"的原则，稳步推进税收制度改革，使税制更有利于平衡分配格局，优化产业结构，促进资源节约和环境保护，逐步建立健全资源有偿使用制度和生态环境补偿机制，确保形成城市带动乡村，工业反哺农业的格局，按照建立公共财政体制要求，调整优化财政支出结构，努力增加对农村公共基础设施、社会事业、社会保障和生态环境的投入，积极探索政府购买公共服务方式，逐步实现公共财政城乡全覆盖。依法安排对农业和农村的预算支出，建立稳定的新农村建设、农村基础设施建设、农业产业化、农民培训等专项资金，逐步形成财政支农资金稳步增长的长效机制，逐步提高社会保障支出在财政总支出中的比重；探索建立各级促进统筹城乡发展专项资金，对促进城乡区域一体化发展方面的相关重点项目建设投入予以财政上的支持和优惠倾斜，严格执行"投入、建设、管理"三分离制度，提高公共财政投入的资金运行效率，采取财政贴息、适当补助、税费减免等手段，引导社会、民间资金投向公共产品和服务领域；充分发挥银行小额贷款在解决城乡工业、农业、第三产业扶持和增加农民收入中的重要平衡作用，扩大对扶贫专项信贷资金的规模，创新小额信贷扶贫机制，探索实行银行贷款优惠政策，适当引导政府对城乡发展重点建设项目的银行贷款给予贴息优惠或者偿还贷款期限上的延长。二是积极鼓励各地区根据自身农业发展情况以区域联结、邻户联结、产业联结、亲情联结等多种形式组建农村互助组，在政策上予以补助支持，帮助其顺利运转以提高群众组织化程度，增强群众互助意识，形成利益共享、相互带动、共同发展格局，为农民增收创造更多条件。①

五 加大城乡统筹的资金扶持

经济发展水平的滞后，财政资金运转的困难，是导致某些地区发展落后的主要原因之一，而且还可能引发恶性循环，形成马太效应，从而引起全省城乡区域发展差距不断拉大，因此，从统筹全局的角度考虑应建议从省级层面对贫困地区给予更多的资金支持，进一步加大对贫困地区以工代赈等扶贫资金的投入，加快这些落后区域统筹城乡协调发展的步伐，尤其要积极争取中央财政资金的支持，加大对福建各地区、生态效益地区转移支付力度，加大对革命老区和边远山区的支持力度，增加下拨省级扶贫专款的额度，加大对福建乡村扶贫资金的投入。

此外，还要积极拓宽城乡统筹发展的资金来源渠道，通过政府补贴扶持，完善财政支农保障机制，实现各级财政支农投入增长幅度高于经常性收入增长幅度，调整政府投资、土地出让收益和耕地占用税新增收入使用结构，大幅度提高用于"三农"的比例。积极扩大融资额度和渠道，引导民间社会资金积极投入到乡村基础设施建设、公共产品和服务领域中去，逐步形成以财政投入为导向，民间资本、工商资本、社会资本为主体的投资格局，把各类社会资金引导到城乡区域一体化建设上来，合力推进城乡区域统筹工作深入顺利开展。

总之，福建统筹城乡区域发展是一个长期的重大的工程，应注重把工业与农业、城市与农村结合起来进行考虑，把城镇居民和农民作为一个统一的整体，精心谋划，综合考虑，通过体制机制创新、政策调整优化，改善工农关系和城乡关系，通过统筹城乡产业协调发展，发展壮大县域经济，逐步缩小城乡差距，消除城乡区域发展的不均衡问题。

（林昌华）

---

① 沾益县发改局：《沾益县推进城乡统筹协调发展规划（2009~2020年）》，2009年3月。

第　三　章

福建省统筹先进制造业发展研究

加快建设先进制造业基地，是实现区域经济跨越式发展的关键。国务院 2009 年出台《关于支持福建省加快建设海峡西岸经济区的若干意见》、2011 年出台《海峡西岸经济区发展规划》，提出要把海峡西岸经济区建成"东部沿海地区先进制造业的重要基地"，这对福建加快海峡西岸经济区先进制造业基地建设产生积极而深远的影响。

第一节　国外先进制造业发展态势

一　先进制造业的概念与内涵

1992 年美国首次提出"先进制造业"概念，认为先进制造业是拥有先进制造技术的行业①。在中国，"先进制造业"是近年来出现的新提法，如 2005 年国家"十一五"规划建议中明确提出要"大力发展先进制造业"。

---

① 《先进制造业基础知识》，广东省政府培训资料，2010 年 11 月 10 日。

虽然在我国政府部门文件、部分学者的研究中，也有不少涉及先进制造业名称的解释，即对主导工业制造业发展方向、掌握先进技术产业群的概括与总称。特别是上海、江苏、浙江等东部沿海地区，先后出台或提出加快先进制造业基地发展的意见，如上海市制定《优先发展先进制造业行动方案》，浙江省出台《"十一五"先进制造业基地建设规划纲要》等。2008 年国务院《关于进一步推进长江三角洲地区改革开放和经济社会发展的指导意见》（国发〔2008〕30 号）中明确提出：要把长三角地区建成"全球重要的先进制造业基地"；国家发改委在关于《珠江三角洲地区改革发展规划纲要》（2008～2020 年）中明确提出：要把珠三角地区建成"世界先进制造业基地"，在《关于支持福建省加快建设海峡西岸经济区的若干意见》中提出，要把海峡西岸经济区建成"东部沿海地区先进制造业的重要基地"。从国家发布的三个重要的区域发展战略定位看，体现了加快长三角、珠三角、海峡西岸经济区发展先进制造业基地重要性的科学定位。

国家对长三角、珠三角、海峡西岸经济区"先进制造业基地"的发展定位是有所差异的。对长三角、珠三角地区，其定位分别为全球重要的先进制造业基地、世界先进制造业基地。目前，国际上公认的世界先进制造业基地主要有：北美五大湖流域、西欧莱茵河流域、日本太平洋沿岸等，其基本特征主要有规模化、先进性、外向型等。从规模化看，世界先进制造业基地必须是全球同类产品的生产中心之一，产品国际市场占有率高的区域；从先进性看，表现为行业先进性与技术先进性均处于全球领先水平；从外向型看，世界先进制造业基地以参与国际产业竞争为主要目标，产品在国际市场上具有较强的竞争优势。

国家对海峡西岸经济区发展的定位为：建成"东部沿海地区先进制造业的重要基地"，即立足于中国东部沿海地区且是其中的重要基地之一，这是基于海峡西岸经济区经济实力仍较为薄弱的现实，如在国务院出台意见前的 2008 年，福建经济总量仅为 10823 亿元，仅占全国经济总量的 3.6%；海峡西岸经济区 20 个城市经济总量也仅为 18887 亿元，仅占全国经济总量的 6.3%。但若包括海峡东岸的台湾省，经济总量占全国的比重则达 15.4%，虽低于长三角地区（占全国 1/4）但高于珠三角地区（占全国 1/8）。其次，是基于海峡西岸经济区发展比较优势的客观现实，海峡西岸经济区具有侨台、港口优势，立足现有制造业基础，加强两岸产业合作，积极对接台湾制造业，具备形成科技含量高、经济效益好、资源消耗低、环境污染少、人力资源优势得到充分发挥的先进制造业基地和两岸产业合作基地的基础条件。

实际上，"先进制造业"在不同时期的内涵虽有所不同，但都代表所属时期制造业的发展方向。在经济全球化背景下，其内涵是指制造业要不断吸收电子信息、计算机、机械、材料、现代管理技术等高新技术成果，并将这些先进制造技术综合应用于制造业产品的研发设计、生产制造、营销服务和管理的全过程，实现优质、高效、低耗、清洁生产，即实现信息化、自动化、智能化、柔性化、绿色化生产，取得较好的社会经济和市场效益的制造业总称。

当然，到目前为止，"先进制造业基地"尚没有形成统一的概念。我们认为，要正确理解这一概念，必须理解"制造业""先进"等内涵。

（一）制造业

按国家统计局颁布的国民经济行业分类标准（GB/T 4757—2002），制造业是指第二产业中除采掘业、电力、燃气及水的生产和供应业、建筑业等以外，从事原料加工的工业，包括 30 个大类、169 个中类、482 个小类。

表 1　我国制造业部门分类

产业分类	产业名称
低外向度、低劳动密集度	饮料制造业、烟草制品业、石油加工业、化学原料业、医药制造业、化学纤维业、黑色金属业、有色金属业、交通运输设备业、机械设备业
高外向度、低劳动密集度	电气机械业、通信设备业、仪器仪表业
低外向度、高劳动密集度	食品制造业、纺织业、造纸业、印刷业、非金属矿物业、木材加工业
高外向度、高劳动密集度	纺织服装业、皮革毛皮业、家具制造业、文教体用品业、橡胶制品业、塑料制品业、金属制品业、工艺品业

（二）先进制造业的特征

1. 产业的先进性

主要是指具有较高附加值、技术含量的高新技术产业，如 OECD 对不同知识密集程度的产业分类中的"高科技产业"。国内一般认为，产业先进性是指该产业具有较高的附加值、关联度、技术含量，具有较高的投入产出率、资金效率、劳动效率、土地效率、环境效率。

2. 技术的先进性

"只有夕阳技术，没有夕阳产业"，主要是指在制造业产品研发设计、生产制造、营销服务和市场管理中，能否采用电子信息、计算机、机械、材料等现代高新技术，实现信息化、自动化、智能化生产。可见，除高科技产业外，一些采用先进技术改造的传统制造业也属于先进制造业范畴，如食品加工业、纺织服装业，即使是传统产业，只要能运用高新技术或先进适用技术进行提升和改造，在制造技术和研发方面保持先进水平，也可纳入先进制造业范畴。

3. 管理的先进性

无论是高新技术产业或传统产业，只有采用先进的管理方法才能称得上是先进制造业，如通过电子数据处理系统（EDPS）、管理信息系统（MIS）、决策支持系统（DSS）、专家系统（ES）、高层主管信息系统（EIS）等，对生产经营活动中的计划、组织、控制、协调、监督以及人事、财务、物资、生产、供应、销售等管理实现自动化、信息化和智能化。

4. 发展模式先进性

在自然与要素资源有限，环境与经济发展矛盾日益凸显的条件下，制造业的发展不能再以消耗巨大资源为代价，必须依靠新的发展模式，发展低碳技术、低碳经济，实现产业的可持续发展。

根据以上分析，可把"先进制造业"定义为：不断吸收高新技术成果并采用先进管理手段、先进发展模式，将先进制造技术综合运用于生产全过程的制造业总称，既包括高新技术产业，也包括应用先进技术和管理手段的传统制造业。

表 2　工业发达国家评价指标体系

目标	竞争能力	指　标
世界 工业 强国	企业竞争力	世界 500 强企业中工业企业数 世界品牌 500 强中工业企业数
	技术创新能力	企业发明专利 工业企业研发投入占销售收入比重
	规模影响力	制造业增加值占全球比重 汽车产品出口占国内产量比例
	现代工业体系	万元 GDP 能耗 生产性服务业占 GDP 的比例
	投入产出效率	工业增加值率 劳动生产率
	制度和文化软实力	法律法规完善程度 创新创业的文化氛围

二　主要发达国家先进制造业发展态势

(一) 三次产业革命与先进制造业发展

制造业是全球经济发展的重要动力和国家竞争力的主要基础，也是科学技术创新的主要领域。全球制造业经过三次产业革命，推动了先进制造业的内涵更新。

第一次产业革命从 18 世纪 40 年代开始，英国、法国等少数欧洲国家以纺织、煤炭、冶金等为代表的先进制造业迅速发展，到 19 世纪 50 年代，英国取得了世界制造业垄断地位，发展成为当时的"世界工厂"。第二次产业革命从 19 世纪 40 年代开始，以电力、钢铁、石化为主要代表的先进制造业扩散到欧洲、美国、日本等地区和国家。1860 年美国制成品总量仅居世界第 4 位，但到 1894 年，美国制造业总产值已超过英国两倍，位居世界第一，1913 年制成品产量相当于英国、德国、日本、法国四国的总和，占世界总量的 1/3 以上，确立了先进制造业经济大国的地位，成为第二个"世界工厂"。第三次产业革命从 20 世纪 40 年代开始，以电子通信、航空航天、光电一体化、生物制药、新材料、新能源等先进制造业迅速发展，日本在 20 世纪 60 年代后，大力发展先进制造业，石化、钢铁、重型机械等领域，成为世界第二经济强国和第三个"世界工厂"。目前，发达国家都已进入后工业社会，完成了工业经济为主向服务经济为主的经济转型，制造业在国民经济中的比重逐步缩小。

（二）主要国家先进制造业发展策略

1. 美国

从 20 世纪初开始，美国制造业就稳居世界首位。到 20 世纪 80 年代，美国制造业国际竞争力开始下滑，在汽车、钢铁、消费类电子等领域国际市场占有份额下降，工业产品进出口逆差增加。

为重振制造业国际竞争优势，美国政府先后于 1990 年、1993 年、1997 年推出了一系列促进先进制造业发展的计划，分别实施了"先进技术计划""先进制造技术计划"和"下一代制造—行动框架"。1998 年美国制订了"集成制造技术路线图计划"，2004 年发布了"鼓励制造业创新"的行政令，国会通过了《2004 年制造技术竞争能力法》，强调要通过财政支持发展新的制造技术，提高制造业竞争能力，拟每年投入 1500 亿美元把制造业信息化技术列入"影响美国安全和经济繁荣"的 22 项技术之一加以重点研究开发。

美国经过 20 世纪 90 年代技术革命和生产模式转变，促进劳动生产率的提高，制造业逐步走出低谷，如制造业资本利润率由 1990 年的 4.2% 提高至 1998 年的 5.9%；销售利润率由 1985 年的 3.8% 上升到 1998 年的 6%。先进制造业发展，优化了制造业内部结构，提高了制造业的国际竞争力，1895～2009 年美国一直是世界制成品生产领头羊。

金融危机发生后，美国推出"再工业化"和"新能源"战略。"再工业化"是奥巴马政府促进产业发展的主要战略方向，该战略主张重新加强制造业发展，让美国回归实体经济，力图转向"出口推动型"经济发展方式。为此，美国政府主要采用有效降低制造业成本、提升制造业创新水平两方面的举措。发展"新能源"是另一战略重点，美国重点扶持新能源等战略性新兴产业，继续巩固制造业竞争优势，确保其在世界制造业强国中的领先地位，2011 年 6 月 24 日美国总统科技顾问委员会（PCAST）向总统奥巴马呈交了题为《确保美国在先进制造业的领先地位》的专题报告。根据该建议，奥巴马总统提出并启动美国"先进制造伙伴"计划。到 2009 年美国制造业增加值占 GDP 比重为 11.2%，制造业增加值占全球比重为 18.9%，为全球制造业大国。2010 年美国工业制成品出口 1.1 万亿美元，占总出口的 86%；制造业从业人数 1150 万人，占总就业人数的 9%。

表 3　美国重要经济指标

单位：亿美元，%

年份	实质 GDP	工业生产	贸易				出入超	消费者物价	失业率
			出　口		进　口				
			金额	增长率	金额	增长率			
2007	1.9	2.7	11383.8	12.3	19693.8	5.7	-8309.9	2.9	4.6
2008	0.0	-3.3	12769.9	12.2	21172.5	7.5	-8402.5	3.8	5.8
2009	-2.6	-9.3	10445.7	-18.1	15625.5	-26.2	-5169.7	-2.5	9.3
2010	2.9	5.7	12890.6	20.6	19356.0	22.9	-6465.4	1.6	9.6

2. 日本

二战后日本制造业迅猛发展，20 世纪 60 年代工业年均增长率高达 13%。70 年代基本实现工业现代化，在汽车、半导体等产业已超过美国，成为世界第二制造业大国。日本制造业的发展特点表现为：以耐用消费品产业为先导，发展重化工业和新兴产业；引进先进技术，强调技术消化和创新，提高新技术产品市场化水平；推行专业化分工协作和产业集群化策略，以高关联度大企业为中心，形成联系紧密的产业群；强调管理科学化，创新生产管理模式。

20 世纪 90 年代后，日本虽进入长达 20 多年的经济衰退停滞期，但并未影响先进制造业的发展。日本通过政府干预，以产业政策引导和鼓励高新技术产业发展。如 1980 年颁布《推进创造性科学技术规划》，1985 年制定《促进基础技术开发税制》，强化税金政策扶持；1990 年，日本发展重点从工业经济转向信息经济，产业结构变化方向更加趋向知识密集型和高附加值型。政府政策重点扶植以微电子为中心的信息通信领域，制订"e-Japan 战略"，意图在 5 年内将日本建成信息通信业最发达国家。1995 年提出"科技创新立国"战略，颁布《科学技术基本法》等，促进高新技术产业的发展。此外，日本强化制造业生产模式创新，如创建精益生产模式、以人为本经营管理模式等，打破了传统福特生产模式，实现单件生产与大量生产的结合，促进先进制造业的发展。2000 年日本经济产业省制定了"国家产业技术战略"，将生物、信息通信、机械、化学、能源、材料、环境保护、航空航天等 13 个产业部门确立为重点发展领域。

受全球金融危机影响，到 2008 年日本工业下降 3.3%，2009 年 12 月，日本政府提出旨在确立危机后长期经济发展方向的"新增长战略"，提出经济增长模式要从过去依靠公共投资向"需求引导型增长"模式转化。为此，日本政府将从利用国内要素和扩大对外开放两个方面寻求经济增长动力。

总体看，自 1967 年起，日本一直保持世界第二大经济体地位。到 2009 年日本工业占世界工业生产总值的份额为 15.4%，仅低于美国（19%）和中国（15.6%），居世界第三位。但日本汽车、造船、机床、半导体、电子信息等行业领域在全球产业分工体系中仍居重要地位。日本工业结构已超越重工业时代，以附加值高、消耗能源少的技术密集型产业为主导。从企业看，2009 年《财富》世界 500 强中，日本有 68 家企业入选，仅次于美国，居世界第二位，其中制造业企业 34 家；2009 年《世界品牌 500 强》中，日本有 40 个入选，位列美国、法国之后，居世界第三位。2010 年全球企业国际专利排行榜中，日本以 32156 件申请量居世界第二位，其中日本松下公司以 2154 件蝉联世界首位，索尼、松下、丰田、本田、日产、三菱、富士等一批强大而富有竞争力的企业已成为世界知名品牌。

表 4 日本重要经济指标

单位：兆日圆，%

年份	实质GDP	工业生产	贸易					消费者物价	失业率
			出口		进口		出入超		
			金额	增长率	金额	增长率			
2007	2.4	2.7	83.9	11.5	73.1	8.6	10.8	0.0	3.9
2008	-1.2	-3.3	81.1	-3.4	78.9	7.9	2.2	1.4	4.0
2009	-5.2	—	54.2	-33.1	51.4	-34.9	2.8	-1.4	5.1
2010	3.9	16.8	67.4	24.4	60.6	17.7	6.8	-0.7	5.1

3. 韩国

以 1962 年第一个"五年计划"为标志,韩国有效利用本国劳动力资源比较优势,加快发展电力、煤炭、水泥、运输、通信等产业,开始工业化进程。20 世纪 70 年代韩国进入重化工业时期,将钢铁、有色金属、造船、机械、电子、化工工业作为"六大战略工业",通过投资推动、出口利息补助、免税、差别进口关税、进口限制政策等促进重化工业发展。20 世纪 80 年代韩国工业发展重心转向技术密集型产业,从主要依靠引进技术向自主研发转化,加快半导体、计算机、办公自动化机器、产业机器人等为核心的高级电子工业和新材料工业等新兴产业发展。20 世纪 90 年代韩国进入以 IT 产业为主的新兴制造业时代,经过 20 多年的发展,工业就业比重由 4.9% 升至 26.9%,1996 年基本完成工业化进程并加入 OECD。进入 21 世纪初,积极推动传统制造业向现代制造业优化升级,增强造船、电子、汽车、钢铁、石化、机械等主要产业国际竞争力。

为应对国际金融危机,2009 年 7 月,韩国公布了《绿色增长国家战略及五年行动计划》,提出"绿色增长"经济振兴战略,加快发展绿色环保技术、可再生能源技术,实现节能减排、增加就业、经济发展三大目标,力争到 2020 年前将韩国建成世界第七大、2050 年建成第五大"绿色经济大国"。同时,从 2010 年开始实施《绿色增长国家战略五年行动计划》提出十大经济举措。其中,积极培育和发展"绿色科技",坚持传统产业"绿色化"和创造新的绿色产业相结合,为绿色经济发展创造良好的产业结构基础,促进产业结构优化升级。到 2009 年韩国制造业增加值达 2081 万美元,约占全球 2.1%。

表 5　韩国重要经济指标

单位:亿美元,%

| 年份 | 实质GDP | 工业生产 | 贸易 | | | | 出入超 | 消费者物价 | 失业率 |
| | | | 出　口 | | 进　口 | | | | |
			金额	增长率	金额	增长率			
2007	5.1	7.1	3714.9	14.1	3568.5	15.3	146.4	2.5	3.2
2008	2.3	3.4	4220.1	13.6	4352.7	22.0	−132.7	4.7	3.2
2009	0.2	−0.9	3635.3	−13.9	3230.8	−25.8	404.5	2.8	3.6
2010	6.1	16.7	4674	28.6	4257	31.8	417	2.9	3.7

4. 德国

德国是老牌制造业大国，制造业综合实力排名居全球第三位，支柱产业是机械、汽车、仪器设备、电子和化学工业。在 20 世纪 90 年代，德国制造业出现一定程度的衰退，如 1992～2002 年制造业占全球比重，从 10.3% 下降到 7.6%。为此，德国政府出台了"生产 2000"的制造业计划，促进先进制造业的发展。

该计划的主要内容是：推进制造业发展，改善中小企业发展环境，确保和增加就业机会；强化研究开发，提高制造业国际竞争地位；提高制造业对市场的快速适应能力；利用信息和通信技术，促进制造业现代化；推行"清洁制造"，改善对环境的负面影响等。执行该计划后，德国制造业呈现复苏态势，在机械、汽车、化工新能源等领域优势明显，特别是实施"机电一体化"策略，促进传统制造业向先进制造业转变，推动技术密集型产品出口总量持续增加，占世界贸易总额比重持续提升，到 2004 年德国机械制造业产值达 1360 亿欧元，占全球机械市场份额的比例高达 19.3%。2009 年德国制造业增加值达 5679 亿美元，约占全球 5.7%，仅次于美国、中国、日本，位居世界第四位。

（三）"后危机时代"发达国家先进制造业发展趋势

金融危机加快全球先进制造业发展格局的调整，无论是发达国家还是新兴工业化国家和地区，先进制造业及其基地发展将呈现以下趋势：全球化趋势、集群化趋势、信息化趋势、服务化趋势、高新化趋势、绿色化趋势，制造业与服务业融合发展更趋紧密，促进产业分工由垂直向水平方向转化。

1. 制造业分工全球化

制造业企业的生产、销售、服务、资本运作和研发呈现全球化分工趋势，实现异地设计、制造和远程销售。跨国公司为了抢占世界市场，以有效利用全球制造资源，把生产、销售、服务、研发等环节在全球范围内分工，促进物流、资金流、信息流、技术流、人才流的全球配置，从而建立完整的研发、生产、销售产业链。

2. 制造业产业集群化

进入 20 世纪 90 年代以来，全球制造业产业集群化趋势不断拓展，即同一产业或相关产业的制造企业在某区域集聚，产业国际转移也出现集群化发展趋势，即由原来单个项目、企业转移向产业链整体转移，从而赢得市场竞争优势。如英国北部的汽车、金属加工等制造产业集群，美国硅谷和128公路的电子信息产业集群、明尼阿波利斯的医学设备产业集群，德国斯图加特机床产业集群等。同时，产业国际转移也出现集群发展趋势，由原来单个项目、单个企业、单个产业的转移产业链式转移。

3. 制造业信息化

以信息技术为代表的高新技术与制造技术相融合，推动制造业向信息技术方向发展，主要包括：生产产品信息化、制造过程智能化、制造装备高精度化、制造过程网络化与柔性化等。随着信息技术广泛应用于制造业的生产过程，提高了制造装备的精度与效率，实现了生产过程的自动化与智能化，改变了制造业的传统观念和生产组织方式，加速了现代管理理论的发展和创新。

4. 制造业服务化

产品创新、市场营销、售后服务的增值作用明显提高，装备制造业的产出正从单一产品转变为包含产品在内的服务和解决方案。特别是大型成套设备制造业已经由以制造为中心转向以定向设计制造和全方位营销服务为中心。随着制造业服务化趋势发展，许多企业销售额中服务业比重不断提高。如日本机械工程产业创造产值已相当于机械工业总产值的80%。同时，专业或兼业的工程企业几乎已经涉及装备工业各个行业，形成了工业服务产业群。

表6   美国、日本、德国制造业优势领域与发展计划

国家	制造业增加值及占GDP比重	制造业主要优势产业领域	政府推动制造业发展的主要规划与政策措施
美国	2009年制造业增加值15848亿美元，占GDP的13%	信息技术、生物技术、新材料、新能源、汽车等	"先进技术计划""先进制造技术计划""下一代制造——行动框架""国家信息基础设施""集成制造技术路线图计划""美国创新战略：推动可持续增长和高质量就业""重振美国制造业政策框架""连接美国：美国宽带计划""美国国家生物燃料行动计划"

续表

国家	制造业增加值及占 GDP 比重	制造业主要优势产业领域	政府推动制造业发展的主要规划与政策措施
日本	2009 年制造业增加值 9051 亿美元，占 GDP 的 20%	汽车、信息家电、机床、机器人、新材料、纳米技术、燃料电池等	"科学技术创造立国""制造业基础技术振兴基本法""新产业创造环境调整计划""智能制造系统计划""极限作业机器人研究计划""新产业创造战略""面向光辉日本的新成长战略""日本下一代汽车战略 2010"等
德国	2009 年制造业增加值 5679 亿美元，占 GDP 的 19%	机械制造、电子、汽车、化工等	"制造技术 2000 年框架方案""2000 年度德国综合技术创新能力报告""微系统 2000 计划""面向未来的生产""德国 21 世纪信息社会行动计划""国家电动汽车发展计划"等

数据来源：World Bank，World Development Indicators Online。

5. 制造业高新化

全球金融危机后，各国把发展新兴产业作为培育新的经济增长点、实现经济振兴、抢占新的国际竞争制高点的重要突破口。美国政府于 2009 年 8 月颁布《美国创新战略》，推动新兴行业重点科研项目取得突破。2010 年颁布的"欧盟 2020 战略"提出：未来 10 年将致力于依靠知识和创新，增强发展经济潜力，创造产业附加值。全球新一轮新兴产业正在兴起，将进入以资讯业、生物科技为主导，以新能源、新材料等为主要内容的产业创新时代，新兴产业将成为推动全球经济发展的主导力量。其中，新能源产业以太阳能、风能、生物质能和核能的利用较为成熟，在新能源汽车领域，发达国家以低碳经济作为推动本国经济复苏的重点，实施了多项发展低碳经济计划，如美国、德国、法国、日本等国家纷纷出台政策，扶持新能源汽车产业的发展。新材料产业以美国、欧洲、日本等工业发达地区和国家为主体，制订了产业发展计划，将新材料技术列为关键技术予以重点扶持；在生物医药产业，美国、欧洲和日本最为发达，欧洲在基础研究方面处于领先地位。

6. 制造业低碳化

随着节能环保成为人类社会普遍共识，以发展"低碳经济"为核心的

"绿色增长"模式，成为未来制造业发展的新模式。欧盟、美国、日本、韩国等地区或国家都强调：要在"清洁能源""绿色技术"领域增强自主创新能力，其中，制造业低碳化是发展重点，在制造业节能方面，一是制造业结构调整，包括工业结构节能、工业技术节能、工业管理节能三个方面，通过调整产业结构，促使工业结构朝节能降碳化发展；二是发展循环经济，在生产过程中，使物质和能量在各个生产企业和环节之间进行循环、多级利用，减少资源浪费，做到污染"零排放"；三是进行"废料"再利用，实现物质的循环使用和再利用，提高资源利用效率。

表7　主要发达国家新兴产业发展规划

国家	发展领域	相关规划
美国	新能源、干细胞、航天航空、宽带网络、医疗保健和环境保护	新能源法案研究、奥巴马承诺经济刺激资金将会投入到宽带网络等新兴技术中
日本	航天、信息技术、新型汽车、低碳产业、医疗与护理、新能源	长期技术创新战略
英国	电动汽车、混合燃料车、低碳经济	绿色振兴计划
德国	电动汽车、新能源	批准总额5亿欧元的电动汽车研发计划预算，计划在2011年实现锂电池产业化生产
法国	能源、汽车、航空和防务	将建立200亿欧元的"战略投资基金"
韩国	绿色技术、先进产业融合、高附加值服务	制定《新增长动力规划及发展战略》

第二节　先进制造业发展基本情况

一　福建省先进制造业发展现状

改革开放来福建省制造业快速发展，1978年全省工业增加值为23.85亿元，仅占全国工业增加值的1.48%；2006年全省实现工业增加值3230.49亿元，占全国工业增加值比重提升到3.54%，2010年全省实现工业增加值6242.33亿元，占全国工业增加值比重提升到3.9%，"十一五"期间全省规模以上工业增加值年均增长16.2%，增速比"十五"期间提高

2.4 个百分点，较同期全省 GDP 增速高 1.8 个百分点；工业增加值率达 27.7%，占全省 GDP 比重达 43.5%（比 2005 年提高 0.2 个百分点），规模以上工业企业直接从业人员 383 万人，比 2005 年增长 35.1%；实现税收 688 亿元，比 2005 年增长 148.4%。工业累计投资 9927 亿元，是"十五"时期的 3.5 倍。全省工业经济效益综合指数 219.95 点，比 2005 年提高 65 个百分点。

表 8　"十一五"时期福建全部工业增加值及其增长速度与全国比较

年份	项　目	全　国	福　建	占比（%）
2006	全部工业增加值（亿元）	91311	3230.49	3.54
	增长速度（%）	12.9	16.0	
2007	全部工业增加值（亿元）	110535	3896.76	3.53
	增长速度（%）	14.9	18.5	
2008	全部工业增加值（亿元）	130260	4583.24	3.52
	增长速度（%）	9.9	15.0	
2009	全部工业增加值（亿元）	135240	5106.38	3.78
	增长速度（%）	8.7	13.0	
2010	全部工业增加值（亿元）	160030	6242.33	3.9
	增长速度（%）	12.1	18.4	

"十一五"时期，福建围绕建设海峡西岸经济区的战略部署，坚持走新型工业化道路，积极推进产业调整和振兴，先进制造业基地建设取得了明显的成效。

1. 制造业贡献能力凸显

"十一五"期间，制造业对全省地区生产总值、财政收入、就业贡献程度日趋突出。工业在国民经济中始终居主导地位，工业增加值占 GDP 比重达 43%，对经济贡献率从 2005 年的 46% 增至 2010 年的 61%；工业税金占全省财政总收入比重超 1/3，规模以上工业税金占财政总收入比重，从 2005 年的 36.3% 提至 2010 年的 38.3%；工业在岗职工占城镇在岗职工总数的 52.7%，为全省生产总值、财政收入以及扩大社会就业作出重要的贡献。

表9 福建省工业对生产总值、财政收入和就业贡献情况

项 目	年 份	2005	2007	2008	2009	2010
全部工业增加值（亿元）		2842.43	3980.73	4755.45	4918.12	6242.33
生产总值（亿元）		6554.69	9248.53	10823.01	12236.53	14357.12
工业占 GDP 比重（%）		43.3	43.0	42.4	41.7	43.5
工业对 GDP 贡献率（%）		46.0	52.5	51.4	47.6	61.0
规模以上工业税金（亿元）		285.73	481.2	560.86	649.12	—
财政总收入（亿元）		788.11	1282.84	1516.51	1694.63	2056.01
规模以上工业税金占财政总收入（%）		36.3	37.5	36.9	38.3	38.3

2. 制造业综合实力增强

"十一五"前两年，全省规模以上工业承接"十五"增长态势，保持高速增长，2006、2007 年规模以上工业增加值分别增长 20.4% 和 21.5%；受金融危机影响，2008 年工业增速减缓至 16.7%，2009 年降至 13%。面对突如其来的冲击，福建贯彻落实中央保增长、扩内需、调结构的一系列经济政策，出台了产业调整振兴方案等 33 项针对性强的政策举措，促进工业经济稳定发展。2010 年全部工业总产值达 23742.95 亿元，为 2005 年（9995.89 亿元）的 2.37 倍；全部工业增加值 6242.33 亿元，为 2005 年（2801.88 亿元）的 2.2 倍，年均增长 16.1%，增速比"十五"快 2.4 个百分点，比同期全省生产总值增速快 2.3 个百分点，占全省生产总值的 43.5%，总量居全国第 11 位（见表 10）。工业增加值率达 27.7%，占全省 GDP 比重达 43.5%（比 2005 年提高 0.2 个百分点），规模以上工业企业直接从业人员 383 万人，比 2005 年增长 35.1%；实现税收 688 亿元，比 2005 年增长 148.4%；工业累计投资 9927 亿元，是"十五"时期的 3.5 倍；全省工业经济效益综合指数 219.95 点，比 2005 年提高 65 个百分点。

表10　"十一五"期间全省工业总产值和工业增加值

年　份	全部工业		规模以上工业		规模以上工业占全部工业比重（％）	工业增加值率（％）
	当年实际（亿元）	比上年增长（％）	当年实际（亿元）	比上年增长（％）		
总产值 2005	9995.89	16.7	8135.98	20.8	81.4	
2006	11855.68	19.6	10005.08	23.6	84.4	
2007	14425.06	22.6	12517.91	24.0	86.8	
2008	17141.44	17.1	15212.81	18.3	88.7	
2009	18681.48	14.8	16762.82	15.7	89.7	
2010	23742.95	25.1	21833.86	26.6	92.0	
增加值 2005	2801.88	12.3	2291.26	17.9	81.8	27.8
2006	3230.49	16	2847.81	20.4	88.2	27.3
2007	3896.76	18.5	3598.69	21.5	92.4	27.2
2008	4593.24	15	4057.51	16.7	88.3	26.8
2009	5106.38	13	4675.31	13.0	91.6	26.7
2010	6242.33	18.4	6053.21	20.5	97.0	26.3

表11　"十一五"期间福建省工业发展规模和增长情况

年　份 项　目	2005	2006	2007	2008	2009	2010
工业增加值（亿元）	2801.88	3230.49	3896.76	4593.24	5106.38	6242.33
工业增加值增长率（％）	—	15.29	20.62	17.87	11.17	22.2
工业增加值占 GDP 比重（％）	43.3	43.7	43.4	42.4	41.7	45.2
规模以上工业增加值（亿元）	2291.26	2847.81	3598.69	4057.51	4675.31	6053.21
工业增加值率（％）	27.83	27.26	27.17	26.79	26.71	27.7

资料来源：2010 福建统计年鉴及 2010 年工业快报。

3. 制造业结构持续优化

目前，福建已形成门类齐全的现代工业体系，主要涉及采矿业，制造业，电力、燃气及水生产和供应业三大类 37 个分行业。2010 年全省制造业增加值占规模以上工业的 91.4％，电力、燃气及水生产和供应业占 6％，采矿业占 2.6%。按照《国民经济行业分类》，2010 年全省工业增加值居前 10 大行业中，轻重行业各占 5 个；按照行业管理划分，工业产值规模居前行业分别为轻工业（31%）、机械（17.2%）、纺织（12.2%）、电子（10.5%）、冶金（8%）、建材（7.6%）、能源（6.6%）、石化（5.1%）、医药（0.7%）。

表12　2010 年份行业规模以上工业总产值

行　业	2005 年		2010 年	
	工业总产值（亿元）	占全省比重（%）	工业总产值（亿元）	占全省比重（%）
轻工业	2257	27.7	6768	31.0
机械工业	1253	15.4	3760	17.2
纺织工业	1062	13.1	2655	12.2
电子工业	1290	15.9	2294	10.5
冶金工业	515	6.3	1737	8
建材工业	581	7.1	1667	7.6
电力、煤炭工业	688	8.5	1436	6.6
石化工业	572	7.0	1646	5.1
医药工业	70	0.9	162	0.7
其他			250	1.1
全省总计	8288	100	22375	100

企业结构。2010 年全省规模以上工业企业数 19647 家，"十一五"期间增加 7246 家。其中，全省大、中、小型企业分别为 106 家、1864 家、17677 家，每家企业营业收入分别为 43.2 亿元、4.01 亿元和 0.52 亿元。"十一五"期间大型工业企业占比有所下降，中小型企业占比均有提高。大型企业工业增加值占全省规模以上工业比重，从 2005 年 18.2% 降为 2010 年的 16.2%，中型企业从 40.4% 降至 37.8%，小型企业从 41.4% 增至 46%。2010 年全省规模以上工业中，中小工业企业数占 99.5%、增加值占 83.1%、资产总额占 77.7%、从业人员占 88.8%、主营业务收入占 78.5%，实现利税占 75.9%，表明中小企业仍是全省工业发展的主体。

表 13 "十一五"规模以上大中小型工业增加值

	2005 年	2006 年	2007 年	2008 年	2009 年	2010 年总值	2010 年占比（%）
全省工业增加值	2291.26	2847.81	3598.69	4057.51	4675.31	6053.21	100.0
其中：大型企业	416.15	462.86	556.06	661.06	770.04	983.13	16.2
中型企业	926.30	1224.14	1571.87	1652.78	1925.94	2286.1	37.8
小型企业	948.80	1160.81	1470.76	1743.67	1979.33	2783.98	46.0

轻重结构。2002 年前，福建轻工业始终大于重工业，2003 年全省规模以上重工业比重首超轻工业，轻重工业比重为 47.4∶52.6，2005 年规模以上重工业占 51.1%，2010 年占 51.2%。今后，随着沿海地区一批大型临港工业项目的实施，"十二五"期间重工业比重会进一步提高。

表 14 "十一五"期间全省规模以上轻重工业结构

	2005 年		2009 年	2010 年	
	实际（亿元）	比重（%）		实际（亿元）	比重（%）
全省工业增加值	2291.26	100	4675.31	6053.21	100
其中：轻工业	1121.49	48.9	2336.76	2952.98	48.8
重工业	1169.76	51.1	2338.55	3100.23	51.2

投资结构。"十一五"期间，福建全社会工业固定资产投资累计完成 9927.45 亿元，其中，城镇工业固定资产投资累计完成 8753.53 亿元，是"十五"时期的 3.7 倍，年均增幅 29.3%；制造业投资占工业投资的 75.9%，年均增幅达 34.1%。特别是福建炼油乙烯一体化、东南电化搬迁、中国重汽重组新龙马永安汽车厂、新龙马 15 万辆微卡、戴姆勒轻型客车、东南造船搬迁扩建、宝钢重组德盛镍业等一批临港大型装备项目实现重大突破，为"十二五"产业发展奠定基础。

临港工业。"十一五"期间，福建临港工业发展迅速，以港口为依托的新兴工业集聚地已逐步形成，三都澳、罗源湾、兴化湾、湄洲湾、厦门湾、东山湾等重点港湾已基本呈现新经济增长区域雏形；厦门湾东渡港区、海沧港区、招商局港区形成了以集装箱、煤炭、成品油、粮食等一批专业化码头；沿海地区集聚了翔鹭石化、翔鹭化纤、腾龙树脂、正新橡胶、厦船重工、嵩屿电厂、后石电厂、诺尔港机、漳州中集、凯西钢铁、凯景钢铁等一批龙头企业，初步形成了以石化、工程机械（船舶、汽车）冶金、能源工业为重点的产业发展格局。

新兴产业。"十一五"期间，福建新兴产业呈集群化发展态势，集成电路设计和软件、光电子、生物医药、新能源、新材料等产业加快发展，形成了厦门半导体照明产业基地，泉州微波通信产业基地，福厦泉软件园，福州、龙岩环保产业基地，三明、南平、永春生物医药产业基地等一批高新技术产业基地，促进全省高新技术产业发展。

区域结构。2010 年沿海 6 个设区市规模工业实现增加值 4592.23 亿元，占全省 75.9%，其中福州、厦门、泉州规模工业增加值分别占全省 17.78%、14.71% 和 30.69%；沿海 6 个设区市出口交货值 4419 亿元，占全省的 97%。但"十一五"期间，福州、厦门工业占比下降，占全省比重分别从 21.32% 和 20.95% 降至 17.78% 和 14.71%，泉州、漳州、三明、龙岩、宁德等地占比提高。

表 15 "十一五"各地区规模以上工业增加值

地 区	2005 年		2009 年	2010 年	
	实际（亿元）	比重（%）		实际（亿元）	比重（%）
泉州市	645.46	28.17	1440.65	1857.99	30.69
福州市	488.43	21.32	873.53	1076.33	17.78
厦门市	480.03	20.95	686.79	890.39	14.71
漳州市	171.89	7.50	399.75	534.63	8.83
龙岩市	120.34	5.25	322.55	430.84	7.12
莆田市	143.70	6.27	319.17	417.83	6.90
三明市	110.56	4.83	301.26	415.61	6.87
南平市	71.75	3.13	172.79	220.63	3.64
宁德市	59.10	2.58	158.63	232.89	3.85
全 省	2291.26	100	4675.12	6077.14	100

4. 产业集聚水平持续提升

工业园区载体作用明显增强，省级及以上工业园区工业产值占比达到45.5%，获国家授牌的新型工业化示范基地4个。到2010年全省规模以上工业企业数从2005年的12401家增至2010年的19647家，已形成产业集群60多个，其中，38个省级重点产业集群实现工业总产值10256.99亿元，占全省工业总产值的47%、占工业增加值的43.6%，增加值超50亿元的产业集群21个，福厦光电、泉港石化、泉州纺织服装、长乐纺织、泉州鞋业、厦漳农产品加工、泉州机械装备等产业集群超500亿元。38个省级重点产业集群实现工业总产值10256.99亿元，占全省工业产值比重达47%。

表16 全省各地市主要产业集群

地 区	主要产业集群
福 州	电子信息、汽车制造及配件、钢铁、纺织、建材、食品加工、钟表
厦 门	电子信息、机械产业、化工产业、光电子产业、生物与新医药产业
漳 州	食品加工业、机械制造业、钟表业、新型建材业
泉 州	石化、纺织服装、电子、鞋业、食品、纸业、伞业、机械配件、工艺制品、石材
莆 田	制鞋业、电子信息、食品加工业、能源、石化、医药
三 明	冶金及压延加工业、机械及汽车零配件、林产工业
龙 岩	运输及专用设备制造、环保机械、纺织、建材、冶金、能源、林产
南 平	电线电缆、PU革基布、林产工业、畜禽产业、氟化工
宁 德	电机电器、船舶修造、石材加工、药材

5. 创新能力显著增强

创新型省份建设加快推进，一批产业化关键技术取得重大突破。科技创新平台建设取得新进展，已建成国家级企业技术中心24家、省级企业技术中心264家、省级行业技术开发基地29个。工业企业研发经费支出从2005年的53.73亿元，增加到2010年的120亿元，开发新产品4万多项（其中省级新产品339项），企业专利申请数4000多个。5年共组织实施产业技术开发、行业技术创新、企业技术创新等重大专项624项。据初步统计，到2010年全省工业高新技术产业实现产值超过6000亿元，5年年均增长 20%；增加值超过 1600 亿元，年均增长 21%；拥有 100 个"中国名牌"产品，居全国第 5 位。

6. 节能降耗淘汰落后产能

"十一五"全省单位 GDP 能耗累计下降 16.4%，超额完成能耗下降 16% 的节能目标，单位生产总值能耗（等价值）从 2005 年的 0.937 吨标准煤/万元降为 0.783 吨标准煤/万元；单位工业增加值能耗从 1.45 吨标准煤/万元降为 1.08 吨标准煤/万元，为全国平均能耗水平的 56.25%。工业化学需氧量排放总量、二氧化硫排放总量分别下降 5.44%、11.2%，工业固体废物综合利用率达 75%。2006~2009 年累计淘汰炼铁 22.42 万吨、炼钢 30 万吨、铁合金 11000 吨、铅锌 1.41 万吨、造纸 26 万吨、皮革 280.05 万标张、印染 1.4 亿米、化纤 4 万吨、酒精 1000 吨、水泥 2626 万吨、小火电 199.45 万千瓦，关闭小煤矿 145 处、产能 358 万吨，完成或超额完成"十一五"淘汰落后产能任务。

表 17 福建省"十一五"节能情况

年份	单位 GDP 能耗		单位工业增加值能耗（规模以上工业）		单位 GDP 电耗	
	指标值（吨标准煤/万元）	上升或下降（%）	指标值（吨标准煤/万元）	上升或下降（%）	指标值（千瓦时/万元）	上升或下降（%）
2005	0.937		1.45		1151.8	
2006	0.907	− 3.2	1.37	− 5.3	1149.8	− 0.17
2007	0.875	− 3.51	1.32	− 3.83	1156.20	0.56
2008	0.843	− 3.70	1.18	− 10.05	1098.56	− 4.98
2009	0.811	− 3.81	1.15	− 2.70	1032.05	− 5.87
2010	0.783	− 3.42	1.08	− 6.08	1050.83	1.86
十一五累计		− 17.64		− 27.96		− 8.6

二 福建省先进制造业发展存在的问题

当前，福建先进制造业发展、工业经济运行仍呈由好向稳发展态势，继续保持经济平稳较快发展的有利条件仍较多。但必须看到，福建先进制造业发展中仍存在着工业总量与企业规模偏小、发展方式比较粗放、节能减排形势严峻、自主创新能力不强、产业素质有待提升等问题，必须未雨绸缪，早做准备，积极应对。

1. 企业规模小整体竞争力弱

在市场经济竞争中，以资产、资源、品牌和市场为纽带实施兼并重组联合，促进一批规模大、实力雄厚、竞争力强的大中型企业发展壮大，成为制造业各行业的发展重点。但企业规模较小一直是福建制造业的重要特征之一。大企业集中度低，2010 年全省规模以上工业增加值仅相当于江苏省的 28.5%、广东省的 30.2%，进入全国 500 强企业仅 8 家，低于山东（56 家）、江苏（49 家）、浙江（46 家）、广东（34 家）。企业规模小，2010 年全省规模以上工业企业户均总产值仅为 1.1 亿元，比 2009 年全国规模以上工业户均总产值少 0.16 亿元；2010 年福建工业总产值上百亿企业仅 8 家，仅占全国上百亿企业数的 1.3%。全省大型工业企业 106 家，实现工业总产值 3382.8 亿元，仅占全国大型工业企业总产值的 1.9%；大型工业企业户均产值 31.91 亿元，比全国大型工业企业户均产值 54.03 亿元少 22.12 亿元。大中型企业增加值占比为 54%，比 2005 年降低 4.6 个百分点；大中型工业企业销售产值占全省规模以上工业销售产值比重为 54.5%，比 2005 年降低 6.6 个百分点；主营业务收入占比为 56.6%，降低 4.9 个百分点；利润总额占比为 65.2%，降低 6.4 个百分点。高新技术企业发展滞后，至 2010 年底，全省按《高新技术企业认定管理办法》（国科发火〔2008〕172 号）认定的高新技术企业达到 1207 家，在 2009 年高新技术企业统计中，销售收入在 5000 万元以下的企业 444 家，占 48%；2 亿元以下的企业达 699 家，占 77%；100 亿元以上的企业只有 2 家。另据《中国火炬统计年鉴》，2009 年福建高新技术企业产值 2699.47 亿元，占全省高新技术产业产值比重为 52.1%，但与国内发达省份相比仍有较大差距，约为广东省的 1/6、江苏省的 1/5.8、浙江省的 1/2。由于企业总体规模偏小，缺乏一批制造业龙头企业，导致全省制造业整体竞争力比较弱。

2. 企业自主创新能力薄弱

2010 年全省规模以上工业企业数 19647 家，但企业开办的研究开发机构仅 1036 个（2011 省统计局提供数据），平均约 19 家规模以上工业企业只拥有 1 家研发机构。在全省规模以上工业企业开办的研究开发机构中，平均拥有中高级以上职称人员仅 3.2 人/家，创新人才缺乏成为阻碍企业开展技术创新活动的重要原因。同时，企业技术创新活动缺乏高水平的研究实验设备支撑，产学研用结合还不紧密，导致企业拥有自主知识产权的技术、品牌、高附加值产品还比较少，企业技术创新机制尚未有效突破，产学研结合层次有待提升。研发投入偏低，"十一五"期间，福建规模以上工业企业技术开发经费支出增速远低于全国平均水平［第二次科技资源清查主要数据公报（第二号）2010］；企业 R&D 经费投入强度徘徊在较低水平上，从 2006 年的 0.57%增长到 2010 年的 0.68%，多数工业企业难以进行核心技术和前瞻性技术研究，技术创新活动普遍维持在低端技术研发上；高新技术产业附加值偏低，从福建高新技术产业（电子信息）发展现状看，多数企业是跨国公司的加工车间，设计、销售两头在外，缺乏核心技术，关键零部件需进口，导致产业整体素质不高、产品附加值较低，2010 年全省高新技术产业增加值率为 22.5%，比规模以上工业增加值低 5.2 个百分点；高新技术企业效益偏低，2009 年全省高新技术产业增加值占工业增加值比重为 11.5%，仅比全国平均水平高 2.14%；高技术产品出口额占商品出口额比重为 22.6%，比全国平均水平低 8.1%；新产品销售收入占产品销售收入比重为 17.74%，比上年降低 0.43%；高技术产业劳动生产值为 16.44 万元/人，高技术产业增加值率为 26.03%，在全国排名居第 26 位；企业新产品研发能力偏低，多数企业仍满足于维持现状，缺乏科技先导、创新意识，技术储备的紧迫感不强，大多停留在以做大总量求增长的粗放型模式上。2010 年全省规模以上工业企业新产品产值 1111.06 亿元，新产品产值率仅为 5.1%，比 2009 年下降 1.7 个百分点，比全国 2009 年新产品产值率 10.1%低 5 个百分点。

3. 企业生产经营难度加大

一是近期人民币汇率持续走高，人民币升值对制造业发展压力加大；二是欧洲国家债务危机对工业品出口负面效应显现，增加外向型制造业发展的不确定性；三是企业生产成本提高，近年来，有色金属、农副产品、黑色金属类的化工原料、燃料动力价格涨幅较为明显，购进价格涨幅明显高于工业品出厂价格，工业企业利润空间进一步缩小；四是员工成本上涨以及技术工人、熟练工人招工问题突出；五是央行多次上调存贷款利率，增加工业企业经营成本。

4. 装备制造业竞争力弱

据统计，2000~2009年福建装备制造业占制造业比重从30.03%下降到28.57%，下降1.46个百分点，而广东、江苏、浙江等省份则呈上升趋势，其中，广东省从41.4%上升到49.88%，上升8.48个百分点；江苏省从33.74%上升到41.4%，上升7.66个百分点；浙江省从29.57%上升到32.73%，上升3.16个百分点。从福建装备制造业内部结构看，比重下降主要受电子装备制造业影响，比重从2000年的17.04%下降到2009年的12.38%，8年下降4.66个百分点，而同期沿海周边省份中仅浙江略降0.13个百分点。

5. 制造业投资效率呈下降态势

近年来，福建经济高速增长主要依靠增加资本投入、扩张投资规模。2010年全省万元生产总值固定资产投资为5763元，比2005年上升2186元，上升幅度达61.1%，年均上升10%。全省固定资本形成总额占地区生产总值比重，2006~2009年分别为42.7%、46.5%、49%、51.1%。但在固定资本投资比重不断上升的同时，投资效率却有所降低，亿元投资新增地区生产总值呈逐年下降态势。2010年资本形成总额对经济增长贡献率为73.7%，最终消费支出对经济增长贡献率仅为21.6%。居民消费占GDP比重由2005年的36.4%下降到2009年的31.4%，下降5个百分点；贷款余额GDP产出率由2005年的1.29%下降到2010年的0.94%，说明目前全省投资驱动型经济发展方式特征较为明显。

6. 制造业载体与链条有待拓展

福建制造业产业分工协作关系尚未形成，在较大程度上制约了产业整合及规模扩张。现有产业发展多数处于价值链低端，初级产品、中低档产品比重大，附加值不高，缺乏自主品牌，产业整合滞后、产业链缺失较为突出，如电子信息、机械制造、纺织服装、冶金钢铁等主导产业与传统产业链仍有待延伸拓展；现有工业产业布局集聚程度有待提高，产业园区缺乏长远规划引导，大部分园区规模较小，特色不够突出，载体功能尚未获得充分发挥，园区建设和管理有待进一步加强，产业承载能力有待进一步拓展，产业功能定位、区域产业发展重点有待进一步明晰。

7. 资源环境约束更趋凸显

尽管福建万元GDP能耗水平走在全国前列，但与"十二五"加快临港先进制造业发展的要求相比，能耗空间制约加剧。福建加快临港重化工业发展，对资源消费、环境影响巨大。"十二五"期间，工业发展所受到的资源和环境约束将更加明显，依靠传统发展方式、大量消耗自然资源、严重污染生态环境为特征的工业化将难以为继，加快发展方式转变，实现经济发展方式由粗放型向集约型转变，走出一条科技含量高、经济效益好、资源消耗低、环境污染少、人力资源优势得到充分发挥的新型工业化道路，将成为必然选择。

第三节　统筹先进制造业发展思路

贯彻落实《海峡西岸经济区发展规划》，立足现有制造业基础，加强两岸产业合作，积极对接央属企业，大力发展新兴产业、原材料工业、装备制造业、消费品工业、生产性服务业，加快形成科技含量高、经济效益好、资源消耗低、环境污染少、人力资源优势得到充分发挥的在全国具有竞争力的先进制造业基地和两岸产业合作基地。

一　指导思想

以科学发展为主题，以加快转变、跨越发展为主线，围绕建设大项目、培育大企业、发展大产业、打造大基地、塑造大品牌，推进信息化与工业化深度融合，着力发展壮大主导产业、培育发展新兴产业、改造提升传统产业，促进传统产业高端化、高新技术产业化、新兴产业规模化，努力构建结构优化、技术先进、清洁安全、附加值高、吸纳就业能力强的现代产业体系，增强产业核心竞争力和可持续发展能力。

二　基本要求

构建先进制造业基地须遵循以下基本要求。

——强化转型升级。重点培育先进制造业重大项目，以增量投资调整产业结构，加快发展传统优势制造业，积极谋划和培育发展新兴产业，采用高新技术改造提升优势传统产业，促进产业结构优化升级。

——强化自主创新。实施创新驱动战略，大力推进自主创新，突出抓好引进消化吸收再创新，着力培育发展潜力大、带动性强的战略性新兴产业，引导生产要素向战略性新兴产业集聚，推动经济增长动力向科技引领、创新驱动的转变，力争突破关键共性技术，加快形成自主技术、标准和品牌。

——强化低碳发展。强化节能减排目标责任制，发展绿色经济，以制造业低碳化、服务化为重点，从结构节能、工艺节能、设备节能、管理节能、体制节能等方面入手，全面推行清洁生产，节约集约用地，建设资源节约型、环境友好型社会。

——强化集聚发展。加大龙头项目和产业园区建设力度，着力筛选、整合、运作优势资源，促进优势产业集聚发展，提升产业内生优势，促进产业优势增值，构建产业链高、中、低端有机统一的产业集群，夯实先进制造业基地发展基础。

——强化对外开放。主动承接国内外际先进制造业转移，提升招商水平，着重引进国外先进的技术、人才、管理模式，推动制造业向设计、品牌、营销等高附加值的服务环节转型升级，真正实现从"招商引资"向"招商选资""招才引技"转变。

——强化协调发展。发挥生产性服务业对先进制造业发展和市场竞争力提升的重要支撑作用，大力培育工业设计、信息、科技、物流、商务等生产性服务业，推动制造业分工细化和服务外包，延伸和完善产业链，加快推动制造业向智能化、服务化方向转变。

——强化带动发展。加强企业联合、兼并、重组，培育一批拥有自主知识产权、主业突出、竞争力强的龙头企业；积极营造有利于"专、精、特、新"型中小企业稳健发展的良好环境，推动企业相互配套，加快形成分工协作体系。

——强化统筹发展。发挥福建沿海、内陆地区比较优势，按照不同区域的基础条件和资源禀赋，明确重点区域、重点产业发展方向，共同构建沿海发展轴、内陆发展轴为主体，不同区域特色产业发展体系，加快推动区域、产业整合，实现产业错位发展。

三 发展目标

"十二五"期间，遵循"创新、绿色、可持续"发展理念，转变制造业发展方式，加快产业向高端化发展，企业向高新化推进，产品向高附加值延伸，实现先进制造业的跨越发展。

1. 总量目标

到 2015 年，全省工业增加值达到 11500 亿元，年均增长 11% 左右，力争比 2010 年翻一番，工业增加值率和全员劳动生产率高于全国平均水平，到 2015 年初步建成具有较强竞争力的海峡西岸先进制造业基地。

2. 结构目标

工业集聚取得明显成效，各类产业园区工业增加值占全省工业增加值比重达 50% 以上。重化工业产值比重提高到 60% 左右，形成产值超千亿的产业集群（基地）10 个、产值 500 亿~1000 亿元的产业集群 16 个、年销售收入超过百亿元的大企业（集团）50 家。战略性新兴产业规模显著扩大，产值年均增长 20% 以上，增加值占全省 GDP 比重达 10% 以上，十大增长区域成为新的增长极。

3. 创新目标

自主创新能力显著增强，技术进步对工业增长的贡献率明显提升，制约产业发展的重大技术装备、关键原材料、重要零部件自主化水平取得突破。到 2015 年，工业企业研发经费占工业增加值比重提高到 3.6% 左右，工业高新技术产业增加值占规模以上工业增加值比重提高到 30%。省级以上企业技术中心达到 350 家，开发新产品 8 万项（其中省级新产品达 500 项），企业专利申请数达 9000 个，重点培育具有自主知识产权的 50 家行业领军企业①。

---

① 创新发展，体现在发展理念上，就是要在遵循客观规律前提下，进一步解放思想，创新思路、开阔视野、积累经验，着力推进发展理念和发展模式创新，实现在加快转变中谋发展、促发展；立足后发优势，勇于先行先试，拓宽开放领域，提升开放质量，破解影响和制约发展"瓶颈"，实现科学发展新跨越，提升科学发展、跨越发展的水平。

4. 和谐发展目标

体现在发展方式上，要统筹城乡、区域、产业发展，促进经济结构战略性调整。着力促进消费、投资、出口协调拉动，着力推动三次产业在更高层次上协调发展，着力推动城市与农村、沿海与山区一体化发展，着力增强产业群、城市群和港口群发展能力建设，增强区域发展的全面性、协调性。

5. 绿色制造目标

大力发展循环经济，环境保护和资源综合利用效益高于全国平均水平。节能减排降耗取得重大突破，单位工业增加值综合能耗下降16%，低于全国平均水平；单位工业增加值用水量下降到105立方米/万元，工业固体废弃物综合利用率提高到75%以上，主要工业污染物排放量完成国家下达的指标；淘汰落后产能工作取得重大进展，基本形成节约、清洁、安全、低碳的绿色产业体系①，为建成"科学发展之区、改革开放之区、文明祥和之区、生态优美之区"作出新的贡献。

到2020年力争融入国际现代制造业分工协作体系，培育一批具有国际影响力的大型企业集团和世界级品牌，形成以战略性新兴产业为先导、高端加工制造业与现代装备制造业协调发展的先进制造业发展格局和现代产业支撑体系，建成具有国际竞争力的海峡西岸先进制造业基地。

四　统筹福建省先进制造业发展布局

结合福建省先进制造业基地发展目标，按照"沿海集聚、山区集中、山海联动"的空间发展模式推进先进制造业基地发展，以沿海产业密集区为主体，以现有经济技术开发区、高新技术园区、台商投资区为依托，以沿海综合交通网络为主轴，突出点线结合，强化梯度集聚，形成轴带相间、区块集聚、有限集中的产业发展格局。

---

① 绿色发展，体现在持续发展上，就是要增强跨越发展的可持续性。持续推进"森林福建"和生态省建设，提升防灾减灾整体水平；加强生态文明建设，倡导绿色消费理念、清洁生产与消费模式；强化节能减排，加快发展循环经济和低碳产业，实现资源循环利用；强化生态环境保护，提高生态环境承载能力，率先建成资源节约型和环境友好型社会。

1. 统筹引导先进制造业基地特色发展

高起点推进"三维"对接，突出引进带动性强、技术水平高的龙头项目，着力发展产业研发、设计、品牌营销等产业链高端环节，提高科技贡献度；进一步明晰各基地发展定位功能，立足各地区域、产业和资源优势，明确各类园区产业定位和发展方向，选准主导产业，推进关联产业和要素集聚，发展产业集群，培育一批特色鲜明的专业化产业园区；推动传统产业转型发展，鼓励战略性新兴产业规模发展，临港重化工业集聚与适度发展，构建先进制造业重要基地。原则上，国家级开发区可确定3~4个主导产业，省级开发区可确定2~3个主导产业，主导产业产值占园区产值比重应超过70%，形成主导产业明确，产业链清晰，龙头、重点企业带动作用凸显的特色园区。

2. 统筹引导先进制造业基地带状发展

依托沿海产业密集带与沿路产业聚集带，形成支撑海峡西岸先进制造业基地的重点发展带。沿海产业密集带，以沿海交通干道为主轴，依托高速公路、铁路、城际轨道和都市区干线构筑交通走廊，贯穿宁德、福州、莆田、泉州、厦门、漳州等市域联动发展，突出区域产业发展优势，引导区域产业差别定位与合理布局，加强区域产业分工协作，构造沿海产业发展轴；加强对沿海产业布局的引导，重点发展电子信息、石油化工、装备制造、纺织轻工、汽车船舶、冶金建材以及新材料、新能源等新兴产业。依托沿海深水良港资源条件、产业基础，引导产业重点集聚，推动沿海临港产业聚集区和先进制造业集中区的形成与发展。沿路产业聚集带，以"三纵八横"为主骨架的高速公路网和"三纵六横九环"铁路网建设为支撑，重点围绕沿海连接山区市的高速公路、铁路等交通干网，推进"山海联动"，构筑山区三大联动发展板块；依托山区产业基础和资源条件，合理规划，突出区域特色，引导山区产业差别定位与合理布局，实施与沿海产业对接，带动南平、三明、龙岩产业发展。以龙岩产业集中区、三明生态工贸区、南平武夷新区为核心，重点发展装备制造、生物医药、轻工食品和新材料等产业，提升南三龙区域制造业发展水平。

3. 统筹引导先进制造业基地联动发展

进一步细化产业密集区主导产业，突破行政区划，强化产业分工协作，加快形成优势互补、联动发展的园区新格局。以闽江口、湄洲湾、厦门湾为重点，立足现有产业基础，加速重化工业、装备制造业和电子信息业集聚发展，培育新能源、新材料、生物与新医药、节能环保、信息网络和海洋经济等战略性新兴产业，提升产业发展水平和竞争力，打造先进制造业发展的重点区域。依托"三湾"，延伸联动平潭综合实验区、环三都澳产业聚集区、东山湾产业聚集区，辐射带动武夷新区、龙岩产业集中区、三明生态工贸区及周边区域产业发展，延长产业链，加强配套分工协作，推动产业升级，巩固和提升制造业整体发展水平，引领先进制造业基地建设。结合沿海—内陆综合交通网络、港口—腹地延伸发展态势，加强区域联动发展，强化山区与沿海联系，接受沿海产业转移和发展要素传递，形成沿海、山区联动发展的梯度效应，培育一批各具特色、优势明显的产业集聚区和重点产业基地。

4. 统筹引导先进制造业基地品牌化发展

各产业密集区按照争创国家级新型工业化示范园区、品牌化园区的要求，进一步强化产业特色，发挥比较优势，集中力量发展产业基础好、工艺技术和产品先进、拥有自主知识产权、具有较强竞争力的产业，推动关联产业和要素集聚，打造特色明显、功能集成、竞争力强的品牌化产业园区。要支持品牌化园区科学制订发展规划，突出发展特色主导产业，集聚优势行业、优势企业、优势产品和优势资源，形成支撑产业发展的特色产业集群。

第四节　统筹先进制造业发展措施

一　推动主导产业跨越发展

依托现有电子信息、装备制造、石油化工三大主导产业基础，围绕信息技术嫁接、关键材料研发和制造、整机大型化、智能化以及零部件标准化、规模化，延伸产业链，推进企业集聚，着力建设大项目、培育大企业、打造大基地，力争5年内形成一批百亿企业和若干千亿产业集群，争取三大主导产业占规模以上工业增加值比重提高到40%以上，培育三大优势产业发展基地。

1. 电子信息产业

以信息产品智能化、数字化、绿色化和网络化为发展方向，突破产业链关键环节的核心技术，推动产业链向高端延伸，培育壮大计算机和网络产品、新一代宽带移动通信产品、新型显示产品、数字视听产品、LED 和光伏产品等产业集群，做大做强电子信息产品制造业，推动以加工制造为主向集研发、生产、服务、应用于一体转化。

新一代显示器件产业：在巩固 TFT - LCD（薄膜晶体管显示器）中下游优势基础上，进一步扩大液晶显示模组和整机生产规模，推进终端应用创新，开展液晶电视集成制造技术研发，推动电视产品向平板化、数字化、超薄化和网络化升级发展，推动 TFT - LCD 向产业链上游延伸；积极拓展功能性照明产品应用领域，研发掌握液晶显示用 LED 背光源生产技术，大力发展 LED 与太阳能光伏集成应用产品生产，推动相关技术和工艺集成的开发和显示器件产业化，形成规模生产能力。

计算机及网络产品制造业：以星网锐捷、戴尔计算机等企业为龙头，突破云计算核心设备关键技术，支持云计算技术在数据中心网络基础设施、高速城域网、网络内容信息安全等各类网络产品的研发应用，加快形成集研发、生产于一体的计算机及网络产品及其配套产品产业链，建成东南沿海计算机及网络产品的重要生产基地。

新一代移动通信产业：顺应电子信息产品数字化、网络化、智能化、集成化、便携化趋势，以新一代通信网络建设为契机，加快新一代通信网络系统设备、关键芯片的研发和产业化，构建集开发、生产、技术服务于一体的较为完整的移动传输机覆盖设备产业体系，形成新一代移动通信网络系统设备生产新优势，建成以福厦泉为中心、拥有自主知识产权和核心技术的新一代国家级移动通信产品制造基地。

数字视听产品制造业：以专业园区为载体，以友达光电、华映光电、厦华、夏新、万利达等企业为龙头，重点建设液晶彩电、等离子彩电、液晶投影仪、车载便携式多媒体以及高密度光学头、小机芯等重点关键配套件等项目，做大做强彩电、数字视听产品生产规模，形成集研发、生产于一体，产业配套较为完整的新一代数字视听产品产业链，建成具有较强竞争力的数字视听产品制造基地。

2. 装备制造产业

抓住产业转型升级的关键环节，着力提升关键零部件基础工艺、基础材料、基础装备研发和系统集成水平，重点发展汽车制造、船舶与海洋工程装备、工程机械、电工电器、节能环保设备、智能机械装备等优势工业，推动形成3个以上产业配套体系较为完善的产业集群，打造上下游产业密切协作、竞争力强的海峡西岸装备制造业基地。

汽车制造业。以福州青口汽车城、厦门汽车城、龙岩龙州工业园、三明埔岭工业园等汽车产业园区为载体，加强产业规划引导，以闽台汽车合作、国际汽车合作和引入战略投资者为重点，推进产品结构调整和企业重组，提高产业集中度，建设先进的海峡西岸汽车制造业基地。做大做强整车生产企业，重点推动东南汽车V31、V3R等自主品牌车型研发以及三期扩建项目，戴姆勒汽车NCV3车型投产和二期扩大产能建设；推动新龙马公司重组，扩建微车生产基地；推进厦门、漳州客车生产基地、漳州汽配产业基地建设；加快推进中国重汽集团永安商用车项目、泉州五洲龙汽车公司项目建设。推进新能源汽车、专用车、汽车物流、汽车销售网点、发动机等汽车关键总成、汽车电子及其他汽车零部件项目建设，加快闽台新能源汽车及汽车电子、电动汽车合作，提高汽车产业经济规模和核心竞争力。

船舶修造业。按照大型化、集聚化、规模化和专业化的要求，以省船舶集团公司为龙头，引进国内外大型造船企业及先进造船设计软件，提高新产品设计、开发能力，建立与国际船舶市场需求相适应的产品结构，发展集装箱货船、中小型成品油船及金枪渔船系列船型，开发建造大吨位散装船、汽车滚装船和中高档游艇，实现船舶品种多样化。以10万~30万吨级修造船项目建设为重点，发展滚装船、海洋工程船两大特种船型以及油船、散货船、集装箱船船型，建设大型船舶修造基地。积极发展船舶分段、舱口盖制造以及船舶机电设备制造等配套项目，带动船舶配套产业发展。引导船舶企业向厦门湾、湄洲湾、闽江口、三都澳、东山湾船舶集中区发展，重点推进罗源华东船厂、冠海造船、省船舶集团改扩建、泉州船厂修造船、福安白马造船厂扩建、平潭大练新型船舶修造等项目建设，建成东南沿海重要的修造船和游艇制造基地，推进船舶工业实现跨越式发展。

工程机械及其他装备制造业。坚持"以质取胜、打造品牌、规模发展"的发展方针，着力构筑研发和试验体系，增强技术创新能力，逐步提高产品技术含量，努力提升福建工程机械装备制造上档次上水平。重点推动以厦工和龙工为龙头的工程机械产业集群、以天广和白沙为龙头的消防产品产业集群进一步扩大规模；以装载机为主导产品，鼓励企业提升自主创新能力，加快研发专用特种车辆、矿用自卸车、环卫车、各种矿山机械、起重机械、港口机械等具有发展前景的整机产品，巩固高档叉车优势，提高本地配套协作能力，形成产品系列化、多元化发展格局。通过设立数控机床开发专项及引进台湾有实力的数控机床企业，大力推动钢铁、石化、建材、纺织、食品、包装等行业智能化装备以及大型工程施工设备、超高压输变电设备、民用航空维修装备、轨道交通装备、精密和智能仪器仪表与试验设备、关键基础零部件、元器件及通用部件的发展。以专用电机、机电一体化产品为主体，进一步提升扩大福安电机产业集群；以龙净环保为龙头，进一步推进龙岩环保机械产业集群发展；培育以轻纺产业为依托的泉州机械产业集群和以冶金矿山机械为重点的三明冶金矿山机械产业集群发展。同时，加快产业重组和整合，实现规模化生产，推动产业链延伸，吸引主材、配件、原材料企业向园区集聚，建立若干高起点、专业化的铸造、锻造、表面加工处理专业中心，提高本地专业化协作水平和配套能力，强化公共服务平台建设，促进企业技术开发、产学研合作，提升装备制造业发展水平。

光机电一体化装备制造业。推进对数控机床及开放式数控系统、智能化电器、智能化工业控制部件、激光加工技术及成套设备等机械类产品和技术的开发；智能运输系统、高等级公路施工成套设备、集装箱联运系统及运输装卸成套设备、高速客船、大型特种船舶等交通运输产品和技术的开发。重点发展福州仪器仪表、厦门数控机床、泉州包装机械、漳州高端数控专用设备等产业集群。

3. 石化产业

按照一体化、集约化、基地化发展原则，合理布局，延伸和完善石化产业链，加快推进湄洲湾、漳州古雷、海西宁德、江阴化工新材料基地等四大沿海石化工业基地建设。实施传统化工产业改造和发展资源优势的精细化工，促进南平精细化工产业集中区、三明煤化工产业集中区发展，形成以炼化一体化为龙头，上中下游配套合理的石化产业基地。

湄洲湾基地，依托现有龙头企业和重大项目，以泉港、泉惠石化工业园区为先导，推进福炼 1200 万吨炼油和 80 万吨乙烯项目、80 万吨聚乙烯；中化 500 万吨/年重油加工、100 万吨重油催化热裂解等项目建设，提升石化产业发展规模和聚集能力，实现湄洲湾石化产业的跨越式发展。漳州古雷基地，以炼油、化工项目为龙头，利用其提供的乙烯、丙烯、苯、碳四和芳烃等原料，重点发展烯烃、乙烯、丙烯、芳烃（PX）、三苯、碳四综合利用、己内酰胺（CPL）等产业链及石化下游后加工项目，加快推进以石脑油制芳烃为重点的启动区建设，打造古雷新兴石化基地。溪南半岛集中区，加强与中海油集团合作，启动 1000 万吨原油储备库、300 万吨/年 LNG 接收站项目，建设千万吨级大型炼化一体化项目，形成以成品油、聚烯烃、芳烃系列有机化工为重点的溪南半岛石化产业基地。福州江阴集中区，加快推进东南电化、耀隆公司搬迁与投产，着力推进中化集团 100 万吨/年重油催化热裂解生产乙烯、丙烯项目建设，推动石油化工与煤化工、盐化工有机结合，发展精细化工及石化新材料，提高石化产业发展水平。

二 推动传统产业高端发展

运用高新技术和先进适用技术，改造提升轻工、纺服、制鞋、食品、造纸等传统优势产业，着力解决行业发展的关键技术和瓶颈技术。以自主创新、技术改造、品牌战略、"两化融合"、集聚发展、兼并重组、节能减排、淘汰落后为重点，引导技改投资向高效、低碳项目和国家鼓励项目倾斜，通过 4～5 年努力，实现传统产业创新能力、发展后劲、品牌效应、集聚水平、经济效益的明显提升，促进传统产业转型升级。

1. 纺织服装产业

以发展化纤差别化和生物质材料、产业用、家用纺织品以及高附加值纺织品深加工为主线，着力调整化纤产品结构，重点发展新型化纤原料、高新技术纤维、生物质纤维材料等；加快竹浆纤维、竹原纤维、竹炭纤维等竹产业项目；开发高档复合非织造布的加工技术和应用，支持品牌家纺企业的发展。采用先进服装设计、剪裁、缝制、整烫、后整理以及 CAD/CAM 电子辅助系统，推动品牌服装业加快升级。以七匹狼、柒牌、九牧王、劲霸、凤竹、金纶化纤、福建经纬等一批优势企业为核心，加大泉州、厦门、福州等地纺织服装基地建设，推动纺织相关产业向全省内陆的三明、龙岩、南平等地区的梯度转移。巩固和发展已形成的纺织、化纤、服装产业集群，加快莆田、南平、龙岩、沙县等新兴产业集群培育发展。

2. 制鞋业

应用新技术、新材料、新工艺，开展自主创新和技术改造，加强鞋用材料的研究开发，提高制鞋设计能力及水平，鼓励消化吸收和开发新型制鞋机械装备。加快产业集聚，鼓励拥有商标（名牌）、人才、技术、市场和管理优势的企业集团实行联合、重组、上市，推进资源优化配置和专业化分工协作，完善和延伸产业链，增强产业配套能力。以时尚化、个性化为方向，以创意、时尚、文化为依托，大力培育自主国际性知名品牌，进一步开拓国内外市场，做优做大泉州旅游运动鞋和体育服装用品、莆田出口运动鞋、福州塑料拖鞋三大鞋业基地，把福建建成国际最具竞争力的旅游、休闲运动鞋设计、制造、物流、展示、检测、交流、培训基地。

3. 食品加工业

着力推动农产品精深加工、地方特色产品加工等行业发展，扶持和培育新型食品加工业，发展安全、营养、低热的绿色健康食品。鼓励和支持企业加大先进装备和技术的研发和应用，加强食品工业质量管理，加强食品行业标准建设，提高产品质量安全保障能力。

4. 林产品及造纸产业

以林纸一体化、提高林产工业附加值为重点，推动林产加工科技含量提高，大力促进福建林产品及造纸工业向规模大型化、产品高档化、原料基地化、装备现代化、生产清洁化、环境友好化方向发展，着力提升木竹加工、林产化工、制浆造纸、家具制造等产业发展水平。

5. 其他轻工业

塑料制品加工：重点发展具有电、热、光、磁、阻燃、降解等功能的塑料制品。工艺美术：围绕美术陶瓷、石雕、木雕、树脂工艺品、滕铁工艺品等重点产业加快发展。钟表业：尽快介入国际钟表生产链条中附加值大、科技含量高的环节。包装业：通过新材料运用提升产业科技发展水平。

三 推动新兴产业规模发展

以新兴产业示范区为载体，以重大项目为抓手，以创新型企业为支撑，坚持集中力量、重点突破的原则，重点突破一批关键技术，培育一批龙头企业，推动生物与新医药产业、节能环保产业、新材料产业、新能源产业、海洋高新产业以及新一代信息技术产业、高端装备制造产业实现规模化、集群化发展。

1. 节能环保产业

抓住国家将节能减排作为调整经济结构、转变发展方式的有利时机，以节能环保重点工程建设为依托，大力推广福建优势品牌产品和具有技术优势的设备、材料，提高市场占有率；加快培育一批拥有自主知识产权和知名品牌、核心竞争力强、主业突出、行业领先的大企业（集团），壮大产业规模，提升产业发展水平；组织实施节能重点工程、资源循环利用重点工程、污染治理重点工程，掌握一批产业核心技术和关键技术，实施节能环保技术开发专项，推动相关产业节能环保技术的应用；深化闽台产业合作，建设节能产业、环保产业、资源循环利用产业基地。

2. 生物与新医药产业

发挥生物资源优势，依托海西新药创制中心等产业创新公共服务平台，坚持政府引导与市场推动、自主创新与引进吸收、重点突破与集聚发展相结合，重点突破现代生物基因技术、生物质能技术的开发和应用，有效集聚产业资源，引导企业战略性并购重组，完善产业创新体系，提升自主创新能力，培育基因工程药物、现代中药，壮大 7 - ACA、片仔癀等传统优势品种，加快扩张阿德福韦酯、恩替卡韦、金糖宁等新药产业化规模，推进生物资源系列开发。重点推动厦门生物医药产业基地建成国家级产业基地，优先支持永春、三元、明溪、朱荣、闽侯、平潭等具备产业基础和发展条件的生物与新医药产业试点县（区）加快发展，壮大生物医药产业规模，建设若干特色鲜明、集聚效应明显的产业基地和园区。

3. 新材料产业

发挥福建资源、产业优势，重点完善光电子晶体材料、LED 产品、太阳能光伏、锂电池等产业链，带动上下游产业集聚发展；做大做强新型纺织面料、新型建筑材料、化工材料、特种金属材料等产业，突破关键共性技术，实现产品升级换代；发挥功能陶瓷材料、特种合金材料、生物医用材料等领域科研优势，利用丰富的石化产品和稀土矿产资源，重点发展为电子电工、汽车与机械、造纸与包装等产业提供配套的材料产业。推进晶体材料和催化材料技术攻关，建设光电晶体材料和光催化材料产业基地，发展激光晶体元器件、固体激光器、平板显示器件产业，推进平潭 LED 光电产业基地和厦门、福州 LED 原材料及芯片、显示器件材料产业基地建设。发展太阳能级多晶硅提纯、晶体制备，加快推进泉州光伏产业基地建设，推动与厦门、漳州光电子材料产业基地的分工与合作。推进改性塑料生产基地、高分子建材产业基地建设，构建催化剂原料、助剂与溶剂、催化剂、光催化净化设备产业链。发挥龙岩、三明稀土矿产资源优势，加快实施稀土永磁材料精深加工、稀土三基色荧光粉产业化、铝镁合金加工和硬质合金生产等项目，重点推进龙岩、三明稀土合金材料的研发和生产基地建设、明溪含氟新材料系列产品开发。

4. 新能源产业

重点扶持发展清洁能源、可再生能源利用和设备制造业，培育核电、风电、太阳能、生物质能等产业，推动晶硅太阳能电池产业发展，建成东南沿海新能源研发、制造和应用基地。重点发展晶体硅电池和薄膜电池，形成晶硅铸锭、硅片切割、电池组件、光伏发电产品、辅助材料及装备、工程设计施工与应用产业链，逐步实现太阳能光伏产业相关制造设备省内配套；推进太阳能热水器、空气集热器及太阳灶等相关产品和技术研发。鼓励研发新型催化剂及高效生物转化酶，提高生物质液体燃料制备转化率。重点建设沿海陆地和海上风力发电场，扩大风电装备制造规模，形成与福建风电资源相匹配的东南沿海风电装备制造基地。推动锂离子动力电池、大容量储能电池、动力聚合物锂离子电池及超级电容器的开发及产业化，建设新能源汽车技术开发基地，促进新能源汽车的产业化。

5. 海洋高新产业

充分发挥福建海洋资源优势，合理规划海洋产业布局，整合海洋科技力量，强化产学研合作，推动海洋生物工程、海洋医药食品、海洋精细化工、海洋新材料、海洋矿产及海洋能源、海洋仪器和工程装备制造、海水淡化与综合利用、海洋环保产业和邮轮游艇业发展，促进"蓝色经济"强省建设。

四 推动生产性服务业提升发展

以产业发展需求为导向，坚持专业化、产业化、社会化和市场化发展方向，顺应先进制造业发展趋势，促进生产性服务业与制造业、农业融合发展，提升服务业向产业价值链高端位移。优先发展生产性服务业，重点发展面向工业生产的工业设计及研发服务、物流服务、商务服务、科技服务、信息服务等现代服务业，推动生产服务创新，鼓励发展生产服务新业态，提高生产性服务业的比重和服务水平，增强工业发展后劲。

1. 工业设计业

着重围绕外观造型、功能创新、结构优化、包装展示以及节材节能、新材料使用等重点环节，大力发展以功能设计、结构设计、形态及包装设计等为主要内容的工业设计产业。鼓励制造企业积极探索提供产品整体解决方案、个性化设计，精准化的供应链管理服务、全生命周期的运行维护和在线支持服务。积极引导企业从提供设备，向提供设计、承接项目、实施工程、项目控制、设施维护和管理运营等一体化服务转变。充分利用现代信息网络技术及平台，培育发展一批具备较强竞争力的专业化研发服务机构。

2. 物流服务业

以降低物流成本、提高物流效率为中心，大力扶持和发展第三方物流企业，积极吸引省内外物流资源，推进物流资源优化配置，创新物流业态，促进物流业结构调整和优化升级，建立具有较强竞争力的现代物流服务体系。按照物流节点—物流园区—物流中心（配送中心）的布局模式，依托厦门港、福州港、湄洲湾等大型深水港口及机场、高速公路、铁路枢纽，统筹规划建设一批现代物流业集聚区、物流节点和区域性现代物流园区，培育一批大中型物流企业。加快闽港澳台物流合作平台，鼓励省内物流企业与港澳台物流企业开展运输、代理、包装、配送等物流环节的业务分工协作，提升福建物流企业素质，建成大陆台资企业所需的零配件、原辅材料供应的中转中心和海峡两岸区域性的物流枢纽中心。

3. 商务服务业

按照专业分工、市场运作的原则，以发展中介服务为重点，鼓励发展会展、服务外包等商务服务业，推动商务服务产品和方式创新。加快发展以专业化、品牌化、贸易型为主的会展业，引进先进的管理方式和经营理念，促进会展业有序发展。加快发展服务外包产业，强化企业、产业与市场对接，设立区域服务外包产业发展专项资金，对服务外包产业发展提供相关政策支持，制定并实施信贷、税收等优惠政策，支持服务外包企业发展，培育和打造一批服务外包龙头企业，承接服务外包企业和订单转移，重点鼓励和扶持发展商务流程外包、研发设计外包、软件服务外包、后台服务外包，承接研发中心、总部企业、金融财务管理等服务外包业务，联手高新技术园区、工业投资区，建设服务外包示范区和服务外包基地。

4. 科技服务业

以科技服务基础设施建设和服务创新能力建设为重点，大力推进工程技术研发基地建设，建设一批工程技术研究中心、科技企业孵化器、生产力促进中心，建立和完善技术经纪人制度，加快发展技术经纪服务。鼓励引导民间资本投资发展科技中介服务机构，探索构建科研院所、高等院校成果转化和技术转移新机制。以营造自主创新制度环境和促进技术转移为主线，构建以企业为主体的自主创新平台，加快科技评估、技术产权交易、技术推广以及节能服务等专业化科技服务机构的建立；按照产业化、市场化的发展路径，集聚创新资源，激活创新要素，转化创新成果，注重技术平台建设，引导高端科技人才集聚，推动高新技术产业的发展，提升自主创新对产业发展支撑引领能力，建设支撑先进制造业发展的科技服务体系。

5. 信息服务业

信息服务业具有知识型、全球化、递增性、支撑性等特点，对于先进制造业发展具有重要的推动作用。要以国务院推进电信网、广电网、互联网三网融合为契机，以电信增值服务、广播电视服务、互联网信息服务为重点，加快构建与完善信息交流平台，加强信息基础设施建设，推动信息技术向产业渗透，用信息化高端技术带动电子商务服务业和社会信息服务业发展；积极推进数字化城市管理，打造为企业交易服务和面向城市发展的信息系统，提升经济信息化、生活信息化、社会信息化管理水平。

（伍长南）

第　四　章

福建省统筹城乡基础设施研究

农村基础设施是为农村经济、社会、文化发展及农民生活提供公共服务的各种要素的总和,是农村经济、社会、文化发展及农民生活必不可少的基础性条件。我们认为基础设施应分为生产性基础设施、生活性基础设施和现代化基础设施三类。生产性基础设施包括大坝和灌溉及排水渠道等水利设施、电力、农田改造、普通公路等。生活性基础设施包括电力、自来水、卫生设备和排污、固体废弃物的收集和处理、管道煤气等。现代化基础设施,包括电信、高速公路、铁路、市内交通、港口和航道机场、生态环保设施等。2009 年 12 月 31 日,中共中央、国务院发布了《关于加大统筹城乡发展力度,进一步夯实农业农村发展基础的若干意见》将农村基础设施建设作为实现统筹城乡发展的重要手段,明确提出,"突出强化农业农村的基础设施……夯实打牢农业农村发展基础,协调推进工业化、城镇化和农业现代化,努力形成城乡经济社会发展一体化新格局"。

第一节 农村基础设施建设现状

一 农村基础设施建设现状

"十一五"期间，福建投入水利建设资金281.8亿元，比"十五"增长50.6%，完成"六千"水利工程，加快实施病险水库和海堤除险加固、农村饮水安全等民生水利项目，农村水利基础设施得到有效改善。加大农业综合开发和中低产田改造力度，建设高标准农田6万公顷，实施沃土工程、旱片整治工程、商品粮基地建设，改造一批标准池塘和标准园地。农业的生态环境得到改善，生态公益林面积保持在林地面积的30%以上，沿海防护林基干林带长达3037公里，全省森林覆盖率达到63.1%；生态农业示范（试点）县、畜牧标准化规模养殖场（小区）和生态富民家园工程建设稳步推进，沼气工程大面积推广，农业面源污染和生态破坏现象得到初步遏制。农业防灾减灾基础设施进一步加强，"预警到乡、预案到村、责任到人"的防灾减灾机制不断完善，预警预报、快速反应和紧急救援能力显著提升。重大动植物疫情得到持续有效控制。

（一）农村公路建设

按照《福建省"十一五"农村交通基础设施建设专项规划》的安排，"十一五"期间，农村交通条件进一步改善。年万里农村路网工程提前完成，全省农村公路（含县道、乡道、村道）里程达8.02万公里，比上年末增加1088.12公里，五年新增农村公路6108.51公里。从2008年起全省所有的乡（镇）均通水泥路，全省所有的建制村均通公路，比"十五"末分别提高2.23个和3.51个百分点。其中全省通硬化路面的建制村占全省建制村总数的98.0%，比上年末提高1个百分点，比"十五"末提高33.4个百分点。实施撤渡改桥、危桥改造、陆岛交通、农村客运站建设和农村公路安保工程，全面加强农村公路养护。农村公路比重有所提高，至2010年，我省共有县道1.35万公里、乡道3.57万公里、村道3.10万公里，增长17.3%，占所有公路的比重达到88%。

（二）耕地保护与农田改造

"十一五"期间，福建认真贯彻"十分珍惜、合理利用土地和切实保护耕地"的基本国策，耕地特别是基本农田保护得到强化。耕地保有量和基本农田保护面积分别保持在133.85万公顷（2007.8万亩）和121.93万公顷（1829万亩），完成耕地保有量目标101.1%，实现基本农田保护目标。"十一五"期间新增建设占用耕地的比例比"十五"期间下降16.6%。土地整理复垦开发力度加大，连续十年实现耕地占补平衡。2001年到2010年，全省土地开发整理补充耕地54000公顷（810000亩），平均每年补充耕地5400公顷（81000亩）。其中，通过耕地、其他农用地和农村居民点整理补充耕地31826.7公顷（477400亩），平均每年3182.7公顷（47740亩）；复垦废弃地补充耕地2733.3公顷（41000亩），平均每年273.3公顷（4100亩）；通过开发宜耕土地后备资源补充耕地19440公顷（291600亩），平均每年1944公顷（29160亩）。

"十一五"期间，福建加大农业综合开发和中低产田改造力度，建设高标准农田6万公顷，实施沃土工程、旱片整治工程、商品粮基地建设，改造一批标准池塘和标准园地。农业的生态环境得到改善，生态公益林面积保持在林地面积的30%以上，沿海防护林基干林带长达3037公里，全省森林覆盖率达到63.1%。

（三）农田水利建设

"十一五"期间，全省大力推进大中型灌区配套续建与节水改造和节水灌溉工作，实施6个大型灌排泵站更新改造，发展节水灌溉面积268.7万亩；建设山地水利及小型水源工程，新增蓄水容量2188.9万立方米；完成14个第五批初级水利化县建设，实施两批20个小型农田水利重点县建设，全省有效灌溉面积达到1400万亩；继续推进沿海滩涂围垦工程建设，全省沿海滩涂围垦总面积达到154.9万亩。

加快推进大中型灌区节水配套改造工程建设，基本完成大型灌区建设任务，推进大型灌区信息化建设并继续实施中型灌区节水配套改造工程建设；中央财政小型农田水利建设取得新成效，15个专项工程项目建设任务已经全面完成，累计完成投资 3116 万元，20 个重点县总体进展顺利，已累计完成投资 20230 万元。扎实推进初级水利化县建设，累计完成投资 4.51 亿元，新增有效灌溉面积、保灌面积、节水灌溉面积分别为 14.43 万亩、15.98 万亩、40.11 万亩。农村水利基层服务体系建设取得新进展，乡村水利技术员得到培训，进一步推进农民用水户协会建设，全省农民用水户协会累计达到 3138 个。

（四）农村饮水安全建设

农村饮水安全工程建设任务全面完成。"十一五"期间，福建累计解决 704.1 万人的农村饮水安全问题，其中国家规划内农村饮水不安全人口 492.1 万人。2010 年全省累计完成投资 7.065 亿元，解决了 130.2 万农村居民及 23.71 万农村学校师生饮水不安全问题，超额完成水利部下达福建的建设任务。

（五）农村电网建设

"十一五"期间，福建以建设"台区布局合理、线路架设规范、计量安装标准、电能质量优良、供电能力超前"的新农网为目标，共完成电气化县（市、区）建设 34 个，电气化乡镇建设 345 个，电气化村建设 4025 个，超额完成全省 30 个电气化县、300 个电气化乡镇、3000 个电气化村的建设目标，分别占"十一五"建设目标的 113%、115%、134.2%。

（六）农村通信设施建设

全省 20 户以上自然村全部实现通电话，农村电话普及率达到 83 部/百人，建制村宽带普及达 96.5%，"数字鸿沟"进一步缩小，初步建立与新农村相适应的农村通信普遍服务机制。农村信息化步伐持续加快，"通信信息化助建新农村"项目的实施，为广大农民提供电子商务、农业科技、教育培训、政策法规、市场信息等服务。

二 农村基础设施建设存在问题

由于基础投入不足，福建农业基础设施普遍存在年久失修、功能老化、更新改造缓慢等问题，农村基础建设历史"欠账"太多。

农村行路难是一个客观存在的问题。农民殷切要求出行方便，道路畅通，"村村通"势在必行。福建省虽然99%的行政自然村通了汽车，但道路等级还相当差，已新建的乡道大多标准低、路面质量不高，部分损毁严重，养护资金得不到落实。一些山区自然村目前还只能靠肩挑步行，还有一些自然村一到大雨天就山体滑坡，道路中断。行路难现象仍然影响山区与外界的联系，尤其是大宗农产品的流通。

农田水利设施损坏严重。农业用排水沟渠、小型堤坝、小型水库、农业灌溉设施等多年失修，原有设备大多老化，难以正常使用，灌渠、灌道渗漏严重，给抗洪抗旱工作增加了难度，也影响了农业产业化的发展。农业设备闲置时间较长，一些农用机具失效，基础设施损坏严重。

究其原因，福建农村基础设施建设还存在以下问题。

（一）财政支持农村基础设施建设仍显不足

近几年来，政府新增财力的使用在逐步向"三农"倾斜，但财政支农资金对农民急需的水利和道路等小型基础设施建设的支持力度远远不够。特别是在取消农业税以后，政府难以将农村小型基础设施建设纳入基本建设投资的范畴，更加剧了这一问题。

财政对农村基础设施的投入不足，占财政"三农"总投入的比重下降。根据福建省财政厅2006~2008年预计财政支持"三农"的数据，把支农支出、农业部门基金支出、土地有偿使用支出、年万里农村路网建设、耕地开垦费、其他六个科目作为财政支持农村基础设施建设进行统计，发现虽然财政支持农村基础设施的绝对数不断增加，但由于财政支持农村基础设施的增长幅度低于财政对"三农"投入总支出的增长幅度，导致财政支持农村基础设施支出占财政支持"三农"投入总支出的比重逐年下降，从2006年的31.42%降到2007年的28.91%，再降到2008年的28.67%。特别是省级财政支持农村基础设施占省级财政"三农"投入总支出的比重下降幅度较大，从2006年的52.23%降到2007年的48.13%，2008年降为42.40%。[①]

---

① 王金凤：《财政支持福建省加快农村基础设施建设的探索》，《中国商界》2010年第8期。

（二） 资金使用效率不高

一是项目分而散，难以形成整体效益。近年来，尽管福建省努力整合财政支农资金，但财政支持农村基础设施建设还存在着投入渠道分散的问题。从目前统计口径看，省级财政支持农村基础设施建设的资金由省发改委、财政厅、农办、农业厅、水利厅、林业厅、交通厅、建设厅、国土厅、海洋渔业厅、环保厅等 10 个以上的部门拨付。资金分散，管理不善，难以形成合力、集中力量把一件事办好，存在重点不突出、项目区不匹配和浪费损失现象，效益不够明显。二是项目在轻重缓急上摆布欠缺，统筹不够。项目投放受多种因素制约，一些项目没有真正用于解决农民迫切需要解决的重点问题，没有真正用于解决制约经济社会发展的关键问题。三是重建设轻管护影响设施寿命和效益发挥。项目工程建好后，往往管护措施跟不上，降低了工程服务功能和使用年限，并制约其他项目功能的发挥。如水库除险加固做了大量的工作，但渠系配套工程管护严重不足，灌溉设施薄弱，导致渠系水利用系数偏低，水库不能发挥应有的效应。

（三） 供需表达机制不健全

从全局看，农村基础设施供需双方沟通不到位。农村公共物品的决策程序是"自上而下"的上级政府主导型，忽略了农民对公共物品需求的意愿表达，加之农户分散经营利益的多元化趋向和对政府官员考核升迁的利益驱动，导致基层政府在农村公共物品提供上出现了重短期轻长期、重新建轻维护、重"硬"公共物品轻"软"公共物品、重表面轻实效的"四重四轻"现象。农民急需的基础设施建设项目往往不能及时优先安排，不切实际的"花园村镇""样板农村"却花样百出。从局部看，"一事一议"模式不灵活。农村小型公益事业"一事一议"制度过于理想化，不管所议事项收益范围多大，均要求半数以上的村民或 2/3 以上的农户通过，因而无法统一利益取向多元的农户，筹资筹劳难度加大。①

---

① 刘书祥、王克祥：《农村基础设施建设落后状况亟待改善》，《中国金融》2007 年第 6 期。

（四）参与农村基础设施建设的劳动力大量减少

福建省农业发展相对落后，农村青壮年劳动力大部分转移外出打工，农业生产得不到重视，留守在地里的老、妇居多，仅能完成对农作物田间管理的任务，无法投入到农村基础设施建设中去。

另外，基础设施建设往往缺乏自下而上的利益表达机制，农民的主体地位被长期忽视。一些造福农村的基础设施建设不合民意，社会效益低，甚至有违民意，也妨碍了农民的有效参与。社会资源分配的不均衡导致农民在农村建设中的"人微言轻"，再加上我国农村农民的参与意识整体性不够强，导致农民主体地位被严重忽视。

（五）农村基础设施管理水平有待提高

当前，基础设施项目运作机制不活，工程管理需要提高。一是项目引进缺乏科学的激励机制。农村基础设施建设投资巨大，要办的事很多。由于县级财力不足，乡村经济实力也很有限，仍需依靠对口向上争取扶持或对外招商项目解决农村基础设施建设的资金短缺问题，但由于没有形成有效的奖励政策和激励机制，致使部门争取和引进项目的"潜能"挖掘不够。二是项目启动实施经费难以保障。一些项目实施必要的前期规划设计等经费，靠项目实施部门自身难解决，靠地方财政配套又落实不了。突出表现为重点水利工程建设配套资金和列入第三期规划的病险水库除险加固前期工作经费严重不足，影响工作进展。三是项目实施程序走得不到位。有些项目未按照正常的公开招标程序，有些项目实施缺乏管理，工程质量难以确保。

第二节　发展农村基础设施建设的国际经验

在统筹城乡、发展农村经济的过程中，世界各国都认识到农村基础设施建设的重要性，采取各种方法促进基础设施的建设与改造，使城乡基础设施水平基本相当，其经验值得我们借鉴。

一　美国农村基础设施

19 世纪初，美国开始着手大规模的基础设施建设，与此同时，美国特别重视农业基础设施。1862 年和 1864 年国会分别通过两项关于建筑横贯大陆铁路的法律规定，政府为了鼓励承建的铁路公司，对修筑公路的公司按照英里数予以补助。1891 年国会通过一项法案，给予载运邮件的铁壳或钢壳汽轮补助，使适于大湖区和沿海航行的轮船得到了迅速的发展。这对努力寻找市场的农场主来说具有重要意义。1912 年国会拨款给"公共道路办公室"，资助其监督农村邮路的修筑，1916 年国会通过《联邦高速公路法》，提供资金资助农村公路的修建。在政府的资助下，美国农村公路得到了迅速发展。[①]

罗斯福新政时期，设立农村电气化管理局（REA，1939 年该局并入农业部）与田纳西流域管理局（TVA）是美国联邦政府发展农村电力的两项重大举措。1936 年国会通过《农村电气化法》，该法授权 REA 为农村电气化提供贷款，为了配合该法的实施，国会还通过了《电力合作社法》。REA 利用政府资金，为农村电力合作社发放低息、长期贷款。贷款资金既用于建立农村配电线路，又用于建立发电厂（包括水电、火电等）及输电线路。总体而言，在这一时期，美国农村电气化程度得到了大幅提高，从而有力地推动了美国农业和农村的发展。

1944 年美国建立农村电话局，并于 1949 年修订《1936 年农村电气化法（REA）》，为发展农村电话提供了长期、低息贷款，从而极大地提高了农村电话普及率。

20 世纪末，互联网开始兴起。1994 年克林顿政府批准了商务部的互联网信息援助项目，该项目包括对农村地区提供 Internet 服务的计划提供赠款。2003 年农村公用事业服务局通过"社区联系赠款项目"为 23 个州和维京岛的 74 个项目提供了超过 3200 万美元的宽带赠款。在美国联邦政府的支持下，很多偏远、人口稀少的农村地区建立了无线宽带，因而促进了

①　张金艳：《美国农业基础建设的经验及启示》，《国际经贸探索》2009 年第 2 期。

这些地区互联网的发展，极大地便利了农民获取美国和世界农产品市场的价格信息和供求信息。2010 年美国宽带网络覆盖率已由 2009 年的 64% 增长到 68%。其中，乡村地区有 57% 的居民安装了宽带网络。2011 年，美国出台了国家宽带计划，通过提供普遍服务和采用运营商间补偿制度（包括现有的有线电话）的方式，每年投资 45 亿美金并将其转变成一项新的"连接美国基金"，在未来 6 年内为 700 万美国农村人口提供可靠的高速互联网接入服务，并产生 50 万个工作岗位和 500 亿美元的国民经济增长。

二　法国农村基础设施

19 世纪中叶以后，法国农村完成了由传统农村社会向现代农村社会的转型，这种转型是以基础设施建设，尤其是交通运输业的变革为发展动力的。尤其是铁路建设对法国的经济发展产生了强大的推动力，降低了农产品的流通成本，促进了统一市场的形成，加速了法国农业生产方式的变革，市场化和商业化进程加快，法国农民也逐渐从愚昧走向开化，由落后步入文明。

二战后，针对城乡经济发展差距，法国推出了一套较为完整的农村改革政策，加强农村基础设施建设是最主要的内容。法国西部、西南部和中央高原等地区交通相对落后，缺少通信手段。为迅速改变这些地区的面貌，政府根据各地的经济社会发展状况和自然条件，因地制宜、分步骤、有重点地兴建各种农村基础设施项目，主要是大力兴建农田水利基础设施和大力发展农村交通运输和通信事业。为了鼓励发展农村工商业，在农业地区和山区农村有选择地建设一些新工业区，吸引外来企业投资建厂，特别是当地所需的农产品、食品加工企业和手工业企业，以帮助当地解决富余的农业劳动力就业。20 世纪 70 年代初，专门制定了有关改善农村基础设施的特别条例，由中央同地方合作，兴建基础设施大型项目。经过努力，历史上形成的东西部之间交通网络分布不均的状况正在逐步消失。

良好的乡村规划，是法国农村基础设施建设的一大特点。成片的农田、成片的乡村森林相互交错；村寨镶嵌在广袤的田地上，飞机上看法国的乡村，土地利用的规模化和集约化已达到相当高的水平，大都被集中安置居住，很少有分散居住的村民。道路四通八达，重要的大村庄还有快速列车可以到达，停车场设施完备，标志系统完善。以村落为中心，购物超市、医院、图书馆等公共服务设施配套齐全。完备的基础设施与丰富的服务设施在为当地居民提供生产生活便利的同时，也极大地提高了当地的生产力。法国农业的市场化程度很高，农业是法国的支柱产业和出口换汇的主要产业之一，食品加工业是国家的支柱产业。

三 日本农村基础设施

二战后，伴随日本工业的发展，日本政府也将很大精力投入到农村建设中去。先后于 20 世纪 50 年代中期和 60 年代后期两次大力推进新农村建设。第一次新农村建设在强化农业基本建设的基础上，推进农民合作，提高经营水平。7 年时间里，日本农村的农田基本建设、水利、农村通电、发展畜牧业、公共设施、农村广播等领域公共设施得以建立。第二次新农村建设的宗旨是在第一次新农村建设的基础上，继续加大农业生产和农民生活的基础建设力度，全面缩小城乡差距，提高农业和农村的现代化水平。为此，政府大量投资，强化农田水利基本建设，大搞条田化、暗渠排灌、农用道路及农业防灾等基础设施建设。在改善生活环境方面，大力推进保护农村自然环境，实施改建和新建农民住宅，提高自来水及下水道普及水平，为农民建立集会活动场所，充实学校、医疗单位，建立农村保障制度并加大扶持强度。两次新村建设取得了明显效果，大大加快了日本农业与农村现代化进程。

农村基础设施建设周期长，资金回收慢，往往需要占用大量的资金，尤其是一些大型的建设项目，单个金融机构往往也是很难做到的，为此日本政府十分注重以财政资金和政策性金融机构扶持农村基础设施建设。大型水利、道路建设等投资回收比较慢，难以得到一般商业贷款和出资者，政策性金融机构的支持占了主要地位。农林渔业金融公库（简称农林公库）就是对农业基础设施建设给予支持的金融机构。农林公库依据《农林渔业金融公库法》而设立，主要把资金用于整顿改善农村环境、土地改良、建造农用设施、造林、建设渔港等基础设施的融资。农林公库还把资金用于农业改良资金的融资，对国内大型农产品批发市场及交易市场提供市场设施贷款，为建造农林水产品的加工设施、建造产地流通设施、整顿完备批发市场以及开发农林水产品的新用途等项目贷放资金等。农林公库的贷款利率虽会因贷款种类和工程性质有不同的规定，但总的说，要比民间金融机构优惠，而且贷款的偿还期限从 10 年到 45 年不等。[①]

四 韩国农村基础设施

为摆脱朝鲜战争的影响，实现农业现代化与农村城市化。韩国于 20 世纪 70 年代开始实施"新村运动"。新村运动可以分为三个阶段。第一阶段是政府主导农村建设阶段（20 世纪 70 年代至 80 年代中期）。在第一阶段，依靠政府推动，韩国大力建设农村基础设施，发展农业科技和农村教育。主要包括修建和扩建道路和桥梁、设置公共积肥场、整理耕地、治理小河川、改善和兴建灌溉系统等基础设施；通过修建供水系统、排污系统、公共澡堂、公用水井、洗衣房、卫生间、厨房、游泳场、巷道等改善环境；通过维修、改建和重建房顶、房屋和村庄来改善住房条件；通过增加电网和通讯网发展农村公共设施的现代化；通过饲养家畜、推广高产优质的经济作物、修建公共育苗圃和畜牧场、防治病虫害、推广使用农机具以及将工业引入农村等方式来增加农民收入。

韩国新村运动期间，为了改善农业生产条件，由政府出资开展了大规模的水利配套设施的建设。韩国国内共有 167 万亩耕地，其中水浇地面积为 131 万亩，有 79 万亩为韩国农村公社直接管辖，占总水浇地面积的61%，其余为地方政府管辖。韩国农村公社及地方政府在新村运动期间修建水利设施共计 67900 处，其中农村公社修建量占 19%，地方政府占81%；农田灌溉渠道（管道）全部由农村公社负责修建，累计建设土渠59287 公里，衬砌渠道及地下管道 37207 公里；建设农村小水库共计 17732座（控制面积为 72 万亩），其中农村公社修建量占 19%（占总水库控制面

---

① 吴宇、李巧莎：《日本、印度金融支持农村基础设施建设的经验及启示》，《日本问题研究》2009 年第 1 期。

积的 72%），其余为地方政府修建；修建泵站 7101 座（控制面积为 30 万亩），其中农村公社共建设 3906 座（占总控制面积的 83%）；修建小型堰坝 17983 处（控制面积为 15 万亩），其中农村公社共建设 4111 处（占总控制面积的 15%）。这些配套比较完善的农业灌排设施为韩国新村运动时期的农业快速发展提供了物质保障。

在新村运动中，韩国中央政府无偿提供水泥、钢筋等物资，大大激发了农民自主改善生活和生产环境、共同建设家乡的积极性和合作精神，初步改善了农村的居住条件和基础设施。地方政府则提出当地所需的乡村建设项目，交给农民自主开发。此外，韩国政府还十分重视土地的集中化管理和集约经营，通过土地的流转使土地逐渐走向集中，从而在根本上解决了土地的过于分散、低效率使用和粗放经营问题。

以第一阶段基础设施建设的成果为基础，韩国又实施了增加农民收入的第二阶段和提高与巩固运动成果的第三阶段。通过三十多年的努力，"新村运动"取得了令人瞩目的成果，农村破旧落后的面貌得到改善，城乡发展的差距大为缩小，韩国国民的整体素质也大幅提高，实现了经济的全面起飞。

五　小结

世界各国农村基础设施建设为福建统筹城乡发展基础设施提供了许多值得借鉴的经验。一是发展农村基础设施是世界农业发展的必然趋势。世界各国都认识到农村基础设施建设是农村现代化必不可少的前提条件，而实现经济的可持续发展，更离不开城乡建设的统筹。农村基础设施建设有助于缩小城乡和地区差距，为广大农村居民参与经济发展、分享发展成果创造必要条件，使农村经济乃至全社会受益。不仅发达国家对农村基础设施投入了大量物力、财力和人力，加快其发展速度，而且，愈来愈多的发展中国家也在这方面加大了投入。二是农业基础设施投资需要政府主导。发达国家对农村基础设施建设的投入大，效果比较明显，而发展中国家对农村基础设施建设的投入则相对较少，但无论是前者还是后者，农村公共基础设施的建设总体上都是由政府主导，社会、市场和农民合作组织为辅进行投入。不过"政府主导"也有不同的实现形式，这取决于农业和农村发展的需求指向、本国的国力及由其最终决定的公共财政能力，以及政府和社会组织的职能定位。三是建设农村基础设施，必须调动广大农民的积极性。农民是农村建设主体，要最大限度地调动农民参与农村基础设施建设的主动性，充分尊重广大农民群众的意愿，真正发挥农民群众在筹集建设管理资金、选择建设项目、监督工程进度和质量等方面的作用。同时要运用全社会的力量，动员全社会关注农村和支持农村建设，形成"各行各业支持农业"的社会氛围。

第三节　统筹城乡基础设施建设的必要性

在中共十七大报告中，胡锦涛总书记要求加强农村地区的基础设施建设，并强调"三个只许加强，不许减少"，即好政策只许增加、不许减少，支农投资只许增加、不许减少，财政用于农村公共品开支只许增加、不许减少。

一　加快农村基础设施建设的现实意义

（一）加快农村基础设施建设是提高农业竞争力的保障

我国是一个有 13 亿人口的大国，保障粮食安全事关国计民生和社会稳定。而保障粮食安全的根本出路在于提高粮食生产能力、提升农业的竞争力。当前，我国农产品供应增长迅速，在这种情况下，很容易出现忽视农业的倾向。最突出的表现就是减少农业投入，放松农业基础设施建设。我国农业基础设施在总体上还很薄弱，多数地方还是靠天吃饭，抵御自然灾害的能力还有限。而农业基础设施建设是一个不断积累的过程，任何时候都中断不得，否则就可能前功尽弃。

加大农村基础设施建设的投入力度，能够巩固和提高我国的粮食生产能力，为调整和优化农业的结构提供更大的余地。改善水利灌溉方式、扩大灌溉面积、改造中低产田、开垦荒地、复垦废弃地和推进科技进步，将调动农民种粮积极性、稳定粮食播种面积、鼓励农民使用良种和采用高科技提高单产，改善农产品品质，确保粮食安全产生长期的积极的政策效应。

随着国家转型升级战略的深化，农业发展将对农业基础设施的建设提出更高的要求。通过降低包括生产成本、运输成本、储藏成本、销售成本、风险成本和决策成本在内的总生产成本，提高农村经济活动的经济效益。比如，现代化的仓储设施会减少农产品的产后储藏损失，起到保值、增值、保温和保鲜的作用。发达的农产品市场流通和销售设施还会降低销售成本和流通费用，并能加速农产品的资金周转，提高资金使用效率。通过创造必要的物质基础和良好的生产条件，使我国农业走上可持续发展的道路。

（二）加快农村基础设施建设是增加农民收入的重要手段

农村繁荣、农业发展是国民经济稳定与繁荣的基础，它离不开广大农民的积极参与。调动农民从事农业生产积极性的最有效方法就是持续稳定增加农民收入。建设农村基础设施会降低农民面临的自然风险和经济风险。如发达的水利设施可以提高农业抗自然灾害的能力；发达的病虫害防治和预测、预报系统可以减少病虫害造成的损失；发达的农产品市场体系可以降低农民进入市场的风险。

我国人均耕地较少，土地给农民带来的收益有限，这是影响我国农民增收的重要因素，要彻底改变这一现状，就必须综合各种力量，促进农民增收。农村基础设施投资能够为农民提供更多获得其他商品和服务的机会以及非农业就业机会，加快农村剩余劳动力转移，从而增加农民的收入。劳动力流动的可能性与迁移的距离成反方向变动，良好的通信和交通设施能够扩大农民工的流动范围，获得更好的工作机会，从而增加农民的收入。此外，农村教育设施也会增加农民工的竞争能力，从而提高劳动生产率，同时还可以促进劳动力使用相对便宜的生产要素，从而提高农民的收入。另外，农村基础设施投资建设项目本身即能直接增加农民的收入，诸如修筑乡村公路、架设乡村电网等项目均属于劳动密集型，加强其建设能够创造新的就业机会，直接增加农民收入。

（三）加快农村基础设施建设是扩大内需的需要

我国是一个有十几亿人口的发展中大国，国民经济发展必须主要立足于扩大国内需求。我国国内市场广阔，立足国内需求可以使我国经济有较大的回旋余地，增强抵御经济风险的能力。因此，我国"十一五"规划中明确指出"立足于扩大国内需求，是我们必须长期坚持的重大战略方针"。通过加强基础设施建设，既可以改善农村生产生活条件，扩大农村消费需求，又可以直接形成农村投资需求。农村市场潜力巨大，我们必须大力发展农村经济、千方百计增加农民收入、提高农村消费在整个消费中的比重。

但当前我国农村消费比较低迷，除了农民收入增长缓慢的因素外，也与农村流通渠道不畅，消费环境太差有密切关系。目前的农村商业零售网点仍然明显不足，送货及安装调试也严重滞后，这使得农民所需的消费品有很大部分要到城镇购买。近年来，商业零售网点的分布越来越偏向城市地区，不仅大型商场如雨后春笋般在城市地区大量涌现，而且连过去乡村占绝对优势的集市贸易活动也逐步将发展重点转向了城市地区。

投资兴建农村公共设施，改善农村消费环境，是启动农村市场、解决内需不足的客观要求。当水、电等生活性基础设施得到基本解决后，农村地区能迅速发掘对电视、冰箱、洗衣机等家电的需求，还会自发地掀起厨房革命、厕所革命等和改善生活质量有关的建设高潮，缓解部分行业产能过剩的矛盾，消化钢铁、建材等过剩行业的生产能力，对整个国民经济发展将产生强大而持久的促进作用。

（四）加快农村基础设施建设是实现城镇化的关键

城镇化和建设社会主义新农村是我国社会主义现代化建设事业相辅相成的两个方面。城镇化是和国家工业化相联系的，是逐步改变农业人口比重过高，部分农业人口转向第二、第三产业，生产方式和生活方式发生变化的过程。基础设施建设的特点就是使得广大农村的特定地方成为交通、公共服务等基础设施的节点，并使人流、物流、资金流通过市场的方式在这些节点聚集成小城镇；使小城镇通过产业发展逐步形成小城市。通过提升小城镇、小城市的数量和质量，平衡城乡格局、协调城乡发展。

建设农村基础设施，如建设乡村道路、信息通信、供排水及市场硬件设施，将会促进农村产业的专业化、市场化、社会化、一体化发展，有利于产业规模的积聚和结构的优化，促进经济总量在空间上的积聚，加快城镇化步伐，实现农村的现代化。

二 城乡统筹发展对农村基础设施建设的作用

（一）城乡统筹将加大农村基础设施供给、缩小城乡差距

城乡统筹旨在综合考虑城乡社会经济的整体发展，形成缩小城乡差距的合理化体制，促进农业、农村经济运行机制的转变和城乡协调发展制度的创新，彻底打破或消除城乡差距扩大化机制及其运行环境。统筹城乡发展的一个极为重要的内容是统筹城乡公共品供给。中国当前的城乡差别，最主要的体现就是城乡公共产品供给水平和供给制度的差异。政府要改变"城乡分割""重城轻农"的非均衡的公共产品供给体制，向农民提供与城市居民大体均等的公共产品，应切实加大对农村公共产品的投入力度。为此要以坚持城乡供给统筹为原则，对城乡供给逐步实行统一筹划、统一政策、统一标准、统一待遇。进一步破除城乡分割的二元公共产品供给基本制度和模式，加快推进公共产品供给体制和制度的改革与完善，逐步建立起适应社会主义市场经济要求，符合国际惯例，城乡统一、均衡、公平、公正、平等的新型现代公共产品供给体制和制度。

已经完成发展转型的发达国家的经验表明，在从发展中国家向发达国家迈进的过程中，有一个时期，国家投资的优先次序应该有一个重大改变，对农村基础设施的投入要放在优先的位置，并且数量必须不断增加。韩国实施了"新村运动"以推进乡村经济、社会福利与空间环境的发展；日本通过补贴政策，振兴产业、实施福利、建设综合环境，实现了以开发北海道为主的均衡发展目标；澳大利亚则以"均等化机制"的实施，完成向经济不发达地区的公共物品提供；美国通过补贴支持、鼓励私人投资等手段实现了基础设施、基础教育、高新产业建设、环境保护等统筹工作指标；德国、意大利通过补助基础设施投资、发展工业园区、扶持中小企业等手段缩小了城乡的差距。中国与国外的发展状况不同，但国外的举措对中国城乡统筹发展指标体系的确立不无启示及借鉴意义。

（二） 城乡统筹将提高农村基础设施投资的效益

农村基础设施具有较强的溢出效应，相邻地区农村基础设施通过相互补充、相互协调才能发挥更大的效益。如果各相关地区农村基础设施的建设也各自为政，缺乏协调与合作，则难以有效地发挥农村基础设施应有的功效。中国不同地区农村基础设施对当地经济增长的贡献存在明显差异，这也为中国农村基础设施存在空间溢出效应提供了间接证据。另外，作为公共产品，基础设施具有消费上的非竞争性和非排他性，在其提供方面存在潜在的严重市场失灵。因此，基础设施不能成为一种完全依靠个人支付能力而进行的市场消费行为，政府必须介入。

因此通过统筹城乡，可以弥补个人投资基础设施的不足，提高农村基础设施的效益。投资农村公共基础设施不仅经济上可行，而且由于农业的基础性地位，加强农村基础设施建设还具有较强的政治性收益；生产性公共基础设施投资效益的变动与国家宏观的农业政策和投入强度有很密切的相关性，当国家的宏观政策和投入强度向农业倾斜时，生产性公共基础设施投资的效益就非常高。

（三） 城乡统筹将促进基础设施建设的改革及制度创新

实行城乡统筹将有助于基础设施投资领域的改革及创新，其重点是改革公共财政投资及管理体制、创新农村基础设施的投融资模式。

在我国传统体制中，城市的公共基础设施是由国家来提供的，而农业、农村的同类公共基础设施要由农民自主解决，国家只给予适当补助。基于这种公共品供给政策，多年来城市公共基础设施在国家财政强大投入支持下变得越来越好，而农村公共基础设施在农民无力投入下变得越来越差强人意。实行城乡统筹的公共服务供给制度，就是要将全民创造的财富统筹用于提供城市和农村的公共产品，从总体上提高农村公共产品的供给水平。

以统筹城乡发展为原则，改革公共财政基础设施投资及管理体制。尽力避免因为重视对农村基础设施的突击式供给而忽视城市基础设施的同步跟进：一是在基础设施资金供给总量上保持适度的城乡比例，不能以城市基础设施建设的停滞来换取农村基础设施供给的增长；二是尽可能扩大城市基础设施对农村的服务领域、服务对象的覆盖范围；三是农村基础设施的供给必须综合考虑城乡的需求和应用。

以统筹城乡发展为原则，创新农村基础设施的投融资模式。中国农村基础设施真正实现市场化的还很少，政府在此领域仍处于垄断地位。然而，农村基础设施有着极强的公共物品属性和投资金额大、回收周期长等特点，仅由政府和农民直接投资难以持续、有效、稳定地发展。特别是农村税费改革后，村一级的投资能力大幅削弱，农民的资金又较为分散和有限，如何扩大农村基础设施的投资来源就显得尤为重要。国内许多学者认为，应引进新的投融资方式，例如借鉴城市基础设施建设中常见的 BOT、BOOT、PPP、股权融资等模式，形成多元化的投融资体系，进一步拓宽投资渠道。此外中国基础设施领域垄断现象还很严重，急需进行市场化改革，在基础设施领域引入竞争和促进反垄断是较为理性的选择。开放基础设施领域产权，允许非国有资本进入，形成较强的所有者约束和有效的治理结构，强化市场竞争，以提高基础设施企业市场反应的敏感性。

第四节　统筹农村基础设施建设的思路

一　总体思路

通过对当前农村基础设施建设的问题把握和战略分析，"十二五"期间农村基础设施建设的总体思路应该是：以统筹城乡为基本方略，围绕粮食安全、农民增收、发展特色现代农业的战略目标，以城乡基础设施建设一体化为方向，依据当前农村基础设施建设的现实状况，重视大中型基础设施建设的同时逐渐推进向中小型基础设施建设延伸，集中力量攻克当前农村基础设施建设难点问题，循序推进农村基础设施的覆盖广度和建设深度。

二　基本原则

坚持政府主导原则。加大政策支持力度和增加经费投入，联合社会各方面的力量，协同推进农村基础设施建设。

坚持轻重缓急、突出重点原则。从改善农村最迫切需要解决的基本生产生活条件入手，以农村道路和水利建设为重点，集中力量优先解决基础设施等重点难题，把项目落到实处，力求实效。合理确定建设项目和投资规模，优化配置建设资金，加强宏观管理，提高社会效益和经济效益。

坚持可持续发展原则。把农村基础设施建设作为一项功在当代、利在千秋的工程来抓。规划和建设既要按统筹城乡共同发展的要求，又要与资源保护、生态建设等方面紧密结合，统筹规划，合理布局，实现农村经济和生态环境持续协调发展。

坚持广泛参与原则。农民群众是农村基础设施建设的主体，也是直接受益者，群众的广泛参与是做好农村基础设施工作的关键之一。因此要充分发动和依靠群众，吸引群众广泛参与，动员和鼓励群众出资出力投入基础设施建设。

三 建设目标

以民生问题为中心，紧紧围绕农民最关心最急需最现实的农村道路、农田改造、农田水利、农村饮水、农村能源、农村通信和信息网络设施等基础设施问题，持续加大对农村基础设施建设的支持力度。科学实施农村生产性、生活性和现代化基础设施建设，实现生产性基础设施建设与发展现代农业协调发展，生活性基础设施建设与新农村建设协调发展，现代化基础设施建设接近城市基本水平，实现农村基础设施与城乡社会发展协调发展的战略目标。

四 主要任务

（一）大力发展农村公路

继续完善农村公路网络工程，按照《福建省农村公路网规划调整工作指导意见》的要求，构建路线功能明确、规模配置合理、方案经济可行、适当超前农村经济社会发展需求的农村公路网络。提高乡村通达便捷度，实施农村公路安保工程，增强路网系统安全可靠性。加大农村公路提级改造力度，特别是连接卫星城镇、工业园区、重要旅游景区和重要渔港的县乡道。加强对中心城镇等节点的县乡网络建设，扶持综合试点改革小城镇干线公路建设。加快推进较大自然村公路建设，继续保持原中央苏区、革命老区农村公路建设的扶持力度。

实现"县县通高速公路、镇镇有干线公路、村村通客车、有条件的自然村通水泥公路"的总体目标。"十二五"期修建高速公路里程3200公里以上，实现全省所有县级行政中心半小时内进入高速公路网。县道规划的技术标准不低于三级公路。以县城为中心，以乡镇为主要节点，使相邻县城之间、县城与所辖乡镇之间以及相邻乡镇之间，基本实现便捷连通。"十二五"期间调整国省道网络，加快建设进度，将实现95%以上乡镇行政中心通过国省道或县级干线实现快速通达，乡道规划技术标准要不低于四级公路。加大农村客运站场投资建设力度，扶持农村客运班线运营，建制村通客车率将达到100%。修建约8000公里自然村公路，将基本实现300人以上自然村通水泥路。村道规划的技术标准原则上也不低于四级公路。县道、乡道、村道的规划里程占总路网的合理比重，分别控制在县道10%~15%，乡道20%~30%，村道40%~55%。

基本完成主要国省道和重要县道的二级路以上标准改造，建成农村公路2000公里，完成农村公路安保工程3000公里。改善沿海岛屿和沿海突出部居民出行条件。积极推进农村公路撤渡改桥、危桥改造、陆岛交通工程，加强农村公路管理养护，推进农村公路灾害点整治。"十二五"期间，完成农村公路建设里程2万公里以上，撤渡建桥总长约1万延米。

按照"路、站、运一体化"要求，加大农村客运站场投资建设力度，推进重点镇等级客运站建设，加快行政村招呼站、候车亭发展，规划建设农村客运站100个、港湾式停靠站200个，到2015年末，全省农村客运站点达到700个，全省建制村通客车率实现100%。

（二）保护耕地并实施基本农田地力改造

按照统筹规划、分工协作、集中投入、连片推进的要求，加快建设高产稳产基本农田。重视耕地质量建设，加大投入力度，安排中长期政策性贷款，支持农田排灌、土地整治、土壤改良、机耕道路和农田林网建设。

严格执行土地利用总体规划和耕地保护规划，完善耕地质量建设与管理体系，全面落实耕地保护责任制，保护和提高耕地基础地力。完善基本农田保护制度，综合运用行政、法律、经济、技术等手段确保基本农田保护制度的有效执行。严格控制非农建设占用耕地，全面落实建设占用耕地补偿制度，严格执行按建设项目考核耕地占补平衡办法，确保土地开发整理补充耕地的数量和质量不低于同期建设占用的耕地。实施新一轮土地开发整理工程，积极稳妥开展城乡建设用地增减挂钩试点。有效利用和保护耕地，耕地保有量力争不低于国家下达的指标，基本农田保护面积保持在114万公顷以上，确保数量不减少，质量有提高。

以高标准农田建设为重点，加大中低产田改造力度，在粮食主产区和特色农产品重点产区，开展标准农田示范片建设。针对全省300亩以上集中连片耕地，开展高标准农田建设工程。在已经完成土地整理、旱片改造和农田基础设施建设的基础上，进一步加大土地整理力度，每年建设高标准农田40万亩，改造中低产田10万亩。对集中连片300亩以下、不适宜开展土地整理的耕地，加大资金投入，继续开展农田基础设施建设以改善耕作条件，到2020年完成6.67万公顷（100万亩）农田基础设施及100万亩耕地后备资源开发。推进农田地力调查、地力综合培肥改良、农田质量检测与监测体系建设，全面实施测土配方施肥，提高土肥科技服务能力。实施土壤有机质提升工程，鼓励农民秸秆还田，推广种植绿肥、增施有机肥。引进、繁育、开发高效经济绿肥和水土保持绿肥新品种，建设绿肥良种繁育基地。改善农田机耕道路设施，加快推进粮食作物生产全程机械化，稳步发展经济作物和养殖业机械化。扶持发展农机大户、农机合作社和农机专业服务公司。

搞好土地整理规划，统筹安排土地整理复垦开发、农业综合开发等各类建设资金。对集中连片耕地、基本农田分布集中区、粮食主产区优先安排土地整理项目，在改善农村生产生活条件和生态环境的同时，增加有效耕地面积，提高耕地质量。"十二五"期间，通过土地整理补充耕地1万公顷。土地整理项目完成后，其整理区的耕地应优先补划为基本农田进行严格保护，没有划入基本农田的，应严格控制非农建设占用。在有效保护生态环境的前提下，因地制宜，科学开发耕地后备资源。重点开发坡度较缓、集中连片的耕地后备资源，严禁坡度25度以上的土地开垦。"十二五"期间，通过宜耕后备资源开发补充耕地1.97万公顷。实施耕地修复工程，及时开展灾毁耕地复垦和损毁工程修复。

（三）推动农田水利设施可持续发展

以保障全省粮食安全、供水安全和促进农民增收、改善农村的生产生活条件为宗旨，注重科学治水、依法治水，加快建设节水型社会，全力推动农田水利设施可持续发展。建设一批大中型骨干调蓄工程和小型水源工程，巩固大中型病险水库除险加固成果，加快小型病险水库除险加固步伐，增强水资源调控能力。完善以骨干水源工程为主、小型水源工程为补充，覆盖全省的灌溉水源工程网络。

加快大中型灌区骨干工程和大型泵站续建配套与节水改造工程建设，继续推进国家节水增效示范项目建设，全面提高水的利用效率。2020年前基本完成大型灌区及重点中型灌区续建配套与节水改造任务。"十二五"期间，抓好大型灌区及重点中型灌区续建配套与节水改造任务，完成4处大型灌区、8处大型灌排泵站、20处重点中型灌区及50处一般中型灌区续建配套与节水改造；抓好节水灌溉工程建设，完成一批高标准节水灌溉示范项目，新建、改造节水灌溉工程面积350万亩；实施1.5万处山地水利工程，新增蓄水能力300万立方米，解决山地易旱面积38万亩；继续实施20个中央财政小型农田水利重点县；加快推进全省17个第六批初级水利化县建设。新增农田有效灌溉面积60万亩，农田灌溉水有效利用系数提高到0.53以上，开展20个县级以上水库水源地保护工程建设。

继续实施小型农田水利重点县和初级水利化县建设，加强大中型灌区末级渠系、小型灌区渠系及田间管道灌溉工程建设，初步实现基本农田"旱能灌、涝能排"。大力开展水利水毁工程修复，增强农业综合生产能力。全面启动水电新农村电气化县建设，持续推进小水电代燃料工程项目建设，推动农村水电增效扩容试点建设。在水稻区推广渠道防渗、管道输水等技术，推广水稻控制灌溉等非工程措施；在经济作物区推广喷灌、微灌等技术。加快排灌机械、抗旱机具、节水灌溉设备等的推广；落实节水灌溉设备税收优惠和农业灌排工程运行管理费用由财政适当补助政策。

(四) 进一步加快推进农村饮水安全建设

按照国家 487.5 元/人的农村饮水安全现行建设标准，解决农村1255.18 万人饮水安全问题（其中原中央苏区县 328.58 万人、革命老区县572.35 万人），总投资 62.96 亿元。积极向中央争取支持，为农村饮水安全建设提供资金保障。争取中央资金不足部分，由省里统筹解决。从2011 年起，力争五年全面解决我省农村 1255.18 万人饮水安全问题。其中，2011 年解决 200 万人、2012 年解决 300 万人、2013 年解决 354.60万人，2014～2015 年，要对 400.58 万人的已通水未达标饮水设施安排达标改造。

按照保障水源、改善水质、保证水量、提高标准的总体要求，加强饮用水水质监测能力建设，采取整乡整村推进方式，积极建设集中式供水工程，完善净化消毒设施，延伸供水管网，实现"一户一表一龙头"，积极创造条件，实现城乡一体化供水。加强农村饮水安全工程运行管理，2015年底全面解决 854.6 万人农村饮水不安全问题。加强水源地保护，对农村人口聚居区的集中式饮用水源，依法划定农村集中式饮用水源保护区，加强监管，确保饮用水安全。积极引导组建用水户协会，落实管护主体，确保工程长期持续发挥效益。饮用水水质按照卫生部、标准化管理委员会《生活饮用水卫生标准》（GB 5749—2006）确定。饮用水水量按照水利部《村镇供水工程技术规范》（SL 310—2004）确定，最高日居民生活用水量定额不低于 60 升/（人·日）。饮用水保证率一般地区不低于 95%，严重缺水地区不低于 90%。

(五) 实施农村电网改造工程

按照略高于国家标准，实施新一轮农村电网改造升级，基本完成全省农网行政村改造。加大对农村电网的投入，改善农村电网结构，提高供电和服务质量，建成与上一级电网相衔接、结构合理、技术适用、安全可靠、运行灵活的较为坚强的县域电网。重点围绕建设统一坚强智能电网的目标，以满足新农村用电需求为导向，统筹输电网和配电网220千伏、110千伏、35千伏、10千伏共四个电压等级规划。全省35千伏及以上变电站在乡镇的覆盖率将由2010年的70.9%达到2015年的86.2%，全省所有乡镇2013年至少实现10千伏双电源供电；全面消除40公里以上的中压长线路，超过15公里的中压线路条数将由2010年的517条减为2015年的192条；10千伏线路辐射率将由2010年的57%降低至2015年的23%；解决当前存在的72座110千伏、207座35千伏"单线单变"；解决农网现状存在的"低电压"台区6038个、高损台区4628个。力争到"十二五"末，全省100%的县完成电气化建设，即新建新农村电气化县30个，新农村电气化乡（镇）300个，新农村电气化村3000个。

缩短供电半径，降低网损，解决农网结构薄弱、供电设施过载等问题，全面提高农网供电质量、可靠性和防御自然灾害的能力，供电可靠率达99.75%以上，综合电压合格率达98%以上，取消县级供电企业"代管体制"，进一步理顺农村电力管理体制，逐步实现城乡电网"同网同价"。

（六）加强农村通信设施和农业信息化建设

继续完善农村地区的通信基础设施建设，按照推进城乡经济社会发展一体化的要求，为社会主义新农村建设提供优质可靠的通信保障。巩固村村通电话建设成果，进一步普及农村移动电话，通过网络优化和改造不断提升村通电话的维护水平，注重提高通信质量和增强业务能力，增强建制村通信基础设施防灾减灾等应急通信保障能力。

扩大农村区域的宽带网络覆盖范围，优先采用光纤宽带方式加快农村信息基础设施建设，缩小城乡"数字鸿沟"，加快形成城乡经济社会一体化发展新格局。到2015年，实现全省建制村光纤通达率和宽带通达率达100%，农村用户接入能力平均达到12M比特/秒以上。继续实施"通信信息化助建新农村"项目，建设1200个综合信息化村，规范加强农村综合信息服务站建设。

整合农业农村信息化的服务终端、服务场所及服务资源，逐步实现一村一站并逐步实现资源的协同使用。开发、推广技术适用、功能完备、服务多元的信息终端，加强农村空间地理信息资源开发利用，满足农村土地规划管理、城镇建设等需要。整合各类涉农信息资源和服务平台，推进千乡万村信息化工程和福建新农村综合信息服务项目建设，为农民提供适用的市场、科技、教育、卫生、文化等信息服务。推动信息化与现代农业的紧密结合，提高农业产前、产中、产后各环节的信息技术应用水平。

第五节　统筹农村基础设施的保障措施

一　加大政府投入，构建统筹城乡的基础设施公共财政体制

统筹协调农村基础设施建设。要按照科学发展观和"五个统筹"的要求，统筹协调农村基础设施建设。

一是积极调整宏观政策取向。认真贯彻工业反哺农业、城市支持农村和"多予少取放活"的方针，下决心调整国民收入分配格局，扩大公共财政覆盖农村的范围，坚持把基础设施建设和社会事业发展的重点转向农村。各级政府要按照存量适当调整、增量重点倾斜的原则，积极调整财政支出结构，努力增加本级财政预算用于农村建设的投入，加快建立新农村建设投资稳定增长机制。通过制定一套有的放矢而又切实可行的政策，在更加平衡的宏观经济增长的范围内对农业和农村经济给予更大的支持，从而加大政府对农业农村基础设施建设的支持。

二是整合支农资金资源。当前，支农资金点多、面广、量大，也反映出资金在使用中比较分散、在监督上不够到位，导致很多资金被挤占挪用的问题，没有发挥支农资金应有的整体效能作用。因此，应在整合支农资金资源上下工夫。要加强指导，以新农村建设规划为平台，以农村建设项目申报为载体，建立不同部门、不同渠道项目申报的信息交流机制，切实做好衔接平衡工作；要充分发挥纪检监察、财政、审计等部门的职能作用，加强对各项支农资金的监管，确保资金的专款专用；在建设规划的框架内，整合各类资源，把交叉重复现象比较突出、各方面反映比较强烈的农田建设投资、生态建设和农村小型基础设施投资等作为当前资金整合的重点，统筹安排相关项目配套设施，逐步形成按规划统筹项目、按项目安排资金的投资管理新格局。

三是构建支持农村基础设施发展的长效机制。如在预算内经常性固定资产中增加安排农田水利基础设施建设项目。在土地出让金用于农业土地开发部分和新增建设用地有偿使用费中，安排一定资金用于农田整理等基础设施建设项目。通过立法，把财政预算新增部分一定比例投入农村基础设施建设方面。

二　加强组织领导，发挥基础设施建设中政府的主导作用

一是强化组织领导，科学实施农业农村基础设施建设项目。农村基础设施建设涉及众多部门和诸多环节，必须要强化组织领导。实行农村基础设施建设领导责任制，完善组织领导机制。要加强部门间、上下级间的协作与配合。各相关部门要根据各自的职能分工，建立工作责任制，认真做好农村基础设施建设各环节工作，积极主动做好协调服务。切实加强与本系统上下部门之间、同级各有关部门之间的联系与沟通，加强乡村之间的协作与配合，建立整体联动机制，形成良好的工作氛围。

二是认真抓好农村基础设施建设规划工作。农村基础设施是农村经济社会发展和农民生产生活改善的重要物质基础，加强农村基础设施建设是一项长期而繁重的历史任务。开展农村基础设施建设，必须顺应农村经济社会发展趋势，坚持规划先行，充分发挥规划的统筹指导作用。在福建省国民经济和社会发展"十二五"规划纲要的指导下，科学规划农村基础设施建设，明确农村基础设施建设的总体思路、基本原则、建设目标、区域布局和政策措施。要合理定位农村基础设施建设的近、中、远期目标，分步推进农村基础设施建设。要重点推进县级规划编制工作，指导县一级政府编制以农村基础设施建设为重点的新农村建设综合性规划，整合县域内各种资源，促进县域经济发展。各级发展改革部门要加强对各类建设规划编制工作的总体指导和综合平衡，发挥各专项建设规划的作用，做好区域规划与专项建设规划的衔接工作。要注意增强规划的可操作性和约束力，规范规划的审批程序，防止规划过多过滥。要抓好规划的组织实施工作，制定年度实施计划和项目实施方案，把规划作为政府安排新农村建设投资的重要依据。

三是加强法制治理，健全保障农村基础设施建设的法律法规。以法规形式建立分工，为新农村基础设施建设提供保障。行业主管部门负责规划设计、建设、管理和监督，发改委负责农村规划编制和报批、项目审批、计划下达及建设与管理的监管工作，财政部门负责筹措配套资金，对资金使用情况进行监督检查，审计部门负责对资金使用情况进行审计并出具审计报告。要深入普及相关法律，保证农村基础设施建设项目顺利开展，有法可依，有法必依，执法必严。

三　吸纳社会资金，形成多元的基础设施融资渠道

依赖政府提高财政投入比例的同时，还要积极拓展融资渠道，逐步形成以地方投资为主体、群众集资投劳相结合，多渠道、多元化的农村基础设施投融资格局。

一是建立以项目区分为基础的投资体制。根据项目属性，分类指导。要将农村基础设施项目区分为经营性、准经营性和非经营性，根据项目的属性确定项目的投资主体、运作模式、资金渠道及权益归属，明确政府在农村公共产品生产和服务提供中的定位，鼓励、支持和引导全社会的力量参与农村公用与公益设施的建设和经营，实现农村公共产品建设主体的多元化、资金来源的多渠道化和投资经营方式的多样化。对于经营性项目，应坚持"谁投资，谁收益"的原则，采用"拍卖、招投标、BOT、TOT"等方式，引入社会投资者建设；对于准经营性项目，按照"特许经营、企业运作、以副补主、保本微利"的原则，由政府、社会投资者共同投资建设。对于农村公路、水利设施等非经营性项目，按照"所有权与经营权相分离"，"建设与管理相分离"的原则，由政府全额投资建设。二是积极争取银行等金融机构的贷款支持。加强与政策银行和商业银行沟通和联系，积极引导各项目业主做好项目前期工作，筛选出重大基础性项目和经营性项目向相关银行申请贷款。落实和完善涉农贷款税收优惠、定向费用补贴、增量奖励等政策。限制农村信用合作社资金流向城市，严格规定农村信用合作社信贷资金只能用于满足农村经济发展的资金需求，恢复农业发展银行的政策性功能，农村邮政储蓄资金也应成为农村基础设施建设的重

要融资来源。三是发挥市场在资源配置中的基础作用，建立规范有序的多渠道筹资、投入机制。放宽民间投资的准入领域，改革投融资体制，在政策上鼓励、支持和引导社会资本进入农村基础设施建设的投资领域，通过调整收费、税收以及允许投资方对设施命名等方式，吸引社会投资者参与农村基础设施建设。四是发挥农村集体经济和农民投资农村基础设施建设的积极性。按照"多予少取"的原则，切实减轻农民负担，促进农业经济发展，增加农村集体和农民的收入。在农村集体经济发展和农民收入不断增长的基础上，通过一事一议的理财程序，在农民自愿的前提下，吸收和聚集一部分资金用于改善农村交通、生活环境等公共事业的建设。五是充分尊重捐资者。修桥铺路、行善积德，历来是中华民族的传统美德。目前社会中也蕴藏着许多无偿支持农村基础设施和其他公益事业建设的热心人，关键是要采取恰当形式，体现社会对捐助者的尊重，体现他们的价值。

四 保证劳动投入，建立农民民主自愿的劳动积累机制

农民是农村基础设施的消费者和受益者，在能力范围内，农民是有意愿积极通过劳动和资金投入参与农村基础设施建设的。农村实行税费改革后，国家取消了劳动积累工制度，单靠行政命令措施，组织动员农村劳动力投入农村基础设施建设的做法已成为历史，农村基础设施建设的组织领导发动工作难度加大。同时，在国家实行市场经济体制以后，农民为了增加收入，发家致富，大量的农村劳动力外出务工挣钱，农村可用劳动力与以前相比明显越来越少，这更增大了组织劳动力投入农田水利和乡村道路桥梁等建设的难度。我们建议：

应调动农民群众建设农村基础设施的积极性。注重发挥政府投资带动作用，通过以奖代补、项目补助、以物抵资、技术服务等方式，引导农民对直接受益的基础设施建设投工投劳。要革除用行政手段为主的基础设施建设模式，要搞好宣传发动和政策激励，利用各种形式，做好深入细致的思想动员和组织发动工作，让广大农民群众明白自己的权利和义务，增强投工投劳的积极性、自觉性。

建立农村基础设施建设的民主决策机制。在小型农田水利建设、修建

村级道路等农民投工投劳的重点领域，构建自下而上的基础设施供给决策渠道。在村民委员会和乡镇人民代表大会的基础上，由全体农民或农民代表对本辖区内基础设施建设进行投票表决，表达基层多数农民对基础设施建设的需求。基层干部要提高民主意识和管理水平，按照农民意愿，解决好农民投工投劳进行基础设施建设中的各种问题。

要设定劳动投入的限额和范围。要考虑农民意愿、承受能力和建设任务用工需求，每个农村劳动力每年投入原则上不超过 10 个标准工作日，不能把农民投工投劳变成新的农民负担。投入的范围也主要限于村一级的水利、农田改造和道路设施。

五　强调设施管理，提高农村基础设施的管理水平

采取有效措施，完善经营管理体制，改变原有模式造成的"公地悲剧"，充分发挥投资使用效率。要保证农村基础设施建设质量，关键是严把设计、施工、监理、验收等质量关口，切实让其服务发展、造福于民。一要严格落实工程建设责任制。全面实行项目法人责任制、招标投标制、工程建设监理制和合同管理制等四大管理机制。根据国家有关工程建设质量管理规定，明确每个项目工程的具体行政领导人，法定代表人，勘察设计、施工、监理等单位责任人，落实相关责任，促其严把各个环节质量关，确保验收项目质量过关。二要严格执行招投标制度。切实执行《招标投标法》，真正按照"公开、公正、公平"原则开展规范化的招投标工作，严把市场准入关，让有资质、技术设备先进的专业化施工队伍承建，防止招投标中的违法分包和层层转包问题造成资金流失、偷工减料等质量隐患。三要严格实行工程监理制度。要聘用具备相应资质的监理队伍进行监理，严格履行职责，对项目建设进行全过程、全方位监理，严把"质量关"，重要项目还要实行旁站式监理、跟班监理等强化措施。更重要的是抓好日常管理工作，杜绝"重建设、轻管理"现象，从日常管理入手，保证其持续发挥应有的经济和社会效益。一是要解决管护经费来源问题。在基础设施规划阶段就要考虑运营管护经费问题，将其纳入项目总投资或明确管护经费来源，建立管护经费保障机制。二是对已完成的基础设施项目

要及时办理固定资产移交手续，明确产权主体，健全管护机制，落实管护责任，巩固工程建设成果，确保工程长期发挥效益。三是要积极探索建立多种形式的农村基础设施管护体制和运营方式。对于纯公益性、准公益性、小型基础设施分别采用不同的管护方式，明确管护责任。四是积极发挥农民在农村基础设施建设中的主体作用，鼓励扶持各灌区内水利管理协会、用水协会、环境协会、股份合作社等农村专业合作组织发展，由协会负责工程维护管理、费用收取及工程更新改造等工作。五是对于现代化农村基础设施，要督促有关主管部门做好电网、固定电话、无线通信、有线、宽带等的日常维护工作，确保农村基础设施运转良好。

（黄继炜）

第 五 章

福建省统筹城乡公共服务研究

统筹城乡发展，实现城乡经济社会发展一体化是全面建设小康社会的根本要求，是转变经济发展方式的重要内容，也是建设海峡西岸经济区的内在要求。随着经济社会转型加快，城乡居民对教育、卫生、文化、体育等社会事业发展的需求快速增长和质量要求不断提高，基本公共服务供给不足和配置不均衡的矛盾日益凸显，已经成为影响社会和谐稳定的重要因素。加大力度统筹城乡社会发展，提高基本公共服务的公平性和可及性，让广大人民群众共享改革发展成果，不仅是缩小城乡差距和促进社会公平正义的重要内容，也是当前扩大内需和转变经济发展方式的重要抓手。

第一节 城乡公共服务发展现状

公共服务体系主要是指以政府为主导、以提供基本而有保障的公共产品为主要任务、以全体社会成员分享改革发展成果为基本目标的一系列制度安排，这些制度安排主要表现为政府主导、社会参与与体制创新。内容包括提供公共基础设施，创造就业岗位，完善社会保障体系和社会福利体系，促进教育、科技、文化、卫生、体育等公共事业发展；也包括宏观调控、市场监管、发布公共信息等，涵盖市场难以有效提供的公共物品、自然垄断和外部经济等。本章节由于课题分工仅对教育、文化、卫生、体育等公共事业发展方面进行研究。

2006 年 10 月，中国共产党十六届六中全会审议通过了《中共中央关于构建社会主义和谐社会若干重大问题的决定》，确定了 2020 年构建和谐社会的目标和主要任务，其中包括"基本公共服务体系更加完备，政府管理和服务水平有较大提高"，提出逐步形成惠及全民的基本公共服务体系，把"建设服务型政府"作为重要内容。

2008 年 2 月，胡锦涛总书记在政治局第四次集体学习时的讲话，对基本公共服务体系的建设构想包含三个层次：其一，公共服务体系建设建立在经济发展的基础上，应依据经济发展程度和水平，逐步建设。公共服务体系建设的指导思想是惠及全民和公平公正，但建设步骤要把握水平适度、可持续发展的原则。其二，基本公共服务均等化，是公共服务体系建设的长远目标，也是服务型政府建设的重要价值追求，但也需要逐步实现。应围绕逐步实现基本公共服务均等化的目标，协调处理好公共服务的覆盖面、保障和供给水平、政府财政能力三者间关系。其三，公共服务体系建设的关键是创新公共服务体制，改进公共服务方式，形成公共服务供给的社会和市场参与机制。通过公共财政、社会组织、企业与家庭的合作，发挥和体现财政资金的公益性价值，提高公共服务质量和效益。

一　福建省城乡公共服务体系发展现状

作为我国沿海经济发达省份之一，福建省在大力发展经济的浪潮中，也不断强化公共服务职能，深化公共服务体制机制改革。省级政府和各地政府分别出台了《深化行政管理体制改革增强政府公共服务职能实施意见》《福建省改善农民工公共服务三年（2007～2009）行动方案》《福建省 2009 年就业服务系列活动实施方案》《福建省基层医疗卫生服务体系建设方案》等政策文件，强化政府的公共服务职能，提升公共服务水平。同时，加强社会建设和解决民生问题，民生状况得到极大改善，社会创新能力显著提升，各项社会事业日益进步。"十一五"以来，福建省委、省政府高度重视社会事业发展，突出民生重点，坚持为民办实事，着力解决好群众最关心、最直接、最现实的利益问题，努力使经济发展成果更多地体现在改善民生上，初步形成了覆盖城乡居民的基本公共服务体系框架。

1. 基本公共服务领域投入逐年增加

福建省以基本公共服务均等化为目标，不断优化财政支出结构，加大对公共服务领域的资金投入，向相对落后的地区、农村地区和低收入人群倾斜。随着地方经济的发展，财政收入的增加，地方财政支出中，用于基本公共服务主要领域的科技、教育、卫生、文化支出比重也逐步提高（见表1）。"十一五"期间，福建省在公共教育、公共医疗卫生、基本社会保障、公共文化体育等方面的社会事业支出累计达3600亿元，占一般预算支出比重达65%左右，年均增幅超过财政一般性支出增幅，其中全省财政性预算内教育经费占财政支出比重连续九年居全国首位。针对薄弱地区需求，不断加大对农村地区、苏区老区和弱势群体的倾斜扶持，使得城乡间、区域间、群体间享有的服务差距有所缩小，均等化步伐加快，五年来县级人均财政支出差异缩小了13.9%，县级政府基本公共服务能力均衡性增强。

表1   2006~2011 福建省财政收入与公共服务支出表

单位：亿元

年　份	2006	2007	2008	2009	2010	2011
财政总收入	1012.77	1282.84	1516.33	1694.42	2056.01	2597.01
地方财政收入	541.17	699.46	833.28	932.3	1151.49	1501.51
财政支出	728.7	910.64	1133.79	1403.82	1695.09	2198.19
教育支出	136.24	183.66	233.79	277.28	327.7	406.73
卫生支出	34.1	51.99	74.27	90.27	117.58	159.03
文化支出	23.99	18.29	22.06	25.67	27.1	35.86

2. 惠及全民的社会事业基本公共服务体系建设初见成效

坚持教育优先发展，在全国率先实现城乡义务教育免费，覆盖全省人口83%的地区实现了高水平高质量普及九年义务教育的目标，小学适龄儿童入学率达 99.97%，初中入学率达 98.0%，均保持在全国较高水平，高中阶段毛入学率达 83.4%。对农村义务教育阶段学生教科书免费，对农村义务教育阶段寄宿生实行生活费补助并推广免费营养早餐工程，率先实行高校和中等职业学校贫困生助学金制度，启动农村中小学寄宿制学校建设，实施农村中小学现代远程教育工程，基本完成农村中小学危房改造任务，农村中小学办学条件明显改善。

城乡医疗卫生服务体系逐步完善，县、乡、村三级医疗体系初步形成，城市社区卫生服务基本全覆盖，医药卫生体制改革稳步推进，人民群众医药费用负担有效减轻。加强农村医疗卫生服务体系建设，福建省从 2004 年开始实行新型农村合作医疗试点，2007 年按每人每年 50 元的补助标准全面实行新型农村合作医疗，2008 年政府补助标准由每人每年 50 元提高到 80 元；实行农村困难家庭医疗救助，由各级财政安排 4100 万元，按当地救助对象每人每年不低于 50 元的标准发放；实施年百所乡（镇）卫生院改造提升工程和县级以上医疗卫生机构对口帮扶乡（镇）卫生院，并选派千名医师帮扶山区乡（镇）卫生院；实施"光明行动"，为 1 万例贫困白内障患者施行复明手术。

公共文化服务体系持续完善。"十一五"期间，全省财政文化支出达 89.4 亿元，年均增长 16%，人均文化事业费 27.82 元，同比"十五"时期增长 133%。建成福建广播电视中心、福建大剧院、闽台缘博物馆、昙石山遗址博物馆、厦门海峡艺术中心等一批重点文化设施。2008 年开始，全省县级以上公共图书馆、博物馆、纪念馆全部免费开放。城市中每 10 万人拥有公共文化服务机构数达 4.37 个，同比"十五"时期增长 4.8%。重点文化惠民工程全面落实，新增和改建乡镇文化站 599 个；建成农家书屋 8450 个，覆盖全省 56% 的行政村；提前实现 20 户以上自然村通广播电视目标，基本实现农村电影数字放映和"一个行政村一月放映一场电影"，圆满完成农村中央广播电视节目无线覆盖工程建设任务。在农村文化建设方面，启动新时期广播电视"村村通"工程，从 2007 年起四年内由省级安排 10800 万元，完成 9815 个 20 户以上已通电自然村和新通电建制村的通广播电视目标；实施年百个乡（镇）综合文化站改造完善工程，从 2007 年起四年内每年安排 3750 万元，对全省 500 个无站址和建筑面积在 50 平

方米以下的乡（镇）文化站进行新建和扩建；深入实施文化、科技、卫生
"三下乡"活动，文明村、文明户创建活动覆盖延伸到全省90%的乡镇和
85%的建制村，农村计生工作和群众体育活动取得新成效，科学、文明、
健康的新风尚进一步形成。

在体育方面，群众体育丰富多彩，2009年全省新建了1900个农民体
育健身工程点和65个乡镇体育活动中心；竞技体育成绩斐然，2009年全
国比赛获得奖牌244枚，相比2007年的95枚有了一个飞跃；体育系统从
业人员明显增加，2009年拥有专职教练员885名，运动员1060名；在福
建省体育局投入体彩公益金1000万元带动下，有15个县（市、区）投入
资金3亿余元新建了15个体育场馆，全省体育设施改善明显。

从总体上看，基本公共服务的制度框架已初步形成，人民群众上学、
就医、文化生活等难点问题得到有效缓解。

二　福建省城乡公共服务存在的问题

然而，受经济发展水平、收入分配状况、公共服务供给能力等多方面
因素影响，福建基本公共服务在投入数量、公平程度等方面与人民群众的
需求仍存在不小差距。主要表现在：

1. 基本公共服务供给总量不足

基本公共服务的保障水平还较低，民生领域存在着不少亟待解决的问
题，教育、医疗、就业、社保等影响社会和谐的因素仍然较多，特别是优
质公共服务资源相对短缺，如千人均医疗机构床位数3.15张，千人均卫技
人员3.85人，均低于全国平均水平。

2. 基本公共服务发展不平衡

受地区经济水平、历史发展基础和财政收入不平衡以及财政体制因素
等影响，在区域、城乡、群体之间，基本公共服务设施、基础教育、社会
保障水平、医疗卫生资源配置等存在较大差距。如教育、卫生方面的优质
社会事业资源主要集中在城市，农村社会事业相对落后，形成"短腿"。
城乡公共服务供给的失衡程度较大，农村公共服务供给总量不足，基础设
施比较薄弱，教育、医疗、社会保障等公共服务水平相对偏低，部分农村

居民、尤其是农村贫困群体难以获得基本的公共服务。据统计，福建省城镇居民人均用于文化娱乐费用支出是农村居民的 8.4 倍，城镇居民家庭拥有电脑数是农村居民的 6.3 倍；农村和社区卫生发展缓慢，基础卫生服务能力有限，2011 年福建省拥有乡村医生 28049 人，城市卫生人员 127680 人，乡村每万人口医生 17.7 人，城市每万人口拥有医生 60.6 人。农村卫生环境不佳，如目前农村卫生厕所普及率仅达到 63.1%、农村饮用自来水人口占农村总人口的比重仅 77.6%。

我国政府一直以来对农村公共服务的资金投入严重不足。在过去"二元化"发展模式和体制下，我国形成了城乡有别的差异性公共产品供给制度。在这种供给制度下，农村所需的公共产品政府提供较少，许多方面主要由农村基层负责提供，所需资金主要通过筹措方式解决，成本支出主要由广大农民来承担。税费改革后，农村公共产品供给主要依靠制度外供给转向制度内供给为主，即主要依靠上级政府的财政转移支付填补基层财政缺口，辅以"一事一议"的村民集资。在这样的供给模式下，由于转移支付体系以及预算体制本身存在的制度缺陷，上级政府的转移支付对基层政府来说总是存在较大缺口。乡镇政府虽拥有一定的财权，然而与其承担的职责相比，还是力不从心。在这样的压力下，基层政府的"经济人"理性显然不是倾向于最大限度增加农村公共产品的供给，为农民提供服务，而是倾向于减少与政绩关系不大的农村公共产品供给。

3. 社会各项事业发展缺乏稳定的、多渠道的筹资机制

资金投入与加快发展、均衡发展的要求相比还有很大差距，公共服务的供给模式和保障机制有待创新。体制机制有待于进一步完善，城乡区域间制度设计不衔接，管理条块分割，资源配置不合理，服务提供主体和提供方式比较单一，基层政府财力与事权不匹配，以及监督问责缺位等问题较为突出。基本公共服务体系不健全，不仅难以保障发展成果惠及全民，不利于社会和谐稳定，而且还会制约经济社会健康协调可持续发展。

4. 社会性公共服务的财政投入与需求不相适应

政府提供的公共服务可以分为经济性公共服务和社会性公共服务。经济性公共服务是指政府为促进经济发展而直接进行各种财政支持和投资的服务；社会性公共服务是指政府对教育、医疗卫生、公共安全等社会发展项目提供的服务。一般来说，政府职能应以提供社会性公共服务为主，而经济性公共服务则随着市场经济的发展而逐渐交由市场自主解决。目前福建省各级政府在履行公共服务职能的过程中，还存在一定程度的重经济性公共服务而轻社会性公共服务的倾向。这尤其表现为对基础设施建设、企业经营活动进行补贴等经济性公共服务投入更多、项目实施更快；而在与民众生活息息相关的教育、医疗、社会保障等社会性公共服务上的投入相对不足，项目的实施也比较慢。

当然，近年来随着福建省级政府先后出台了《深化行政管理体制改革增强政府公共服务职能实施意见》等政策文件，强化政府的公共服务职能，提升公共服务水平，教育、社会保障和就业等公共服务支出出现了较大比例的增长。但总体而言，财政支出中公共服务支出积累仍相对薄弱，总量还不能适应日益增长的社会需求。根据全面建设小康社会的目标，到2020年我国要实现全面建设小康社会，其水平相当于目前中等收入国家的水平。而目前中等收入国家公共教育支出占 GDP 的比重为 4.8%，公共医疗卫生支出占 GDP 的比重为 3.1%。因此，要达到全面建设小康社会即中等收入水平，福建省满足上述 4 项重点公共服务目标的公共支出要达到7.9%，而目前福建省对于上述 4 项事业支出比例还不足目标的一半，想要达到上述目标，难度还是相当大的。在西方发达国家中，社会性公共服务支出已经成为财政支出主体。以美国亚利桑那州为例，教育、健康和福利（health and welfare）分别约占财政开支的 55%、29%、11%，该三项社会性公共服务支出占了财政支出的 95%。在福建省，2011 年教育、医疗卫等社会性公共服务支出分别约占财政支出的 19.78%、6.18%，与发达国家地区相比距离就更大了。

第二节　统筹城乡公共服务的必要性

"十二五"时期，我国发展仍处于可以大有作为的重要战略机遇期，也是加快构建基本公共服务体系的关键时期。从需求看，工业化、信息化、城镇化、市场化、国际化深入发展，城乡居民收入水平不断提高，消费结构加快转型升级，各类公共服务需求日趋旺盛。从供给看，经济继续保持平稳较快发展，财政收入不断增加，基本公共服务财政保障能力进一步加强。从体制环境看，有利于科学发展的体制机制加快建立，教育、卫生、文化等社会事业改革深入推进，建立健全基本公共服务体系的体制条件不断完善。要牢牢抓住难得的历史机遇，努力提升基本公共服务水平和均等化程度，推动经济社会协调发展，为全面建成小康社会夯实基础。福建正进入加快转变、跨越发展的新阶段，发展方式已逐步从追求经济总量和发展速度向追求总量、质量同步提升和人均共享转变。推动基本公共服务均等化，不仅是广大人民群众的迫切愿望，也是加快福建经济社会发展转型和发展方式转变的必然要求。

一　统筹城乡公共服务是落实科学发展观的体现

统筹城乡公共服务，实现基本公共服务的均等化是落实科学发展观的具体体现，是体现"以人为本"的执政理念和弥补市场经济下公共产品"供给失灵"的现实选择。因为统筹城乡公共服务，实现基本公共服务的均等化要求在基本生存权、基本受教育权、基本就业权、基本健康权和基本居住权等方面实现公共服务的均等化，逐步实现城乡、区域和不同群体之间基本公共服务的均等化。而贯彻落实科学发展观，重要的任务是保障广大社会成员公平享受义务教育、基本医疗和公共卫生、公共就业服务、基本社会保障等基本公共服务，使经济发展的成果有效转化为人的全面发展；通过促进人的全面发展为中国经济发展方式转变和经济社会的可持续发展积累日益强大的人力资本。这对缩小区域和城乡发展差距、促进社会公平公正、维护社会和谐安定，确保人民共享发展成果都具有重大的现实意义。

改革开放以来，我国基本公共服务的范围不断扩大、服务质量不断提高。但总的来看，我国基本公共服务不仅存在"供给不足"的问题，也存在"享受不均"的问题，非均衡或非均等问题突出。其中，最集中和突出的表现为城乡之间及地区之间公共服务的差距。全社会公共需求快速增长与公共服务不到位、基本公共产品短缺，成为新阶段的突出矛盾。党的十七大报告提出，缩小区域发展差距必须注重实现统筹城乡公共服务，实现基本公共服务的均等化，这是从我国实际出发的，未来十几年缩小区域发展差距的基本目标和促进区域协调发展的基本途径。

二　统筹城乡公共服务是政府治理的重要内容

建设公共服务型政府，重要的是通过改革，确立政府在公共服务供给中的主体地位和主导作用，强化政府的公共服务职能，提高政府的公共服务能力。同时，推进统筹城乡公共服务，实现基本公共服务的均等化，要求社会组织在公共服务供给中承担重要责任。社会体制改革就是通过创新社会管理体制，整合社会资源，充分发挥政府、市场和社会在公共服务供给中的作用，为社会成员提供方便快捷优质的服务。通过公共服务型政府建设和社会体制变革，建立惠及 13 亿人的基本公共服务体系。

新阶段的社会体制改革，就是以统筹城乡公共服务，实现基本公共服务的均等化为重点，形成全民共建共享和谐社会的体制机制：一是从制度上强化政府在统筹城乡公共服务，实现基本公共服务的均等化中的最终责任；二是以政府间财力均等化为重点建设公共财政制度；三是建立政府主导、社会参与的基本公共服务投资体制，调动各方面积极参与社会建设。

因此，基本公共服务供给均等化的最终落脚点和实现途径在于政府的职责。基本公共服务及其均等化的提出，就是为了确立社会公平的基点，同时在新阶段为政府治理明确了责任边界和工作内容。

三　统筹城乡公共服务是解决民生问题的必然选择

近几年，随着经济发展水平的提高和人民生活水平的提高，广大社会成员在一般的生存资料方面已经得到较好的满足，但同时在基础教育、基本医疗和公共卫生、公共就业服务、基本社会保障、基本住房保障等方面的公共需求快速增长。一般来讲，城市居民的基本公共服务体系相对完善，但农村基本公共服务体系相当不健全。发达地区的基本公共服务比较健全且供给水平比较高，但落后地区的基本公共服务体系欠缺且供给水平也较低。因此，解决基本公共服务领域的问题，要以实现统筹城乡公共服务，实现基本公共服务的均等化为重点，调整公共政策，加大公共服务供给，进一步调整公共支出结构，加大公共服务支出比重，压缩经营性投资，更多地增加社会公共支出，通过基本公共服务缓解分配差距扩大的趋势，并使社会不同阶层或群体都能分享经济社会发展的成果。

统筹城乡公共服务，实现基本公共服务的均等化是保障与改善民生的主要任务。保障与改善民生，直接依赖教育、卫生、基本社会保障和公共就业等基本公共服务对社会成员的可及性，健康和教育服务的均等化有助于促进人力资本积累，基本社会保障的均等化，有助于增加居民对未来的稳定预期，有利于推进以民生为重点的社会建设。缩小城乡、区域和不同社会群体之间基本公共服务的差距有助于减少分配失衡造成的消费不平等；有助于减少绝对贫困，有助于弱势人群获得基本的经济机会，形成有效的社会安全网。

加快经济发展的根本目的是惠及百姓、改善民生。从我国新阶段的现实需求出发，加快建立公共服务体制，实现统筹城乡公共服务，实现基本公共服务的均等化是保障和改善民生，使全体社会成员共享改革发展成果的重要途径，也是使经济增长成果转化为人的全面发展的重要途径。

四　统筹城乡公共服务是社会稳定和谐的基础

加快公共服务体系建设是促进社会公平正义的重要举措。加快公共服务体系建设，可以在一定程度上校正社会财富初次分配的不平衡，并对初次分配产生积极影响，有利于缓解和抑制利益分化进程及其引发的社会矛盾。完善公共服务体系的一个重要方面是使公共服务逐步扩展到整个社会，实现基本公共服务均等化，消除公共服务领域存在的不公平现象。同时，完善的公共服务体系为促进社会公平和权利平等提供强大的基础平台，有利于振奋社会成员的精神，提高社会总体效率。统筹城乡公共服务，实现基本公共服务的均等化的政策实质是在增长和公平之间寻找均衡点，这项政策具有体现公平和协调发展的双重效用。第一，推进统筹城乡公共服务，实现基本公共服务的均等化，是对社会公平的尊重和保障。推进公共服务均等化，是尊重和保护公民的基本权利，这个过程就是我们通常所强调的"程序公平"。此外，统筹城乡公共服务，实现基本公共服务的均等化也事关"机会公平"。无论是教育和医疗还是社会保障，都有利于实现机会均等或起点意义上的公平。第二，推进统筹城乡公共服务，实现基本公共服务的均等化，是化解社会矛盾的迫切要求。我国进入经济社会转型时期，利益主体和社会结构正发生重要变化。面对这一现实，加快建立公共服务体制，扩大政府的公共教育、服务职能，是解决错综复杂的社会矛盾和保持社会稳定的关键举措。

五　统筹城乡公共服务是实现社会主义新农村建设目标的内在要求

十六届五中全会提出建设"生产发展、生活宽裕、乡风文明、村容整洁、管理民主"的社会主义新农村的目标与建设科学合理的农村公共服务体系直接相关。

"生产发展"需要加快农业科技进步，改进农业生产结构，加强农业设施建设，提高农业综合生产能力，政府通过研发农业科技、收集市场信息可以有效地降低农业生产的成本与风险，促进农业产业结构调整与战略升级，促进农业生产与环境的协同共进。

"管理民主"在本质上要求深化以农村税费改革为重点的综合改革，加快推进乡镇机构、农村义务教育、县乡财政体制、农村金融和土地征用制度等方面的改革。这些与农村公共服务供给的融资和管理体制直接相关。农村公共服务体系建设可以有效地规范政府行为，充分利用市场的竞争机制，发挥政府的宏观调控作用，使政府不会错位而扰乱农村经济发展，又能适时提供充分有效的服务。

"乡风文明、村容整洁"迫切需要大力发展农村公共事业，加快发展农村文化教育事业，重点普及和巩固农村九年义务教育，加强农村公共卫生、基本医疗服务、社会养老、农民工等弱势群体保障体系建设，促进农村精神文明建设与和谐社会建设，改善广大农村的生产生活条件和整体面貌。加强农村公共服务建设能提高农村居民的科学文化素质，引导农民参与活泼健康的文化活动，同时可以有效地减少农村污染与改善农村卫生状况、促进村容整洁。

"生活宽裕"在本质上就是要增加农民收入。这就需要广泛开辟农民增收渠道，挖掘农业内部增收潜力，引导富余劳动力向非农产业和城镇有序转移。在本地建立富有针对性的职业教育培训、打造区域劳务品牌、提供劳务信息、完善民工的担保与救助服务等公共服务可以有效地促进农村劳务经济的发展，推进城镇化建设，有利于形成促进农民增收的长效机制。

总之，统筹城乡公共服务，实现基本公共服务的均等化是当今世界大多数国家社会政策的发展趋势。现在很多国家都把基本公共服务的供给作为治理国家的重要政策。一些国家之所以在国家治理上比较成功，与其基本公共服务的均等化密不可分。

第三节 统筹城乡公共服务的思路

一 统筹城乡公共服务的基本思路

根据福建公共服务的现状及存在的问题，福建省统筹城乡公共服务的总体思路是"增财力、强基层、创机制"。"增财力"就是增强公共服务的供给能力，"强基层"体现在，强调基层基本公共服务体系网络和能力建设，把更多的财力、物力投向基层，把更多的人才、技术引向基层，提高基本公共服务的可及性。"创机制"主要体现在，较为全面系统地提出了基本公共服务的各项制度性安排，着力形成基本公共服务可持续运行的长效机制，从制度上保障人人享有基本公共服务。

1. 增强公共服务均等化财力

支持公共服务水平的提高和公共服务的均等化，离不开充足的财力支持。发展经济是增加财政收入的根本途径，而经济的发展与公共服务供给水平又存在相互依赖的关系（见图1）。因此，福建应努力发展经济，培育新的经济增长点，加快公共财政体制改革，努力提高财政收入占 GDP 的比重，增强公共服务的供给能力。"十二五"福建省将以实现城乡、区域和群体间基本公共服务均等化为目标，以公共教育、公共卫生、公共文化体育、公共交通、生活保障、住房保障、就业保障、医疗保障等工作为重点，进一步强化机制保障，着手建立公共服务投入稳定增长机制，努力使公共服务水平的提高与经济增长相适应，确保各级新增财力主要用于民生投入和民生支出。

图1　经济发展与公共服务供给关系

2. 统筹城乡、强化基层

加强城乡基本公共服务规划一体化，推进城乡基本公共服务制度的衔接，加大农村地区、困难地区基本公共服务支持力度，加快建立农民工等流动人口基本公共服务制度，推进落实主体功能区基本公共服务政策，建立健全区域基本公共服务均等化的协调机制。

坚持工业反哺农业、城市支持农村和多予少取放活方针，加大强农惠农力度，完善农业投入的稳定增长机制，推动公共财政向农村倾斜，公共设施向农村延伸，公共服务向农村覆盖，加快农村社会事业发展。继续加大对原中央苏区、革命老区、少数民族聚居区、边远山区、贫困地区、海岛和水库库区发展的支持力度，实施老区村跨越发展工程。

加强城乡基本公共服务规划一体化。涉及公共服务的各类规划，要贯彻区域覆盖、制度统筹的原则要求，以服务半径、服务人口为基本依据，打破城乡界限，统筹空间布局，制定实施城乡统一的基本公共服务设施配置和建设标准。

推进城乡基本公共服务制度衔接。以制度统一为切入点，抓紧制定和实施统筹城乡基本公共服务制度的工作目标和阶段任务。鼓励各地开展统筹城乡基本公共服务制度改革试点，有条件的可率先把农村居民纳入城镇基本公共服务保障范围；暂不具备条件的，要注重缩小城乡服务水平差距，预留制度对接空间。

加大农村基本公共服务支持力度。进一步加大公共资源向农村倾斜力度，新增预算内固定资产投资要优先投向农村基本公共服务项目。制定并推行各类机构服务项目及其规范标准，提高农村基层公共服务人员专业化水平。鼓励和引导城市优质公共服务资源向农村延伸，包括充分利用信息技术和流动服务等手段，促进农村共享城市优质公共服务资源。

以输入地政府管理为主，加快建立农民工等流动人口基本公共服务制度，逐步实现基本公共服务由户籍人口向常住人口扩展。结合户籍管理制度改革和完善农村土地管理制度，逐步将基本公共服务领域各项法律法规和政策与户口性质相脱离，保障符合条件的外来人口与本地居民平等享有基本公共服务。积极探索多种有效方式，对符合条件的农民工及其子女，分阶段、有重点地纳入居住地基本公共服务保障范围。

3. 创新管理体制、建立多元供给机制

探索基本公共服务均等化与有效供给的创新战略，促进科学发展与和谐社会建设，是福建省亟待解决的一项重大任务。在坚持政府负责的前提下，充分发挥市场机制作用，推动基本公共服务提供主体和提供方式多元化，加快建立政府主导、社会参与、公办民办并举的基本公共服务供给模式。

在政府实施有效监管、机构严格自律、社会加强监督的基础上，扩大基本公共服务面向社会资本开放的领域。在制订规划和配置公共服务资源时，要给非公立机构留有合理空间，特别是配置新增资源时要统筹考虑由社会资本举办服务机构和提供服务。鼓励和引导社会资本参与基本公共服务设施建设和运营管理。公平开放基本公共服务准入，大力发展民办幼儿园和职业培训机构，鼓励和引导社会资本举办医疗机构和参与公立医院改制，推动社会资本兴办养（托）老服务和残疾人康复、托养服务等机构以及建设博物馆、体育场馆等文体设施。

在实践证明有效的领域积极推行政府购买、特许经营、合同委托、服务外包、土地出让协议配建等提供基本公共服务的方式，抓紧研究制定分领域、分行业具体政策，包括规范准入标准、资质认定、登记审批、招投标、服务监管、奖励惩罚及退出等操作规则和管理办法。提供基本公共服务的民办机构，在设立条件、资质认定、职业资格与职称评定、税收政策和政府购买服务等方面，与事业单位享有平等待遇。

充分发挥公共投入引导和调控作用，合理利用政府补贴供给方和补贴需求方的调节手段，探索财政资金对非公立基本公共服务机构的扶持，并积极采取财政直接补贴需求方的方式，增加公民享受服务的选择权和灵活性，促进基本公共服务机构公平竞争。提升社区基本公共服务能力，构建以社区为基础的城乡基层社会管理和公共服务平台。实施社区服务体系建设工程，以居民需求为导向，加强基层公共服务资源整合，因地制宜建设社区综合公共服务设施，行政办公、就业和社会保障、卫生计生、文化体育、科普宣传等设施加大共建共享力度。在外出就业较为集中的农村地区，要重点解决好留守家属的关爱服务，充分利用闲置资源开展托老、托幼等服务。加快建设社会工作专业人才队伍，并建立专业人员引领志愿者服务的机制。积极构建国家数字化教学资源库和公共教育服务平台，加强就业、社会保险、基本社会服务、医疗卫生、人口和计划生育、保障性住房、文化体育等信息系统建设，促进信息资源整合共享。积极利用信息技术提高公共服务机构管理效率，创新服务模式和服务业态。逐步有序扩大基本公共服务领域对外开放，鼓励采用合资、合作等多种形式开展高水平的国际合作办医、养老以及文化体育等交流，鼓励中外合作办学。

4. 合理划分公共服务财权和事权

公共财政和事权体制是直接影响各级政府公共服务能力和公共服务绩效的关键因素。规范公共服务财权和事权划分，有助于创新公共服务体制，推进全省公共服务均等化。近年来，福建省通过完善财政体制、健全转移支付制度、建立财政激励机制、实施专项财政政策等举措，加强基层财政管理等措施，着力缓解县乡财政困难，积极支持县乡发展。从 2002 年起，福建省财政对市县财政体制进行了调整，取消了原来省对县级市的"1.3.3 集中"（即增值税 10%、企业所得税 30%、营业税 30%），实行地方级收入增量全留的财政体制。这一措施有效调动了县级财政的增收积极性，增强了县级财政的自给能力和造血功能。从 2004 年起，福建省财政对全省（不含厦门）实际出口退税超基数部分实行省级财政承担政策。2004~2008 年，省财政已累计承担 46.88 亿元。2009 年福建省在建立县级基本财力保障机制的基础上，出台进一步深化省管县财政改革的意见，省级财政不断加大对财力薄弱县（市）的支持力度，加强省对县（市）财政工作的指导。2011年福建省继续深化财政管理制度改革，省级新增实施258个二级预算单位，基本实现改革目标，9个设区市改革全面推开，新增10个县（市、区）实施改革试点，改革试点县达19个，实施改革的预算单位达742个。

在公共服务事权体制改革方面，鉴于山东省、四川省等地推行"省管县""扩县强权"，以合理规范各级地方政府公共服务事权的尝试，福建省也开始了公共服务事权改革的尝试。2010年3月，福建省出台了《关于开展小城镇综合改革建设试点的实施意见》，在全省21个小城镇开展综合改革建设试点，着力打造"规划先行、功能齐备、设施完善、生活便利、环境优美、保障一体"的宜居城市综合体，充分发挥小城镇在联结城乡、辐射农村、扩大就业和促进发展中的重要作用，逐步实现城乡基础设施、公共服务、就业和社会保障的一体化。

但是，目前各地政府由于区域发展不平衡，事权和财权划分不匹配，导致公共服务供给能力不均衡的现实困境仍然制约着福建省公共服务事业发展，需要通过规范公共服务财权和事权的划分来加以解决。

"十二五"期间，福建省应该依据基本公共服务范围和基本公共服务标准，明确各级政府的公共服务职责。并以各级政府公共服务事权划分为依据，调整各级政府间财力分配，以推进各级政府财政能力的均等化。尤其要以扩大基层政府权力、增强基层政府财政保障能力为重点，推进县乡财政管理体制改革，探索省管县体制和乡镇财政事权管理体制改革，减少财政管理层级，提高资金使用效益。在公共服务事权管理体制改革方面，省级政府要承担起地方性基础设施和公益事业建设的职责，促进不同地区间公共资源的调剂；同时，将一些具体的服务职能逐级下放。为了配合事权体制改革的进行，在财权改革方面，可以考虑省级财政在各种转移支付、体制补助结算等方面逐步核算到县，减少财政管理层级，提高行政效率和资金使用效率，加大对乡镇一级政府的财政支持力度。

5. 鼓励社会力量参与

强化社会公众对基本公共服务供给决策及运营的知情权、参与权和监督权，健全基本公共服务需求表达机制和反馈机制，增加决策透明度。发挥各类社会组织在基本公共服务需求表达、服务供给与监督评价等方面的作用，把适合由社会承担的基本公共服务事项，以购买服务等方式交由社会组织承担。大力发展志愿服务，完善志愿服务管理制度和服务方式，促进志愿服务经常化、制度化和规范化，推动志愿服务与政府服务优势互补、有机融合。积极发展慈善事业，增强全社会慈善意识，积极培育慈善组织，完善慈善捐赠的法律法规和税收减免政策，充分发挥慈善在基本公共服务提供和筹资等方面的作用。

福建省沿海发达地区最突出的特点就是民营企业众多，地区经济发展迅速。因此，福建省发达地区农村公共服务体系的建设，要积极发挥当地民营企业与农村集体经济组织的作用。对民营企业，应以增强与当地民营企业的利益联结为重点，更加强调企业对当地经济社会发展所承担的责任，对于所在乡村的责任、对于消费者的社会责任、对于环境的社会责任以及企业本身对农村公共服务发展的推动作用。政府应扶持当地农村集体经济组织，并借助集体经济组织自身解决其需要的一些公共服务，这样既解决了当地的就业问题，又发挥了农民自身的力量解决自身的公共需求。

福建省发达地区的社会资源较为丰富，农民对公共服务的需求也随着自身生活水平的提高向多样化和高层次化发展。当地政府可以在不放弃自身公共服务的主要提供者的责任的前提下，通过引进市场机制，挖掘社会一切可以利用的资源，特别是当地核心企业的力量，来提高政府提供公共服务的能力。将私营部门引入农村公共服务的生产体系中，私营部门在积极参与公共服务供给的过程中，为了追求投资回报，也将努力降低成本，提高效率，同时通过价格机制反映真实需求。发达地区的政府应根据当地农民的需求，调整对公共服务的供给，更大地发挥市场与社会的力量。

农村公共服务的提供需要注入一种"参与式发展"的理念，欠发达地区农村公共服务的发展更需要这种理念，"山海对口协作帮扶工程"就是福建省对欠发达地区农村公共服务体系建设的重要扶助工程之一，这一工程将省领导、省直部门与经济欠发达县相挂钩，将沿海市、县、区与欠发达市、县、区相挂钩，进行对口协作帮扶。在推进福建省欠发达地区农村公共服务体系建设的过程中，需要进一步探索这种协作形式，将"参与式发展"的理念引入到帮扶过程中。

二 构建城乡公共服务体系

1. 教育服务体系

巩固提高义务教育水平。加快"双高普九"进程，到 2015 年"双高普九"人口覆盖率达 100%。办好每一所学校，努力实现县域内义务教育基本均衡，确保适龄少年儿童接受良好的义务教育。适应城乡发展需要，中小学校布局与城镇发展同步规划、同步建设，新建和扩建学校项目优先安排到城镇化进程和学龄人口增长较快的地区，农村初中适度集中办学，边远地区办好必要的小学教学点，义务教育阶段学校规模原则上不超过 2000 人，到 2015 年全省小学班额不超过 45 人，初中班额不超过 50 人，鼓励有条件的地方开展小班教学。义务教育阶段不得设置重点学校和重点班，不得违反规定招收择校生。全面落实义务教育课程方案，2012 年底前开齐开足省颁课程。建立义务教育质量基本标准和监测体系，提高九年义务教育巩固率和合格率。深化课程改革与教育方法改革，总结推广特色教学经验，提高课堂教学效果，完善学生综合素质评价体系。

推进义务教育均衡发展。有机结合中小学布局调整、农村寄宿制学校建设和中小学校舍安全工程建设，加快推进义务教育学校标准化建设，按照国家和省定教育技术装备标准配置教学仪器设备、体育艺术教学器材和图书资料。2012 年底前全省 92 个县（市、区，开发区）实现县域义务教育初步均衡发展，2015 年底 81 个县（市、区，开发区）分区域分阶段实现县域义务教育基本均衡发展，其中：2012 年底前累计 21 个县（市、区，开发区），2013 年底前累计 31 个县（市、区，开发区），2014 年底前累计 63 个县（市、区，开发区），2015 年底前累计 81 个县（市、区，开发区）实现县域义务教育基本均衡发展，全省基本配齐义务教育阶段的教学仪器设备和图书资料，基本完成学校标准建设任务。积极推进管理体制机制创新，2011 年在设区市所在地和义务教育均衡发展改革试点县（市）的城区建立"小片区"管理模式试点，以片区内优质学校为龙头捆绑周边一般校，实行"师资互派、资源共享、统一教学、捆绑考核"，带动一般校提升办学水平，有效缓解城区"择校"问题。2012年起将"小片区"管理模式逐步推广至其他县（市）的城区。同时，鼓励优质学校在城乡之间通过办分校、组建教育集团等方式，促进优质教育资源共享。继续完善优质普通高中和中等职业学校招生名额合理分配到区域内初中的办法。统一县域内城乡义务教育学校建设、办学经费、教师编制、教师工资和公用经费标准，适当向农村学校和城镇薄弱学校倾斜。加大对经济欠发达地区尤其是革命老区、原中央苏区县、少数民族聚居区教育的倾斜支持和对口支援力度，努力缩小区域差距。

保障进城务工人员随迁子女、留守儿童和家庭经济困难学生接受义务教育。将进城务工人员随迁子女接受义务教育纳入城市公共教育体系，保障进城务工人员随迁子女平等接受义务教育。实施关爱进城务工人员随迁子女、农村留守儿童行动计划，到2012年新增9万个学额，着力解决新增进城务工人员随迁子女就学和消除大班额所需学位，进城务工人员随迁子女在公办中小学就读的比例达90%以上，加强对以接收进城务工人员随迁子女为主的民办学校的扶持和管理。研究制定进城务工人员随迁子女接受义务教育后在福建参加升学考试的办法。培育一批农村留守儿童培养项目学校，农村寄宿制学校建设优先满足留守儿童住宿需求，建立健全留守儿童档案和结对帮扶制度，构建学校、家庭、社会共同关心留守儿童健康成长的教育网络。完善家庭经济困难、学习困难等学生的帮扶制度，关爱、帮助、转化品行有缺点的学生，保障所有适龄少年儿童平等接受义务教育。

2. 卫生医疗服务

加大建设资金投入，加强专业公共卫生服务机构建设，按照填平补齐原则，实施疾病预防控制、卫生监督、精神卫生、妇幼保健、采供血等专业公共卫生服务机构达标建设，加大各类专业公共卫生人才培养力度，完善基层医疗服务体系的公共卫生服务功能，进一步提高公共卫生服务能力和服务水平。

（1）加强农村卫生服务体系建设。

完善以县级医院为龙头、乡镇卫生院为骨干、村卫生室为基础的农村三级医疗卫生服务体系，实现全省县、乡、村三级医疗机构达标建设。

加强县级医院建设。进一步加强县级医院内涵建设，强化管理和人才培养，着力提高服务能力和技术水平，使县级医院真正成为县域医疗中心和农村卫技人员的培养基地。在已实施 57 所县级医院（含中医院）建设的基础上，再重点扶持 11 所县级医院基础设施建设和 107 所县级医院设备装备。到 2015 年，实现所有县（市、区）有一所基本符合国家建设标准的县级综合医院，基本满足全省农村居民的基本医疗服务需求。

进一步提升乡镇卫生院服务功能。加强乡镇卫生院管理和内涵建设，规范公共卫生和基本医疗服务，提升服务质量、管理水平和服务能力。继续实施乡镇中心卫生院改造提升建设，加强急诊科、普通外科、手术室等重点科室设备配置和人才培养，提高急诊抢救能力、医疗服务能力和辐射带动指导能力，成为一定区域内的医疗卫生中心。完成全省乡镇卫生院社保卡"一卡通"改造和居民健康信息系统建设。进一步加快乡镇卫生院综合改革，保证公益性；健全多渠道补偿机制，保证乡镇卫生院正常运转和医务人员合理收入稳定增长。加快推进人事制度改革，建立竞争上岗、按岗聘用、合同管理、能上能下、能进能出的用人机制。推进分配制度改革，实施绩效考核制度，完善绩效工资分配办法，建立科学公平、体现绩效的考核分配机制。

加强村卫生所标准化建设。实行乡村卫生服务一体化管理，村卫生所业务建设、人员管理、绩效考核工作统一由所在地卫生院负责，2012 年乡村一体化管理率达到 60%，2015 年全面实现一体化管理。实施村卫生室标准化建设工程，重点加强边远山区、海岛村卫生室建设。至 2012 年底，完成 9750 所村卫生所标准化建设，实现全省每个行政村至少拥有一所基本达到国家标准的村卫生所，每个村卫生所至少拥有一名经过规范的在岗培训、具备一定专业素质的乡村医生。至 2015 年底，全省村卫生所设施、设备配备达到国家标准，并力争取得执业医师或执业助理医师资格的乡村医生比例提高到 20%，乡医队伍整体素质明显提升，医疗行为进一步规范，服务能力显著提高，基本满足农村居民基本医疗与公共卫生服务需求。

加强农村急救体系建设。在充分利用现有条件的基础上，依托县级医院急诊科建设，按照人口规模配备急救车，建设业务用房、配置基本设备等，在县域内初步构建起功能完善、反应迅速的农村急救网络，提高急救服务能力，基本满足农村居民急救需求。

（2）完善城市医疗服务体系，建立和完善以三级综合医院和专科医院为中心，社区卫生服务机构为基础的两级服务体系。

建立区域医疗中心。健全三级医院的功能和职责，整合医疗资源，优化布局和结构，充分发挥其在危重急症和疑难病症的诊疗、医学教育和科研、指导和培训基层卫生人员等方面的骨干作用，成为区域医疗中心。建立省、市两级综合性区域医疗中心和专科性区域医疗中心，区域医疗中心要发挥技术优势和核心作用，提升所在区域医疗服务体系的整体服务能力和技术水平，促进医疗服务体系整体效益的提高。加强区域医疗中心基础设施建设，进一步改善群众就医条件。加强区域医疗中心临床重点学科建设，并带动其他学科的全面发展。鼓励人口达到 80 万人的县（市）二级医院向三级医院发展，形成区域医疗中心。

推进社区卫生服务中心建设。加强社区卫生服务体系建设，健全以社区卫生服务为基础，社区卫生服务机构、医院和预防保健机构分工合理、密切协作的城市医疗卫生服务体系。基本完成全省社区卫生服务中心达标建设和社保卡"一卡通"改造、居民健康信息系统建设任务。在有条件的地区建立家庭医生签约责任制。推进社区卫生服务中心综合改革，建立多渠道补偿机制，完善人事分配制度、考核和激励机制。至 2015 年，实现每个街道有一个社区卫生服务中心，基本拥有与其功能相适应的业务用房、仪器设备，就医环境明显改善，服务能力显著增强，基本实现 15 分钟医疗卫生服务圈的目标。

（3）大力扩充医疗服务资源。加快发展医疗机构床位。认真实施医疗机构设置规划，以县及县以上医疗机构为重点，加快医疗机构床位建设，加快发展大型非公立医疗机构。到 2015 年，全省医疗机构床位数达到15.2 万张，年均增加床位 8400 张，其中公立医疗机构年均增加床位 7000张，使全省千人均医疗机构床位达到全国平均水平。

（4）进一步巩固和完善新型农村合作医疗制度。根据各级政府财力状况和农民收入增长情况及承受能力，积极探索建立稳定可靠、合理增长的筹资机制，实现新型农村合作医疗政府补助标准增长 1.5 倍以上，确保新农合参合率稳定在 98% 以上，政策范围内住院费用报销比例提高到 70% 以上。科学合理制定和调整新农合补偿方案，稳步提高住院补偿水平，实施重大疾病住院大额医疗费用补充补偿办法，完善门诊特殊病种补偿，全面实施普通门诊统筹补偿工作。推进新农合支付方式改革，建立和完善新农合经办机构与医疗机构的谈判协商机制与风险共担机制。加强定点医疗机构和新农合基金的监督管理。加强新农合管理经办机构建设，推动新农合稳定健康发展

3. 公共文化服务

"十二五"期间，福建省必须继续大力发展文体事业，努力实现公共文化服务均等化。对此，要加快构建覆盖城乡的公共文体服务体系，坚持政府主导与社会参与并重，以基层和农村建设为重点，加强制度建设，创新内容形式，丰富资源总量，促进公共文体服务体系建设可持续发展。继续推动公共美术馆、图书馆、文化馆免费开放。要以体现公平、增强活力、扩大覆盖面为着力点，进一步加大文体活动和休闲设施投入力度，统筹城乡公共文体服务建设，逐步把工作重点、文体服务向基层倾斜，推进公共文体服务均等化发展。

重点工程建设。主要是海峡演艺中心、海峡文化广场、福建省图书馆改扩建暨海峡数字图书馆、福建省歌舞剧院综合楼、福建人艺剧场、福建省艺术馆新馆、福建省非物质文化遗产保护中心、海峡（永泰）影视文化创意产业基地、海峡出版合作中心等项目建设。加快中心城市综合性大型文化设施和社区文化设施建设。积极推动厦门大剧院、泉州大剧院、龙岩汉剧剧院、宁德大剧院、泉州歌舞剧团新团址、龙岩艺校搬迁重建、漳州招商局经济技术开发区文化广场等项目建设。文化场馆建设。大力推进县（市）城区数字影院建设；积极推进福州、漳州、泉州、龙岩、三明、南平、宁德、莆田八个市级公共图书馆建设，积极推进福州、漳州、龙岩（含非遗保护中心、美术馆）、莆田（含非遗保护中心、莆田市画院）、三明、南平六个市级文化馆和三明、莆田市博物馆项目建设；加强基层文化场馆建设，支持改扩建未达标的县级图书馆、文化馆，加强乡镇文化站、社区文化中心、村级文化设施建设。农村文化服务。大力推进农村有线广播村村响工程、广播电视户户通工程和农村电影放映工程建设，推进无线覆盖工程建设、地面数字电视覆盖工程建设。积极培育农村出版物市场和

扶持农村出版物发行连锁网点建设，加快农家书屋工程建设，建立农村阅报栏，已建成的农家书屋出版物年更新率力争达到10%。大力实施全民阅读工程。福建省县（市、区）、乡（镇）、建制村的公共文化服务设施全面达到国家标准、形成覆盖全省的农村公共文化服务阵地网络。

加强农村公共文化基础设施的建设，不断完善农村公共文化设施和文化活动阵地。以政府为主导、以公益性文化服务单位为平台，鼓励全社会积极参与，加快农村公共文化服务设施建设。推进广播电视进村入户工程建设，到2015年实现已通电自然村全部通广播电视。推进农村数字文化服务工程建设，到2015年实现县（市、区）、乡（镇）、村数字文化共享网络全覆盖。建立农家书屋出版物更新机制，按照每年更新10%的标准落实农家书屋的出版物更新经费。以乡镇（街道）为重点，到2015年全省新增城乡阅报栏4000个、电子阅报屏1000个。

创新农村公共文化服务方式，大力发展民办民营文化，鼓励农民群众兴办文化室、图书室、读书社、文化中心户、电影放映队、民间职业剧团和农村业余剧团等，支持他们以市场运作的方式自筹资金、自行组织、自负盈亏、自主管理，开展形式多样的文化经营和文化服务。

县（市、区）和乡镇党委、政府是加强农村公共文化服务体系建设的责任主体。完善农村公共文化服务体系建设的投入机制，全面推进图书馆、文化馆（站）等公共文化服务单位向社会免费开放，落实免费开放经费保障。落实和引导高校毕业生应聘乡镇综合文化站、广电站、村级文化协管员、广播员等农村基层文化服务岗位，改善基层文化干部队伍的知识结构。对农村基层文化服务岗位服务期满的高校毕业生，在报考文化部门公务员、相关专业研究生时实行定向招录。

第四节　统筹城乡公共服务的保障措施

一　增强公共财政保障能力

建立与经济发展和政府财力增长相适应的基本公共服务财政支出增长机制，切实增强各级财政特别是县级财政提供基本公共服务的保障能力。

明确政府间事权和支出责任。省级政府主要负责制定本地区基本公共服务标准和地方政策法规，提供涉及地方事权的基本公共服务，以及对市级和县级政府提供的基本公共服务进行监督、考核与问责。市级和县级政府具体负责本地基本公共服务的提供以及对基本公共服务机构的监管。逐步将适合更高一级政府承担的事权和支出责任上移，增加中央和省级政府在基本公共服务领域的事权和支出责任。强化省级政府在教育、就业、社会保险、社会服务、医疗卫生等领域基本公共服务的支出责任。

完善转移支付制度。加快完善省以下转移支付制度。充分发挥省级财政转移支付有效调节省内基本公共服务财力差距的功能。已实施省直管县财政改革的地区，省级政府要根据本地区实际情况，加大对县级政府的转移支付力度。没有实施省直管县财政改革的地区，省、市级政府要采取多种方式，增加对县级政府的转移支付。

健全财力保障机制。完善公共财政预算，优化财政支出结构。优先安排预算用于基本公共服务，并确保增长幅度与财力的增长相匹配、同基本公共服务需求相适应，推进实施按照地区常住人口安排基本公共服务支出。加快构建以政府为主导、充分体现社会公平的再分配调节机制。拓宽基本公共服务资金来源。充分利用国际金融组织贷款等有效融资形式，拓宽政府筹资渠道，增加基本公共服务基础设施投入。加大国有资本经营预算用于基本公共服务的支出比重。扩大全国社会保障基金规模。提高县级财政保障基本公共服务能力。省、市级财政要按照本行政区划内基本公共服务均等化的要求，逐步提高县级财政在省以下财力分配中的比重，帮助困难县（市、区）弥补基本财力缺口。县级政府要强化自我约束，科学统筹财力，规范预算管理。中央财政要完善县级财政保障基本公共服务的激励约束机制，根据基层工作实绩实施奖励。

二 明确各级政府的公共服务责任

政府在公共服务中主要扮演四种角色：一是制定公共服务规划与政策，营造公共服务的制度环境，保障公共服务均衡发展；二是监管公共服务的行业生产与供给，保障公共服务质量；三是通过付费购买公共产品，保障公共品的有效供给；四是直接生产和提供基本公共服务，维护基本人道生活的公共需求。不同层次的政府在公共服务中所承担的责任也各不相同。

省级政府应该充分发挥桥梁和纽带作用，在积极贯彻中央政府相关政府法规的同时，更多地从宏观的角度统领全省的公共服务事业，将微观的公共服务职责和权力下放给下级政府；市县级政府应当在积极履行各项政策的同时，积极地承担省政府转移的公共服务职责和权力，争取获得财政上的支持（对于福州和厦门两个城市来说，由于其特殊的城市地位，其在履行上述市县政府责任的同时，还应该充分发挥政策优势，先试先行，不断创新市县政府的公共服务责任）；乡镇一级政府的公共服务责任与民众的生活更加密切，应逐步由基层行政组织向直接为居民服务的"公共服务中心"转变。福建省已在一些地区试点进行医疗和养老等乡镇公共服务改革，应该不断积累经验，向全省推广。

三　引入完善的配套措施

1. 建设基本公共服务绩效评估制度

按照科学发展观的要求，把基本公共服务纳入政绩考核。"十二五"规划已经开始注重构建公共服务方面的指标，并将其作为配置公共资源的重要依据。各级政府应改变目前地方政府政绩考核体系，推进以基本公共服务均等化为主要内容的绩效评估，并对典型区域与典型领域进行数量与质量测评，以监督地方政府推进基本公共服务均等化。

2. 实行责任问责制和责任追究制

各级政府要按照评价指标体系的要求，对部门实行严格的公共服务问责制，实行权责结合，以便使规划得以更好地实施。以公共服务型政府为要求，关注社会民生，强化对各地经济实力、财力状况、公共服务提供等情况进行充分监督、审计，对于违规政府实行相应的处罚，使政府与干部都能以服务人民为己任，在绩效考核中结合公共服务问责制。

3. 建立新型的基本公共服务信息平台

通过加快政务信息化建设，在政府内部探索利用网络信息和通信技术，建立电子化、数字化及网络化的公共服务信息管理体系，利用交互网络技术实现政府与终端用户之间的联络机制，构建统一开放的基本公共服务监督信息平台，增强政府基本公共服务职能的透明度和便利性。

四　加大基层人员队伍和组织机构建设力度，强化服务能力

没有基层机构和平台，单靠市、县两级无法实现基本公共服务的全覆盖供给。基层能力建设的中心环节，是要将加速制度覆盖与服务体系建设有机结合，着力解决基层公共服务的人员配置问题。应改革现行公务员和事业单位编制管理体制机制，将涉及基本公共服务的全国各类人员纳入预算，尤其是要将欠发达地区的公共服务领域人员纳入中央财政预算，建立和完善转移支付体制机制，实现基本公共服务领域中各类人员的福利待遇、教育培训和职业前景大体一致。对于基层从事公共服务的非营利组织，除了对其组织给予优惠政策外，应允许在所获捐款中加大人工费用支出。

（马晓红）

第 六 章

福建省统筹城乡就业的研究

就业是增长之源、民生之本、稳定之基。我国就业的艰巨性、复杂性是世界上任何国家都无法比拟的。我国有13多亿人口，是世界上人口和劳动力最多的国家。我国就业的总体特点是"四大一突出"，即人口基数大、劳动年龄人口总量大、农村富余劳动力规模大、就业困难群体数量大、就业结构性矛盾突出。同时，还面临转轨就业、青年就业和农村转移就业同时出现、相互交织的"三碰头"局面。就业问题之复杂，就业工作任务之艰巨，是世界上任何国家都未有过的。在当前严峻的就业形势下，统筹城乡就业，促进就业与经济发展良性互动，是实现城乡经济社会协调发展的必然选择。

第一节 统筹城乡就业的必要性

一 我国将长期面临严峻的就业形势

我国劳动力资源丰富，我国16～60岁劳动年龄人口将于2014年达到9.3亿的高峰，并长期保持在这样高的水平。由于处于经济发展的初期阶段，受经济全球化的影响，我国阶段性、地区性、群体性的高失业以及灵活就业现象将长期存在。"十二五"期间我国的就业形势更为严峻，就业压力更大，主要表现为：

（一）劳动力供大于求的基本格局长期存在

从总体上看，劳动力供求总量矛盾十分突出，劳动力供给总量远远大于需求总量的基本格局将长期存在。根据第六次全国人口普查显示，全国劳动力资源人口为92148万人，比10年前增加了近1亿人。在城镇，需要就业的人数达2400万人，其中包括每年新成长劳动力大约1000万人。按照现有经济增长对就业的拉动能力计算，每年新增就业岗位数约为800万个，加上自然减员腾出的岗位，城镇就业岗位约1100万个。可见，城镇劳动力供大于求的缺口维持在1300万人左右。在农村，随着农业劳动生产率的提高，目前有近2亿富余劳动力存量；加上因为退耕还林、项目建设征地而失地的农民和新成长的劳动力，我国农村富余劳动力以每年1300万人的速度递增。这些农村富余劳动力均需要转移到城镇就业。

受国际金融危机的影响，我国城镇就业形势异常严峻。国际金融危机的冲击凸显了我国就业供大于求的总量性矛盾，金融危机不仅造成企业岗位大量流失，大批农民工失去工作岗位或处于工作岗位不稳定、薪酬降低的状态，而且使城镇新增劳动力的就业渠道部分堵塞，加剧了高校毕业生、灵活就业群体特别是困难群体的就业困难，使本已突出的结构性矛盾进一步加剧，并暴露出技能型劳动者短缺、劳动者教育培训不足等深层次问题。2011年我国城镇新增就业达到了创纪录的1221万人，全国就业人员超过7.64亿。将来几年我国处于新一轮就业高峰期，90年代初期出生的人口陆续进入就业年龄，高校毕业生和其他新成长劳动力就业压力空前。在这样的背景下，农民工失业、毕业大学生就业难问题更加突出，城镇实际失业率有可能进一步提高，有相当数量的农民工将成为真正意义上的城镇失业人员。

（二）劳动力结构性矛盾突出

我国正处于经济结构加速调整时期，当前就业的结构性矛盾表现得尤其突出。

1. 劳动力供大于求与技能人才相对不足的矛盾

一方面，从总体上看，劳动力供给总量远远大于需求总量；但另一方面，各类技能人才尤其是需求量最多的技工人才却严重短缺。一些传统行业出现大批下岗失业人员，而一些新兴产业、行业和技术职业需要的较高素质的人才又供不应求。随着我国产业结构的调整和经济增长方式的转变，现代制造业、服务业、新兴产业、高技术行业的企业对劳动者的技能素质要求逐步提高。而大量劳动者特别是首次外出求职的农民工文化水平不高、职业技能水平偏低，难以满足企业岗位要求，导致这些行业所需人员供不应求。我国在"十一五"期间年均新增劳动力需求总量为 1800 万，但是每年新增劳动力供给为 2000 万，每年将出现 200 万富余劳动力，供给和需求之间存在差距，预计我国在未来几年内劳动力总量将供大于求，出现劳动力大量闲置现象。2012 年 7 月麦肯锡全球研究院发布的一份报告《35 亿人的工作、薪资和技能》显示，中国在未来 10 至 20 年将面临高技能劳动力短缺的困境，到 2020 年，中国将出现约 2300 万高技能劳动力的潜在短缺量，约占全国需求量的 16%。

2. 第二产业用工需求增长缓慢与第三产业人才供不应求的矛盾

2011 年三次产业就业人员比重为 34.8∶29.5∶35.7。其中第一产业就业比重继 2003 年稳定下降到 50% 以下之后，2008 年又进一步下降到 40% 以下。第二产业的就业比重由 2002 年的 21.4% 上升到了 2011 年的 29.5%，年均增加 0.9 个百分点。第三产业的比重则由 2002 年的 28.6% 增加到 2011 年的 35.7%，年均增加 0.79 个百分点。但与其他国家相比，目前我国第三产业从业人员比重偏低，就业人数比例远远低于发展中国家 40% 的水平。第三产业是吸纳就业的主要产业，其就业比重偏低，意味着对增加就业岗位的贡献较少。

从长远看，我国城乡就业还存在三对值得关注的结构性矛盾。一是城乡矛盾，农村有大量的富余劳动力因文化水平、技术素质偏低而就业困难，而城市特别是一些工业发达的大城市则劳动力供应相对不足；二是地区矛盾，部分资源型城市和中西部地区就业压力较大，而东部沿海地区则普遍缺乏劳动力；三是企业矛盾，大型企业富余劳动力多，中小企业特别是民营中小企业普遍人才不足。

就业是基本的民生问题，既涉及人们生存和发展的基本权利，又直接关系到全面小康的生活能否惠及绝大多数居民，还直接关系到国家的政治稳定和社会安定，关系到和谐社会的建设。现在达不到小康生活标准的人，基本上是那些就业的弱势群体。这部分人包括一部分城镇中的就业困难群体，更多的是农村的剩余劳动力。正是因为农村富余劳动力太多，使得农民就业不充分，造成城乡收入差距过大。所以解决"三农"问题的重点是解决农民充分就业问题，而最根本的措施就是统筹城乡就业。

二 统筹城乡就业政策的确立及基本内涵

（一）统筹城乡就业的政策与实践过程

统筹城乡就业是在我国城乡分割的就业制度背景下提出来的。从理论上看，统筹城乡就业是市场经济理论体系的一个重要内容，是对传统的计划经济体制下城乡就业理论的摒弃。在我国传统的计划经济体制下，劳动力从制度上被分为城镇劳动力和农村劳动力、本地劳动力和外来劳动力，城乡劳动力实行的是不同的就业政策和社会保障政策。没有政府的允许，农村劳动力不能在城市中自由寻找就业岗位，也不能跨区域寻找就业岗位，政府在就业管理上实行的是"统包统配"的管理模式，是劳动力资源的实际支配者和拥有者。这种城乡分割的二元劳动力市场是与我国市场经济体制改革相悖的。而统筹城乡就业就是要打破传统的计划经济体制下形成的利用行政手段将劳动力分割为城镇劳动力和农村劳动力、本地劳动力和外来劳动力的就业管理体制和社会保障体制，按照市场经济的要求，承认和实现劳动力择业自由和选择工作地点的自由，让劳动力受经济规律调节在城乡间、区域间、行业间流动，实现劳动力市场的自由公平竞争。

关于统筹城乡就业的实践与政策，早在1991年1月，原劳动部、农业部和国务院发展研究中心就提出了进行统筹城乡就业管理的精神。1993年十四届三中全会通过的《中共中央关于建立社会主义市场经济体制若干问题的决定》中明确提出，要建立劳动力市场，根据这个精神，原劳动部提出要在"九五"期末基本形成现代劳动力市场的雏形，逐步消除城乡劳动力的身份差别。2000 年 8 月，劳动和社会保障部、原国家计委等七部委发出《关于进一步做好农村劳动力开发就业试点工作的通知》，要求有条件的地区先行试点，目标即在于取消城乡就业方面的不合理界限，探索统筹城乡就业的途径，实现城乡劳动力市场的真正融合，取得经验后再向全国其他地区推广。但是，在 20 世纪后期，统筹城乡就业基本上只是停留于局部地区的试点上，统筹的重心是城市特别是国有企业下岗失业人员的再就业，其基本政策取向是引导农村劳动力有序流动，以满足城市劳动力市场的需要，避免对城市就业带来冲击。从促进农村劳动力转移、推进城市化进程、城乡社会经济协调发展的高度来把握和解决好统筹城乡就业问题，还未提上政府工作的重要日程。

进入 21 世纪，国有企业改革取得重大进展，扩大内需、维护社会和谐稳定、缩小城乡差别、满足国际制造业向中国转移对劳动力数量和质量的要求等，都对统筹城乡就业提出了现实的要求和全新的内涵。党的十六届三中全会明确提出了"五个统筹"的思想，统筹城乡就业，不仅是统筹城乡发展的重要内容，而且也贯穿于其他几个重要统筹之中。由于我国各地区社会经济发展很不平衡，统筹城乡就业的时间也不可能做到整齐划一，从 2003 年开始，国家正在逐步取消限制农村劳动力转移的一些政策规定，并且明确要求各级政府努力改善农村劳动力转移的环境。

从 2004 年开始，国家实施以农村劳动力转移培训为主要内容的"阳光工程"。这些举措对于保障农村劳动力的平等就业权益，无疑具有重要的意义。2005 年以来，从中央高层到国家劳动和社会保障部都对建立城乡一体的劳动力市场给予了高度关注。启动城乡统筹就业被列入国务院关于深化经济体制改革的意见和 2006 年工作要点中。劳动和社会保障部于 2006 年 8 月专门成立了城乡统筹就业试点工作指导小组，并在全国选定了"就业工作基础较好、管理服务能力较强、改革创新积极性高"的 48 个试点地区，在包括就业服务、职业培训、社会保障等在内的城乡劳动者平等就业方面进行探索。2011 年，我国进一步扩大统筹城乡就业试点范围，推进农村劳动力转移就业示范县建设，进一步改善农村劳动力转移就业环境。根据人力资源和社会保障部的报告，这几年统筹城乡就业的实践包括：一是努力建立城乡平等就业制度。深入贯彻就业促进法，逐步取消针对农民工进城就业的不合理限制。二是建立健全培训、就业、维权"三位一体"的农村劳动力转移就业工作机制，组织实施"春风行动"强化就业服务，加强区域劳务合作和职业技能培训，清理整顿人力资源市场秩序，引导企业规范用工和农村劳动力有序外出就业。三是加快调整农业产业结构，转变农业发展方式，创新现代农业制度，不断增强吸纳农村劳动力的能力，引导农村劳动力就地就近转移就业。

（二）统筹城乡就业的实质及内涵

统筹城乡就业，就是指把城市就业和农村就业作为一个有机的整体来看待，在科学把握城乡就业发展规律与内在联系的基础上，对其进行合理规划、科学管理，以实现良性互动和整体健康发展。它的实质是促进劳动力在城乡区域间有序的流动，从而形成城乡劳动力统一有效的市场化配置。从狭义上看，城乡统筹就业是兼顾本地劳动力和城镇劳动力的就业，把城乡作为一个整体来进行发展管理，从而实现城乡就业的健康互动发展；从广义上看，城乡统筹就业是城乡统筹经济社会发展的重要内容，要把城乡统筹就业纳入社会经济发展的总体规划和战略中，通过制定一系列公平公正的市场竞争就业规则，给予城乡就业同等重要的地位，消除劳动力资源市场中存在的城乡差别、歧视等因素，利用劳动力市场机制合理配置城乡劳动力资源，促进国民经济的健康稳定增长，实现充分就业。

城乡统筹就业的主体是政府，政府要利用市场机制，以必要的行政手段、完善宏观经济政策和产业政策，培育和发展劳动力市场。统筹城乡就业的基本目标是促进城乡劳动力市场一体化和农村劳动力的有序和稳定转移，不断理顺和优化城乡就业关系，努力扩大城乡就业，实现农村转移劳动力的素质就业、稳定就业、充分就业，最终提高城乡就业的现代化水平。

三　实施城乡统筹就业的重大现实意义

（一）统筹城乡就业是落实科学发展观的具体体现

科学发展观的基本要求是统筹兼顾。科学发展观"五个统筹"之首是统筹城乡发展，而统筹城乡就业则是城乡经济社会协调发展的突破口。发展离不开人，要发展，必须充分地调动人的积极性和创造性，使人这个最活跃的生产要素得到合理的配置。我国现行城乡二元分割的劳动力市场人为地限制了劳动力的自由流动，使农村的剩余劳动力不能与生产资料有效结合而转化为现实的生产力，限制了发展。因此，落实科学发展观，统筹城乡发展，首先必须统筹城乡之间的劳动就业。

（二）统筹城乡就业是进一步深化改革的制度创新

统筹城乡就业，不是单纯的农民进城和人口转移，也不是单纯的城市规模扩张，而是对传统城乡二元结构的变革，是一种制度创新，是要破除城乡壁垒，建立统一的劳动力市场，按照劳动者自主择业、市场调节就业、政府促进就业的方针，实现城乡统筹的稳定就业与充分就业目标，实现劳动力的自由公平竞争，并逐步建立起与此相适应的覆盖全社会的社会保障制度，最终实现城乡共同富裕。

（三）统筹城乡就业是构建和谐社会的重要切入点

和谐社会的基础是人与人之间的和谐相处。就社会整体而言，人与人之间能否和谐相处，贫富差距则是最为关键的因素。缩小贫富差距关键是要缩小城乡差距。统筹城乡就业是缩小城乡差距、构建和谐社会的有效途径。农民在非农产业和城镇就业是当前农民增收最直接、最有效的途径。近年来农民收入保持较快的增长速度，一个重要因素是外出务工和从事二、三产业的农民越来越多，农民的非农收入持续较快增长。

（四）统筹城乡就业为产业集中发展提供充足的人力资源支持

集中发展的产业是城乡一体化的支撑，而产业发展需要依靠一定数量和一定质量的人力资源。经过培训后向城市、非农产业转移就业的农村劳动力，为产业发展输送了新的产业工人。通过就业，他们不仅分享了工业化、城市化的成果，也参与了工业化、城市化进程，为城乡一体化贡献了力量。

（五）统筹城乡就业是建设社会主义新农村的内在要求

统筹城乡就业不仅是增加农民收入的重要途径，也是发育要素市场、促进经济发展的内在要求。建设社会主义新农村关键是统筹城乡发展，破除城乡分割的二元结构和政策限制，建立以工促农、以城带乡的有效机制，使城乡共同增强发展能力，共同提高发展水平，共同分享发展成果。推进新农村建设，必须着力培育城乡统一的要素市场，特别是培育城乡统一的劳动力市场，推进城乡一体化发展，促进农民向城市合理有序流动。

第二节　统筹城乡就业的现状

一　福建省统筹城乡就业发展取得的成效

（一）促进和稳定就业，成效明显

福建省城镇化以及产业结构的调整，促进了全省统筹城乡就业的进程。2006 年后，省委、省政府连续五年将农业富余劳动力转移培训就业工程列为年度为民办实事项目。逐步建立起统一的就业失业登记和公共就业服务制度、竞争有序的城乡一体化劳动力市场、规范的职业技能培训制度、较完善的社会保障制度和维权机制等，以打破城乡二元结构。"十一五"期间，累计实现城镇新增就业 331.23 万人，城镇登记失业率控制在 4% 以内，省内转移农村劳动力 230.61 万人，培养高技能人才 28.68 万人；新增大中专毕业生 88.3 万人，每年就业率均超过 80%，高于全国平均水平。

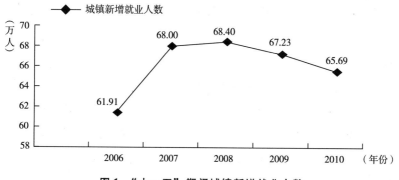

图 1　"十一五"期间城镇新增就业人数

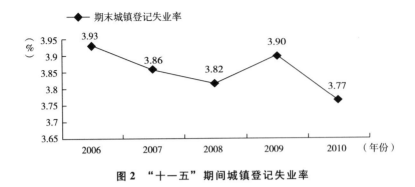

图2　"十一五"期间城镇登记失业率

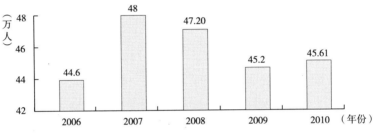

图3　"十一五"期间新增农村劳动力转移就业人数

（二）劳动关系总体和谐稳定

　　劳动合同制度和集体合同制度实施取得新进展，企业职工劳动合同签订率和企业集体合同覆盖面进一步提高。至"十一五"期末，全省规模以上企业职工劳动合同签订率达94.42%，累计签订有效集体合同3.1万份。工资正常增长机制初步建立，最低工资标准平均上调24.5%，所有市、县、区政府建立了欠薪应急保障金制度，建筑领域普遍建立农民工工资支付保证金制度，有效解决了企业拖欠农民工工资问题，工资收入水平稳步提高。劳动定员定额工作逐步推进。全省所有县（市、区）建立协调劳动关系三方机制，并向乡镇、社区和工业园区延伸。率先开展创建和谐劳动关系工业园区与企业活动，2家工业园区和11家企业达到国家级和谐劳动关系标准，47家工业园区和1147家企业达到省级和谐劳动关系标准。逐步完善劳动争议处理机制。

（三）职业技能培训取得新成绩

大力实施"高技能人才培养工程"，初步建立了面向市场的社会化职业培训体系。组织实施"产业技工培养计划"，依托技工院校等建设 15 个产业技工培训基地。"十一五"期间，获得职业资格证书 192.1 万人，其中技师、高级技师 2.66 万人。全面实施省委、省政府为民办实事项目"农村劳动力转移培训就业工程"，累计培训农业劳动力超过 120 万人次。建立闽台高技能人才合作交流机制，积极推进两岸职业培训交流。至"十一五"期末，共组织了 100 多批 3000 多名台湾同胞到福建参加职业技能鉴定，邀请 200 多台湾专家学者来闽考察、讲课和学术交流。实施了闽台合作提升职业学校教师素质五年计划和闽台合作培养高技能人才工程。

（四）社会保障体系进一步健全

社会保障覆盖面进一步扩大，社会保障水平逐步提升。率先解决了医改前关闭破产国有、城镇集体企业退休人员参保；实现医疗保险信息系统省、市、县、乡四级联网和异地实时结算；率先将农民工纳入失业保险；医疗、失业、工伤、生育保险全面实现设区市统筹。至"十一五"期末，全省城镇基本养老保险、城镇基本医疗保险、失业保险、工伤保险、生育保险参保人数分别达到 634.78 万人、1226.25 万人、374.18 万人、417.76

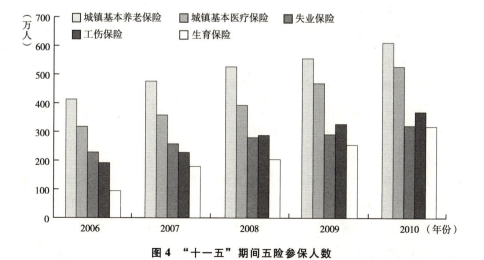

图 4　"十一五"期间五险参保人数

万人、373.05 万人。新型农村社会养老保险参保人数达到 523.17 万人，制度覆盖面达 40%。被征地农民养老保障参保人数达到 7.9 万人。新型农村合作医疗 2404 万人。

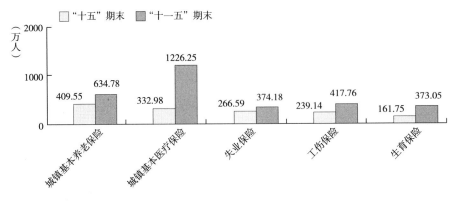

图 5 "十五""十一五"五险参保人数对比情况

二　福建省出台的关于统筹城乡就业的政策制度

（一）重视制度和政策体系建设，为统筹城乡就业提供了有力的保障

福建省各级各有关部门密切配合，出齐 7 个相应文件，主要涉及高校毕业生就业、创业带动就业、减轻企业负担、特别职业培训计划、农民工工作、就业服务系列活动等。

1. 福建省根据国家就业制度和就业政策，结合本省的实际情况，制定了更为具体和更具针对性的就业制度和政策

2006 年福建省人力资源和社会保障厅启动城乡统筹就业试点，《关于确定在长汀、尤溪、邵武三个县（市）开展统筹城乡就业试点的通知》（闽劳社文〔2006〕322 号）极稳妥推进统筹城乡就业工作；2008 年制定了《关于做好统筹城乡就业试点工作的通知》（闽劳社文〔2008〕122 号）进一步完善城乡统一的就业政策和就业管理制度；2009 年 10 月出台了《关于印发〈福建省统筹城乡就业试点工作总体推动要求〉的通知》，进一步提出加强指导尤溪、长汀、邵武、平和、龙海、南安、仙游、大田、福鼎九个省级统筹城乡就业试点县（市）试点工作，并明确了有关就业各方面的十三项具体要求；2010 年福建省出台了《关于加大统筹城乡发展力度夯实农业农村发展基础的实施意见》（闽委发〔2010〕1 号），从具体事务上着力改善农村民生，促进城乡基本公共服务均等化，涵盖了农民工职业培训、医疗保险、养老保险、子女义务教育等各个方面。

2. 不断建立和健全有关农村劳动力转移的制度和政策

为保障被征地农民的切身利益，福建省人民政府办公厅作出了《关于做好被征地农民就业培训和社会保障工作的指导意见》（闽政办〔2008〕28 号）；根据国家人力资源和社会保障部、财政部《关于进一步规范农村劳动者转移就业技能培训工作的通知》（人社部发〔2009〕48 号）和省财政厅、劳动保障厅《关于就业专项资金使用管理及有关问题的通知》（闽财社〔2009〕18 号）精神，福建省人力资源和社会保障厅、福建省财政厅制定了《关于进一步规范农业富余劳动力转移就业技能培训工作的通知》（闽人社文〔2009〕63 号）；同时还建立了农村富余劳动力调查登记制度。充分发挥基层劳动保障事务机构作用，组织力量对农村劳动力的基本情况、求职愿望、就业意向等进行调查建档，建立农村劳动力资源信息库，并实行动态管理，为统计城乡失业率奠定基础。在全国率先开通福建省农民工基层服务平台信息网络，实现全省 50% 的乡镇劳动力市场信息联网。

3. 各地市制定和实施了一些富有地方特色的统筹城乡的就业政策

如泉州市先后出台了《关于加快农村劳动力转移的若干意见》《关于做好农民进城务工就业管理和服务工作的意见》和《泉州市保障外来务工人员合法权益暂行规定》等文件，认真清理针对农民进城就业的不合理规定和收费，基本消除了农民进城务工体制性、政策性障碍。漳州市人民政府为保障被征地农民的切身利益，作出了《关于被征地农民就业培训和社会保障工作的实施意见》。

（二）重视就业服务体系建设，形成了较为全面的城乡就业服务工作机制

1. 扎实推进街道（乡镇）和社区劳动保障平台建设

各级劳动保障部门克服困难，注重运作，劳动保障"三基"（基础工

作、基层组织和基本能力建设）工作持续加强，人力资源社会保障信息化建设取得突破性进展。全省社会保障卡项目建设全面启动，至 2010 年底，已制作、发放社会保障卡 1613 万张。开展全省城乡人力资源数据库建设，省级已与设区市基本实现联网，就业自助终端已开始在 26 个县（市、区）、19 个省政府确定的综合改革试点小城镇安装使用。全省 100% 的街道、97% 的乡镇建立了劳动保障事务所，97% 的社区、93% 的建制村建立了劳动保障工作平台，配备专兼职工作人员。

2. 加强对城乡就业人员的培训

各级人力资源和社会保障部门以返乡农民工、城镇下岗失业人员、新成长劳动力和困难企业职工为重点，实施特别培训计划，组织开展劳动预备制培训。制定高技能人才队伍建设中长期规划，完善高技能人才培养政策，实施"产业技工培养计划""闽台合作提升技工教育教师素质五年计划"，建立高技能人才培养基地，开展福建省首席技师、福建省优秀高技能人才评选表彰活动。

3. 建立了劳动争议仲裁机构和失业检测预警机制

各级劳动争议处理机构建立方便劳动者申诉的"绿色通道"和案件处理快速反应机制，基本做到快立案、快结案。开展失业动态监测预警，扩大失业动态重点监测面，在福州、厦门、泉州 3 个全国重点监测试点城市的基础上，在莆田和漳州两市各选择 20 家、其他设区市各选择 10 家有代表性的企业作为省级监测重点，建立定期分析、报告制度，及时掌握失业动态以及劳动力市场供求状况。建立"红黑榜"制度和预警机制，对优秀鉴定站给予表彰，对不合格鉴定站进行质量通报，有效推进福建省职业技能鉴定工作上新水平。

（三）重视开展就业系列活动，为城乡就业人员就业搭建了宽广的平台

福建省省直有关部门以高校毕业生、失岗农民工和就业困难人员为重点，常年开展就业服务系列活动，其中 2009 年省直 7 部门联手的"八闽行巡回招聘"活动，就在全省共举办 79 场，达成初步就业意向 7.12 万人次。深入开展"春风行动"，完善对进城务工人员的就业服务。加强劳动力市

场管理，维护正常的劳动力市场秩序。2012 年 1 月，由省人社、计生、教育等九部门联办，开展了"情暖外来工，就业在福建"系列活动。主要通过组织开展专项招聘、劳动用工需求调查、免费发放"春风卡"等形式，为进城务工人员和用工诚信企业搭建信息对接、技能对接、人岗对接的平台，为劳动者提供岗位信息、培训信息和就业政策咨询。同时涉及两节期间外来务工人员就业维权、卫生防疫、计生文明、文化娱乐、子女教育、困难慰问等一系列工作，为外来务工人员提供综合性服务，

（四）重视配套制度改革，为统筹城乡就业提供支持

1. 推进城乡医疗制度改革

为完善规范农村合作医疗制度提供经验，2009 年 11 月省政府修订出台了福建省城市和农村医疗救助办法，2010 年 9 月，经省政府批准，省民政厅、财政厅、卫生厅作出了《关于进一步完善城乡医疗救助制度的意见》（民发〔2009〕81 号），进一步完善医疗救助制度，形成医疗救助城乡一体化运行机制。2010 年福建省医疗、工伤、生育保险实现设区市统筹，养老保险关系实现跨省、跨市转移接续，医保实行异地就医和结算，企业退休人员养老金水平继续提高。33 个县开展新型农村社会养老保险试点。社保卡就诊一卡通工作持续推进。

2. 改革资金管理办法

加强就业专项资金筹措管理，积极探索改革资金管理办法，按照"三挂钩"（即，与省政府就业目标责任制任务数挂钩、与地方工作绩效挂钩、与地方财政投入和财力情况挂钩）原则，规范就业经费补助范围、补贴标准、资金申报和审批程序。把具有创业愿望和符合条件的农民作为小额担保贷款对象，鼓励他们自主创业。

3. 实施新型农村社会养老保险

新型农村社会养老保险开始启动，效果初现。省政府印发了《关于开展试点工作的实施意见》（闽政〔2009〕26 号），标志着福建新农保试点工作正式启动。全省开展新农保试点工作，凡符合条件的参保农民，均可按月领取养老金，直至终身。开展新农保试点工作的县（市、区）为：福州市晋安区、厦门市海沧区、宁德市福鼎市、莆田市荔城区、泉州市晋江

市、漳州市龙海市、龙岩市上杭县、三明市大田县、南平市武夷山市。以后将逐年扩大试点面,尽快在全省普遍实施,基本实现对农村适龄居民的全覆盖。

三 福建省统筹城乡就业方面存在的问题

改革开放以来,福建省大量农村劳动力进入城镇务工就业,对于增加农民收入、繁荣城市发挥了重要作用。近年来福建省在统筹城乡就业方面虽然取得了一定的成就,但仍然存在一些问题,特别是制约农村劳动力平等就业的诸多体制、政策性障碍还没有完全消除。

(一) 城乡就业结构性矛盾突出

1. 就业结构不够优化

福建省就业结构虽然优于全国平均水平,但与广东、浙江等发达地区相比仍存在一定差距。2011 年,福建三大产业就业人员比例为 26.3∶37.8∶35.9,第二、第三产业社会从业人员增长缓慢,特别是第三产业从业人员所占比例增幅太慢。可见福建第二、第三产业发展相对缓慢,吸纳劳动力有限,就业结构还不够优化。具体情况见表 1。

表 1　福建省就业结构

单位:%

年份	从业人员构成		
	第一产业	第二产业	第三产业
2006	35.2	33.2	31.6
2007	32.7	35.1	32.2
2008	31.1	35.6	33.3
2009	29.5	35.8	34.8
2010	28.4	36.6	35.0
2011	26.3	37.8	35.9

数据来源:2012 年福建省统计年鉴。

从三大产业吸纳劳动力的能力看,现在第一产业产出的就业弹性下降，且均为负值，说明第一产业劳动力存在剩余，其产值增长并不能创造新的就业岗位。而第二、三产业产出的就业弹性迅速提高，第二、三产业吸纳劳动力的能力不断提高。由此可见，福建经济发展带动就业增长的主要动力在于第二、三产业，特别是第二产业的发展将创造更多就业机会，这一方面说明现阶段第二产业发展对于就业的重要性，另一方面也说明福建第三产业发展不足。

2. 劳动力供给和需求不适应，结构性矛盾突出

近几年，福建省面临着新增劳动力、下岗和失业人员、失地农民、农村剩余劳动力"多个龙头放水"的形势，劳动力供给和就业压力巨大。另外，随着社会经济体制改革深化，资本有机构成不断提高，技术不断进步，产业结构升级步伐加快，劳动生产率较快提高，使经济增长提供的就业岗位减少，经济增长的就业弹性系数呈下滑趋势；同时受金融危机的影响，福建省很多中小型企业减产，有的甚至倒闭，大大减少了对劳动力的需求，形成了全省劳动力供给大于需求的基本态势。

（二）城乡就业服务体系不适应形势发展的需求

福建省的城乡就业服务和管理体系尽管在不断地建立和完善中，但在很多方面仍然相对滞后，难以适应城乡统筹就业的需要。特别是农村劳动力在就业过程中享受到的政府服务较少，农村劳动力转移就业难度增加。

1. 市场信息服务体系建设不完善

目前福建省大多数街道和乡镇建立了劳动保障平台，配备了专兼职的劳动保障工作人员，但是只有50%的乡镇实现劳动力市场信息联网，这远远无法满足农民工对劳动力供求信息的需求，从而增加了转移就业的难度。而且目前还缺乏有效的信息统计手段和制度。许多地方对农民工的数量、结构等最基础的底数都难以搞清楚，对农民工就业的基本信息，包括劳动合同签订、工资情况、社会保险情况等更难以掌握。还有人员、经费不足，许多劳动部门现有的人员编制和经费连应付城市居民和下岗失业人员的就业管理和服务都困难重重，再将流动性大、人数庞大的农民工全部纳入管理，更是难以承受。

2. 农村劳动力转移工作机制不够健全

目前福建还没有一套完整的农村劳动力转移工作机制。农业部门负责政策研究和农民工的职业培训；劳动部门负责就业和再就业工作；公安部门负责流动人口管理；教育部门负责部分农民工职业教育；工商部门负责劳务市场规范。这种管理体制不能够有效地促进农村劳动力转移。同时就业服务机构没有全面向乡镇和村社延伸，一些边远山区和贫困地区没有规范的就业服务机构，没有经费保障，没有现代化的信息网络，没有专门的职业培训机构，没有专职人员，难以向农村劳动力提供优质、高效的就业服务，这也在很大程度上制约着农村劳动力的转移就业。

3. 城乡就业培训体系不适应需求

福建劳动力培训的规模、经费投入、培训质量与当前的社会需求不相适应。职业技能培训在提高劳动者素质和统筹城乡就业服务方面发挥了积极作用。然而现实中真正针对性强、具有实效性的培训并不多。不少培训主体为完成培训指标，存在应付办班的倾向，培训质量不高、内容单调、缺少特色，无法达到预期效果。调查显示，"政府买单"的培训有大部分受众不乐意参加，其根本原因就在于培训实效性的欠缺。

（三）农村劳动力素质有待提高

大多数农民工的文化程度低，技能素质低。随着产业结构调整和新兴产业的兴起，企业普遍需要有技能的劳动者，农村劳动力向非农产业和城镇转移的素质矛盾日益凸出，影响了农村劳动力向二、三产业转移的进程，人口素质与转移需求形成明显矛盾，严重制约城乡产业互动和人口同步转移。农民工的文化程度低，技能素质低，无法与雇主讨价还价，所以，在劳动力市场上普遍缺乏竞争力，导致农民工处于弱势。

（四）与城乡就业相关的制度和政策不够完善

福建省的就业制度和政策虽然在不断地建立和健全，但是还是不够完善，一些制度未进行改革或改革效果不理想，主要表现在户籍制度及建立在此基础上的医疗卫生、住房和子女教育制度等各种管理制度的约束。

1. 户籍制度还没有得到根本改变

我国的户籍制度曾经严格限制人们的自由流动，而各地不同的社会经济发展状况又使不同地区的户籍享有了不同的权利，从而形成了以户籍制度为依据的不同住房、保障、教育、就业等社会福利体系。进城的农村劳动力因为没有城镇户口，在就业、教育、医疗、住房方面要比城里人支出更多；在福利享受方面却比城里人要少，影响和制约了农村劳动力在城镇就业的稳定性。

2. 住房制度对就业统筹的约束

对城乡一般收入家庭来说，买房都是困难的事，但国家提倡的人人有房住的住房保障制度暂时没有将进城的农村劳动力包括在内，如经济适用房、廉租房制度还没有涵盖他们。在城市就业的农村劳动力首先在城市不能"安居"，就难以"乐业"，无法在城镇稳定就业、充分就业。

3. 社会保障制度的约束

无论是在城市，还是在乡村，劳动力自由流动的一个重大后顾之忧就是社会保障问题。没有完善全面的社会保障体系，城乡劳动力的就业选择就只能是以保障为核心考虑因素而进行的单向选择，而这种劳动力就业选择的单向性恰恰与城乡统筹就业的原则相反。现实是农村的基本社会保险还没有完全建立完善起来，农民进入城镇就业，很多用人单位也不按规定为他们投保。正是因为社会保障制度的缺失与发展滞后制约了农村劳动力在城市的自由流动和稳定就业。

4. 教育培训制度的约束

一方面是农村劳动力的子女在城市入学要交不低的所谓"借读费"或"赞助费"等，不能享受平等的教育待遇；另一方面是各级政府对农村劳动力的职业培训还不规范，不适应非农产业的发展要求，农村劳动力素质偏低、就业竞争能力弱难以得到突破性解决。这两方面也是制约城乡统筹就业稳步推进的制度因素。

第三节 统筹城乡就业的思路

一 福建省城乡就业面临的形势

随着区域经济不断发展，经济结构的调整，产业梯度转移进程和城镇化进程的加快，福建省劳动力需求总量明显增加，就业形势和就业格局发生新变化：随着西部大开发、中部崛起战略的实施，外省劳动力输入逐步减少；经过多年农村劳动力持续大规模转移就业，福建省农村可供转移劳动力逐步减少；新生代劳动者就业预期不断提高，用人单位、求职者需求呈现多样化，对公共就业服务能力提出了新要求；产业转型升级，节能减排，淘汰落后产能，对就业结构产生深刻影响，技能人才短缺现象更加凸显，部分地区就业结构性矛盾突出。此外，福建还存在数量众多的中小民营企业，员工队伍稳定性较差，企业用工环境有待进一步改善。

（一）城乡就业压力仍然很大

"十二五"期间，福建省劳动力就业压力仍然很大，年均需转移农村富余劳动力达34万人，城镇每年新增解决就业的劳动力达60多万人。城镇登记失业人员呈上升趋势，2010年城镇登记失业人员为14.49万人，2011年为14.64万人。2002~2011年福建省城镇登记失业率维持在4.0%左右，相对于中国东部的其他地区，福建省的城镇登记失业率处于较高位置。

此外，福建省高校毕业生总量近年呈上升趋势，2009年高校毕业生总量就已超过20万人，2011年福建高校毕业生总量再创历史新高，超过23万人，增幅达到11%，再加上历年累积递增的待就业毕业生，福建高校毕业生就业仍然面临巨大压力。目前经济发展的不确定性因素还很多，福建于2010年7月提出要力争实现每年新增就业岗位60万个以上，可见就业的供需矛盾突出，福建需要就业的人数仍然高于社会能够提供的就业岗位数量。

（二）"十二五"期间尚存在"人口红利"

近几年，在福建乃至全国局部劳动力市场出现"民工荒"现象，引起了一些误识，以为"人口红利"的消失使得我国已进入劳动力短缺时代，因此，"民工荒"比"就业难"更应得到关注。但是，研究显示："十二五"期间尚存在"人口红利"，"人口红利"的消失也并不等于进入劳动力短缺时代。

中国人口学会副会长翟振武表示，"十二五"期间，我国15~59岁劳动年龄人口占总人口比例将达到最高点，然后缓慢下行。按照"人口红利"理论，"人口红利"将逐步结束，但从该测算结果的时间性考虑，我国在"十二五"期间尚存在"人口红利"。更进一步，即使"人口红利"结束了，我国也并不等于进入劳动力短缺时代。首先，现阶段的劳动力资源没有被充分利用，还存在大量闲置的四五十岁年龄层劳动力资源可以开发利用，并可继续挖掘第一次人口红利；其次，由于健康寿命延长，老年人口仍然能够为经济增长提供额外的劳动力供给，通过建立有利于积累的养老保障制度，完善劳动力市场制度，发展适宜的教育制度等，利用变化了的人口结构特征，开发第二次人口红利；最后，目前我国总人口仍然保持增长态势，根据国家人口和计划生育委员会的预测，我国人口总量在2033年前后才到达最高点，为15亿，随后绝对减少。在我国人口仍然保持增长的情况下，即使劳动年龄人口总量开始减少，人口要素依然是经济增长的动力。从劳动年龄人口开始负增长到总人口开始负增长的这个时间段里，劳动力资源还有很大的开发利用空间。

从福建省来看，2010年，福建人口自然增长率为6.11‰，2011年为6.21‰，而这个数据在2005年是5.98‰。数据显示福建人口仍然保持较高的增长水平。关于劳动年龄人口负担系数的数据显示，福建劳动年龄人口总负担系数2010年为30.5%，2011年为32%，而这个数据在2003年是50.8%，这说明近年来，福建劳动年龄人口总负担系数还没有达到历史最高水平。关于劳动年龄组占总人口的比重的数据显示，劳动年龄组男（16~59岁）占总人口的比重2010年为36.7%，2011年为36.2%，而这个数据在2003年是33.0%，这说明近年来福建劳动年龄人口数量还保持在较高水平。以上分析说明福建省在"十二五"时期总体上不会面临劳动力短缺局面。

针对年初福建东南部出现的"民工荒"现象，分析认为，闽东南的缺工实际上是低端劳动力市场受到挤压的体现。一方面，低端劳动力市场用工单位的工作岗位大多具有工资低、保障差、工作累、时间长、危险大等特点，而作为劳动力供给主体的是新生代青年农民工，他们的职业期望值比较高，一旦工作不如意，就频繁跳槽，导致企业留不住人，经常出现用工短缺。此外，青年农民工数目呈减少趋势，资料研究显示：我国在2004

年后，由于 70%～80% 拥有高劳动生产率的青年农民工已进城务工，35 岁以下的乡村劳动力资源总体上已经枯竭，因此，是青年农民工的供不应求导致了"民工荒"；另一方面，闽东南缺工也是区域劳动力市场均衡发展挤压低端劳动力市场的体现。长三角较早宣布提高最低工资标准，吸引了大量民工前往，中西部劳务输出省份经济发展加快，工资水平提高，使农民工就近就业增多。此外，中西部后发地区生活成本相对较低，即使工资不是很高，也对劳动者有吸引力，福建省用工的工资水平与之相较没有优势，加重了部分地区与企业的"招工难"和"民工荒"。事实上，"招工难"是局部劳动力市场问题，在部分企业高喊"招工难"的同时，实际上"就业难"才是更加突出的问题。

二　福建省统筹城乡就业的思路

（一）统领城乡就业工作的指导理念——坚持科学发展观

改革开放的进程中，在以"经济增长为中心"的理念指导下，经济快速发展与社会发展不协调，就业、社会保障以及医疗卫生等落后于经济的快速发展。从某种意义上来说，福建目前严峻的就业形势与这样的发展观有着密切的联系。解决就业问题，不能囿于传统思路，要坚持以人为本的科学发展观，采用柔性管理方法，解决当前和今后的就业问题。

（二）统筹城乡就业的切入点——调整产业结构

产业联动发展是城乡一体化的基础，不同的产业结构之间，就业弹性系数和新增就业岗位存在着较大的差异。我们要把握产业结构变化对就业存量和增量影响的趋势，并顺应其发展规律，运用财政经济政策对产业结构作出适时的调整，最大限度地提高全社会的就业水平。

（三）统筹城乡就业的突破口——打破阻碍劳动力自由流动的制度障碍

在统筹城乡就业的制约因素中，制度因素是最根本的。促进就业一体化，实现劳动力的自由流动，就要从制度入手，彻底清理制约劳动力自由流动的户籍制度、社会保障制度、就业制度、福利制度。同时还要为劳动力的自由流动提供政策支持和保障。

（四）统筹城乡就业的主线——农村流动劳动力就业

农村流动劳动力数量庞大，劳动力素质总体低下。农村劳动力的自由流动对我国经济的发展功不可没，解决流动劳动力的就业，最主要的是解决农村剩余劳动力的就业。

（五）统筹城乡就业中政府职责的界定——行政性政府向服务型政府的转变

伴随我国经济的转轨，中国面临空前的社会流动，包括资本、劳动力、技术、管理等生产要素的流动，使得当前的社会关系变得异常复杂，尤其是利益关系调整，这其中包括人们对公共就业服务需求急剧扩大，急需政府职能的转变。在城乡就业一体化进程中，需要政府提供大量公共就业服务，确保劳动、资本、科技、管理等生产要素的合理流动，统筹城乡就业。

（六）统筹城乡就业的价值取向——维护劳动者权益

劳资矛盾在工业化发展中期阶段，在我国各种社会矛盾中处于主导地位。在强资本，弱劳工的格局下，必须立法，规避黑煤窑、血汗工厂、虐待劳工和克扣拖欠农民工工资等不良现象的发生，维护劳动者的合法权益，构建和谐劳资关系。同时要加大对劳动者的教育培训，提高他们的自我保护意识和能力。

（七）统筹城乡就业的路径选择

在城市就业形势比较严峻和农村存在大量的剩余劳动力的情况下，福建就业问题无法用单一的理论或模型解决。城市无法吸收所有的剩余劳动力，而农村自身也没有能力解决这个问题。我们必须走城乡统筹的就业战略道路，多途径、多层次地吸收农村剩余劳动力和解决城市失业问题。

1. 扩大城市就业容量，促进农村劳动力异地转移和城市失业人员再就业

城市有小城镇无法比拟的优势，经济规模比较大，市场化程度比较高，专业化的生产和协作，能更加高效地利用各种有限的资源和公共设施。推动城市建设，提高城市的经济效益，可以扩大城市的就业容量，促进下岗人员再就业和农村劳动力的异地转移。

2. 扩大小城镇就业容量，促进劳动力就近转移，减轻城市就业压力

城市无法吸收所有的农村剩余劳动力，应建设和发展小城镇，就近转移剩余劳动力。小城镇一般是居于城市和农村之间，地理位置比较靠近农村，具有吸纳农村剩余劳动力的巨大空间。因此，统筹城乡就业问题，应该把小城镇的发展作为吸收农村剩余劳动力的主要腹地。农村剩余劳动力就近转移到小城镇，既可以降低劳动力转移的成本和风险，又可以缓解农村大量剩余劳动力盲目涌向大城市而造成的城市各种社会问题。乡镇企业和民营企业大多是劳动密集型产业，就业门槛比较低，对劳动力的素质要求不高，吸收劳动力的能力较强，而且民营企业技术设备要求比较低，投资需求比较少，容易投资创办。

3. 发展农村经济，促进剩余劳动力就地转移

加大对农村的投资，挖掘农村的就业容量，就地转移剩余的劳动力。发展农村经济要结合我国国情，我国耕地资源有限，应通过对农业的投资，调整农业结构。通过农业结构的调整，促进农产品的多样化和供需结构的升级，促进农民增收，反过来又推动农村发展。而发展农村经济要加大农村基础设施投资，农村很多地方的基础设施也很薄弱。通过农村基础设施的建设，修建道路、水利、通信设备，不仅扩大农村吸纳剩余劳动力的容量，而且给农村的发展带来长远利益。

4. 调整产业结构过程中注重统筹城乡就业

基于福建省人口资源比较丰富，就业问题比较严峻，在产业结构调整的过程中要循序渐进，应正确处理和协调劳动密集型产业和资金、技术密集型产业关系。一方面，我们要通过发展技术和资本密集型产业促使产业结构升级，提高产品的竞争力；另一方面要结合我国劳动力资源丰富的特点，发挥劳动力成本低的优势，发展劳动力密集型的产业，特别是服务业，吸纳更多的劳动力，缓解城乡就业压力。

在加快城市和乡镇建设的同时，大力发展劳动力密集型的第三产业特别是传统的服务业，如餐饮业、社会服务、旅游等，这些行业对劳动力素质要求不高，就业容量比较大。另外大力发展知识型的劳动密集型产业，如软件产业、网络产业、影视文化产业等，易于创造新的就业机会。总之，在产业结构调整过程中，应该根据福建资源禀赋的特点，不仅促进知识和技术密集型产业的发展，也应强调劳动密集型产业的发展，同时促进其向高附加值的产业方向过渡，在解决就业问题的同时，提高劳动者的收入。

统筹城乡就业是一个漫长的过程，明确其基本思路有助于更好地采取措施解决一体化进程中出现的难题。但是仅仅停留在理念和思路阶段是不可能解决问题的，必须辅之以具体的措施，将思路和理念付诸于实践，在实践中不断补充和完善。

第四节　统筹城乡就业的保障措施

统筹城乡就业对于落实科学发展观，促进城乡共同发展，推进社会主义新农村建设，实现福建经济、政治、文化和社会的全面、协调和可持续发展，具有十分重要的价值和意义。各级政府有关部门要把城乡统筹背景下农民工就业放在突出位置，采取多种有效措施，不断保持农民工总量的持续增长，引导鼓励农民工有序、就近就业，扶持农民工回乡创业，多渠道转移农村剩余劳动力。

一　构建统筹城乡发展的制度保障就业

（一）打破城乡二元结构，建立城乡统筹的就业制度

福建省目前在统筹城乡就业方面面临的形势是严峻的，存在一系列的矛盾和问题。要解决这些矛盾和问题，必须有政府强力推动，在统一劳动力市场中，以统筹规划和规范用工为基础，建立现代就业制度，实现城乡

统筹的就业管理，统筹规划人力资源开发利用。认真开展城乡劳动力资源调查，全面掌握城乡劳动力资源状况，制定和实施城乡一体化的就业规划，对城镇下岗失业人员再就业工作、失地农民的就业和保障、城镇新成长劳动力的就业问题、本地农村劳动力的转移就业和外地农民工的就业和服务等，进行统筹规划。然后，根据所掌握到的情况提供政策保证措施，在就业管理服务、职业培训、维护权益和社会保障等方面作出统筹规划。

（二）建立城乡统一、开放、竞争、有序的劳动力市场

统筹城乡就业必须要建立起统一、开放、竞争、有序的城乡一体化的市场体系。长期把城乡市场分割开来，企图让农村长期充当剩余劳动力的"蓄水池"，是与统筹城乡发展和新农村建设的要求相悖的。因此要按照公平竞争的原则合理配置人力资源，取消限制劳动力在城乡间流动的不合理规定，打破就业的城乡壁垒充分发挥市场在劳动力资源配置中的基础性作用，为城乡劳动力的就业创造良好的条件和环境。

（三）建立和完善就业优惠政策体系，切实帮扶困难群体人员就业和再就业

建立和完善对就业困难人员的援助申请、承诺服务、就业协作服务等工作制度。广泛开展上门送政策、送岗位、送补贴等多种形式的服务，积极开发公益性就业岗位，提供职业介绍服务补贴、青年职业见习补贴、就业技能培训补贴、灵活就业补贴、岗位补贴和社会保险补贴，以及向安置就业困难人员企业和单位提供优惠政策等，切实帮助就业困难人员尽快实现就业和再就业。

（四）建立和完善统筹城乡社会的保障制度

各级政府应把建立和完善统筹城乡社会保障制度提到重要议事日程上来，改变长期以来实行的重城轻乡的政策，在政策和资金上向农村和农民倾斜，逐步缩小城乡社会保障水平的差距。不断完善基本养老保险、医疗保险、工伤保险、失业保险和城乡居民的最低生活保障等各种社会保障制度，进一步创新和落实失地农民社会保障制度。

当前亟待改革和完善农民工社会保障制度。由于我国农民工是一个复杂而又庞大的群体，复杂主要是其就业不固定，非正规、流动频繁、城市化倾向低等，所以很难用一项制度将其全部囊括。在尚没有一套健全的制度可供选择的情况下，目前的改革只能从农民工的迫切需要和实际可行出发，区分轻重缓急，坚持分层次实行不同政策和分阶段逐步推进的原则，先解决农民工最迫切、最急需、最基本的社会保障需求，如医疗和社会保险，其他的保障视社会经济发展水平再逐步到位。

（五）加大执法力度，维护农民工的合法权益

第一，加大劳动监察力度，维护农民工合法权益，为他们创造良好的外部就业环境。一是加强劳动保障行政执法监督，制订适合农民工就业特点的劳动合同文本，重点督促、指导使用农民工较集中的建筑、餐饮、加工等行业用人单位依法与农民工签订劳动合同，解决好拖欠和克扣农民工工资、劳动条件恶劣、同工不同酬、安全和职业病防护没有保障等突出问题。二是要加强整顿劳动力市场秩序，规范劳动中介行为，坚决打击非法中介，引导和规范自发形成的零工市场。第二，建立劳动保障监察制度。劳动和社会保障行政部门要依法对用人单位遵守劳动和社会保障法律法规的情况进行监督检查，对违反劳动和社会保障法律法规的行为制止、责令改正，并依法给予警告、罚款等行政处罚。任何组织和个人对于违反劳动和社会保障法律法规的行为都有权检举和控告。第三，建立健全农民工法律援助制度。建立法律援助体系，提高农民工的法律法规意识，切实维护农民工的合法权益。一是加强法律培训和宣传。各级政府要把对农民工的法律培训作为公共培训内容，免费向农民普及法律知识，增强民工的法律意识和自我保护能力。二是提供法律援助服务，利用法律手段调解处理劳务纠纷，挽回农民工经济损失。

二　扶持企业发展稳定就业

从目前福建省三大产业发展的现状来看，福建经济发展带动就业增长的主要动力在于第二、三产业，特别是第二产业的发展将创造更多就业机

会，第三产业具有巨大的发展潜力。因此，当前福建省应巩固稳定第二产业，大力发展第三产业，重点扶持中小企业。

（一）巩固稳定第二产业发展

加大基础设施建设力度，发挥重大项目带动就业的作用，以利于农村剩余劳动力转移就业。围绕经济结构调整和发展方式转变，充分发挥投资拉动就业的作用。福建省要在更高起点上加快产业转型升级，大力推进电子、机械、化工等为龙头的第二产业发展，以此带动以金融、保险、信息、物流、旅游等现代服务业为代表的第三产业稳步前进。同时，充分认识新兴产业发展的战略性意义，特别是在节能环保、新能源、生物医药、新材料、信息网络等新兴产业方面推出优惠政策，加大投入、重点突围，为新时期福建拓展新的就业领域奠定良好的基础。促进农产品加工等优势产业发展，对扩大就业的企业给予政策支持，加大对村办企业和乡镇企业的支持力度，增强其吸纳农村剩余劳动力的能力。

（二）大力发展第三产业

在三次产业平均就业弹性系数中，第三产业的就业弹性系数相对较高。因此，提高经济发展综合就业弹性系数的重要出路是大力发展第三产业。目前，福建第三产业发展相对缓慢，与福建作为沿海发达省份的地位不相称，第三产业具有巨大的发展潜力，应通过创造良好的制度环境大力发展第三产业，如餐饮、旅游、金融保险、房地产、现代物流、信息和社区服务等行业。首先，要充分开发利用福建丰富的自然、旅游和侨乡资源，发展旅游业；其次，要努力开发社区就业岗位，鼓励各种服务业发展，特别是鼓励城郊结合部兴起的各类家庭加工业、运输业发展，吸引劳动力向第三产业转移。大力发展农村社区服务。在国际金融危机冲击，就业弹性系数下降，发展正规就业的空间比较有限的情况下，我们不妨转变观念，大力发展农村社区服务，开拓非全日制、临时性的灵活就业形式，如家电维修、沼气维护、月嫂、园丁、村庄保洁、上门送货、老年人照料看护、农村幼托、司机等农村社区服务。

（三）重点扶持中小企业发展

我国中小企业吸纳了75%的城镇就业人口和75%以上的农村转移劳动力。因此，大力扶持中小企业更具有现实意义。大力发展中小企业是解决福建省城乡就业问题，拓展城乡就业空间的重要渠道。因此，首先，要创造有利于中小企业生存发展的外部环境。中小企业规模小、经营机制灵活，适应市场能力比较强。但同时中小企业也有它脆弱的一面，由于发育时期短，根基不牢固，受政策等外部性因素影响较大。这就需要进一步完善有关法律法规，规范市场主体和市场行为，确保中小企业作为市场经营主体的各项权益，为中小企业发展创造一个公平竞争的市场环境和自由宽松的外部环境。政府部门要依法行政，进一步扩大市场准入范围，简化审批和办事程序，使各项工作和制度公开化、透明化；要适度放宽对中小企业的某些限制性标准，在外贸出口、市场准入等方面适当开放和扩大经营范围；在税收方面可适当为一些中小企业的发展提供优惠政策，同时大力发展为中小企业融资服务的金融体系；要尽快建立和完善中小企业就业人员的社会保障，以解除就业人员的后顾之忧。其次，培育高素质的中小企业主群体。加强对现有中小企业业主进行培训，提升中小企业的发展能力，稳定和增加就业机会；在大学教育中开设企业创业课程，培养大学生的创业意识，鼓励和扶持大学毕业生创办各类技术型中小企业；引导城市失业人员、下岗职工和进城务工人员创办中小企业，或者到中小企业就业。最后，培育中小企业服务体系。建立有效的政府管理机构，依法对服务体系实施监管；建立健全行政服务机构，既可以是由政府管理机构批准设立的中小企业服务中心，又可以是由服务机构自发组成的行业协会，使其成为服务机构与政府之间的桥梁，配合政府有关部门搞好对中小企业的服务；建立和完善社会服务机构，其性质可以是事业法人、社团法人、企业法人和自然人，服务机构按照市场化规则运作，具有在批准的范围内自主经营的权利。

三　加快小城镇建设转移就业

小城镇健康有序发展，对辐射农村、扩大就业和促进发展具有重要作用。加快小城镇发展，是统筹福建城乡协调发展，从根本上解决"三农"问题的重要举措。鉴于福建省当前实际，应该把加快小城镇建设，实现劳动力就近转移作为吸纳农业剩余劳动力的重要领域。

（一）构造支柱产业，增强小城镇的经济实力

产业支撑是农村城镇化战略的立足点。要把小城镇建设与发展乡镇企业、农业产业化和市场体系建设相结合。根据福建省的实际情况，乡镇企业要大力发展农业产业化经营，同时还要办好市场，激活经济，带动相关产业。引导乡镇企业到镇区进行集中建设，形成企业规模经营和聚集效应，共享能源、交通、信息和市场。要以乡镇工业小区的建设为重点，促进农村二、三产业适度集中。

（二）打破条块垄断和市场分割，为农村城镇化建设创造制度条件

市场化是城镇化发展的制度前提和保证。没有一个统一、开放、竞争、有序的市场体系，城镇化就难以获得发展。这就要求在城镇化进程中，必须取消各种限制生产要素流动的制度性约束，建立公平竞争的市场秩序。

（三）实行投资主体多元化

实行投资主体的多元化，调动民间投资建设小城镇。建立起以个人投资为主，政府和企业共同参与的投资机制，走地方财政投资启动，基础设施有偿使用，公用事业收费和引进外资等多元化、产业化、市场化的路子。

（四）推进行政管理体制改革

结合机构改革，对规模较小的建制镇进行撤并，以促进镇域经济的发展，同时还可以减少机关工作人员，减轻农民负担。按市场经济规律要求，建立起职能明确、结构合理、精干高效的小城镇政府机构和管理体制。镇政府要集中精力管理公共行政和公益性事业，创造良好的投资环境和社会环境。

四 强化教育和培训推进就业

(一) 加大教育投入，提高农村劳动者素质

由于教育资源分配不平等，致使农村劳动力文化水平偏低，且普遍缺乏一技之长，制约着农村剩余劳动力转移就业。加大教育投入，提高劳动者的文化水平，有助于失业者实现再就业。一是以普及农村的九年义务制教育为契机，加大农村教育投资力度，改善农村办学条件，提高农村人口文化素质；二是加强农村文化场所建设，用健康的精神产品占领农村文化市场，用好的作品熏陶广大农民，不断提高农民的道德水平，转变农民的思想观念；三是加快农民科技培训网络体系建设，在提高农民生产科技水平的同时，普及基本科技知识，帮助他们形成良好的生活方式和习惯。

(二) 强化职业技能培训

通过职业技能培训提高劳动者的就业和创业能力是促进就业的重要手段，对提高劳动者素质具有积极的促进作用。鉴于福建省目前劳动力培训的现状和问题，需要建立规范的职业培训市场，促进劳动力培训市场的专业化、市场化，建立和完善城乡统筹的就业培训体系。第一，引导全社会改变传统的教育观念，强化对于成人教育和技能培训的认识，树立终身教育的观念，推动家庭个人和企业对人力资本的投资。第二，建立和完善劳动者、企业、政府共同投入的培训新机制。一是要鼓励和引导社会力量创办各类职业教育机构和培训学校，并对这些职业培训机构实行资格认证和年检制度。二是要整合职业教育资源，以市、县劳动就业服务中心和职教中心为龙头，整合职业培训资源，鼓励用工单位、各类教育培训机构和社会力量开展农民工职业技能培训。三是要加大财政专项经费扶持力度。政府可设立专用基金，采取政府、企业、个人和社会各出一点的办法，提高补贴标准，可试行农民工"培训券"制度，降低农民工职业培训成本，使更多的农村富余劳动力在转移之前得到一定的知识和技能培训，以提高就

业能力。政府也可以实行给予补贴或者"政府采购"制度，向职业培训机构支付费用，为城乡失业和潜在失业人员提供免费或补贴等就业培训优惠政策。第三，要加强职业培训教师队伍建设，实行上岗资格认证和定期培训、考核制度，确保师资力量。第四，按需开展培训，提高职业技能培训的实效性。做到培训项目与产业发展和用工需求相衔接，因地制宜、因企所需、因人而异地开展各类人员的再就业培训、创业培训及岗前培训等，为企业发展输送各类实用人才。职业培训要充分利用电化教学、远程教学等现代化手段，丰富培训内容，提高劳动者参与培训的积极性，形成培训保就业的良性互动。第五，加强跟踪服务，建立培训后的服务机制。定人定期跟踪，实行"岗前、岗中、岗后"一条龙培训服务，考察培训的实际效果，着力提高就业率。有关方面可根据用工需求，引导培训机构开设相应培训课程，促进劳动力资源合理配置。

五　鼓励创业带动就业

以创业带动就业，是积极的、有效的就业政策，是解决城乡统筹就业问题的重要手段。福建省市场经济发展比较成熟，但创业发展还不充分，应从各方面加以推动。

（一）强化政策扶持，畅通融资渠道

政府要从鼓励劳动者创业出发，在税费征收、小额贷款、社会保险补贴、经营场地、工商管理等方面给创业者提供更多的方便，降低创业门槛，减少创业成本和风险，营造良好的创业环境。要加快制定面向全体城乡创业者的优惠政策，扩大扶持创业的范围，加大信贷支持力度。同时运用媒体将政府对创业的各项优惠政策和措施进行广泛宣传，让更多的已创业和想创业的人得到政策的扶持与帮助。加大扶持力度，对那些拥有一技之长、有创业信心但找不到门路的就业者，要主动为他们提供信息服务，积极牵线搭桥；对那些有一技之长的技术人员，建立劳动力供求信息库，及时向创业者推荐。政府还应对创业相关环节，如创业培训的师资、教材、场地等加大财政支持，扩大小额担保贷款贴息范围。

（二）加大创业培训力度

坚持以人为本的培训理念，以电大、职教中心、技工学校、各类成人学校和相关企业为阵地，有组织、有计划、有针对性地进行"定向""定单""分级"培训。创新培训模式和工作机制，增强创业培训的针对性、实用性和时效性，努力提高创业培训的成功率。围绕创业的需求，进一步突出实用技能训练，让学员多掌握一些新知识、新技术、新工艺和新方法。积极面向社会广泛征集创业"金点子"，创业"金点子"要注意结合实际情况，选择投资少、见效快、市场前景好的创业项目，如家政连锁、报刊广告投送、邮亭综合服务等，可汇编成"创业项目手册"印发宣传，主动开展创业项目展示会活动，加大项目指导力度，帮助创业人员明确自主创业的方向。积极组建创业专家咨询指导小组，对创业项目进行详细的科学论证，切实帮助选好、选准创业项目。宣传创业典型案例，广泛宣传一批自主创业、自谋职业典型事例，营造创业良好的社会氛围，要充分发挥工会、妇联等组织的积极性和主动性，动员全社会共同参与。

（三）优化服务效能，提高办事效率

充分发挥街道社区、职能部门的服务作用，做好创业的基础工作，如建立推荐培训、定期回访、后续保障服务，帮助创业者克服和解决创业过程中遇到的难题。简化前置审批条件，提高办事效率，最大限度地缩短新企业的审批时间，同时放宽注册资本，降低验资标准，大力扶持个私企业初期的建立和发展。带着感情去做好创业服务工作，经常性地换位思考，使创业人员真正享受到简便快捷、细致周到的服务，让他们创业的积极性不受挫。同时，还要规范劳动力市场秩序，提供创业服务和完善的社会保障体系，免除创业者的后顾之忧。搭建服务平台，鼓励工业园区设立"创业平台"，搞孵化基地，使创业人员进入到这个平台里面，待发展到一定程度后再让他们到外面去进行创业，同时为他们提供创业培训、小额贷款、开业指导、工商登记等一条龙服务。

六 健全就业服务体系规范就业

(一) 加强信息网络建设，提供准确及时的就业信息

第一，搭建信息服务平台，建立专门提供劳务信息的网站。及时发布、更新网站的招聘信息、与劳务开发有关的信息；与国内大型人才网站和中国驻外机构进行链接，逐步提高劳务开发信息化水平。同时，启动农村劳动力就业信息网络体系，建成并形成覆盖至县、乡、村的劳动力市场信息广域网。第二，拓宽信息来源和渠道。保证为城乡劳动力，特别是农民工提供可靠的就业信息。第三，创新信息服务机制，促进供求信息畅通，如在相关企业培养一批有一定知识水平和工作能力的人员作为信息员，通过这些信息联络员收集企业用工情况，及时了解企业的用工动态。

(二) 夯实就业服务的工作平台

第一，完善乡镇基层劳动保障工作机构，确保资金充足和工作人员到位，主要负责农村劳动力的转移就业工作。第二，建立农村劳动力转移的监测体系。各省市及县级政府要着手建立农村劳动力的数据，对全县农村劳动力的转移情况进行逐村、逐社、逐人清理登记，以摸清农村劳动力的资源及转移的基本情况。第三，搭建劳务开发平台。县（市）政府积极与大中城市的政府和用人单位联系，建立长期的劳务开发关系。一旦用人单位需要农民工，基地县（市）政府能根据农村劳动力数据库的信息，马上组织农民工向用人单位输送。

(三) 建立完善就业援助体系

实现农民工充分就业，必须坚持市场调节与政府促进就业相结合的方法，制定和实施积极的就业和再就业政策：一是把失地农民和农村富余劳动力纳入再就业扶持的范围，覆盖城乡所有失业人员；二是对农民工就业困难的人员实行就业援助，可成立"就业援助服务中心"，做到有求必应、有事必办、有难必帮、有援必成；三是对纳入再就业扶持政

策范围的人员给予多项补贴和优惠政策。

七 加大财税力度促进城乡统筹就业

(一) 给予中小企业税收优惠,促进它们更好地吸纳剩余劳动力

近几年,中小企业成为吸纳劳动力的主力军,我国新增就业岗位的80%是由他们提供的。中小企业的发展程度直接关系到我国城乡就业水平的高低。因此,要加大财政对中小企业的扶持力度,使民营经济得到更好的发展,在税收方面应采取多种形式促进中小企业发展:加快所得税的并轨工作,减轻企业税收负担,对劳动密集型企业和项目给予税收优惠,同时还需要对可以使我们的社会更加和谐的产业采取税收优惠,比如各种社会公益事业的发展需要税收政策的扶持。

(二) 加大财政对城乡就业的投入力度,应当继续加大对就业再就业的资金投入

首先,规范劳动力就业市场需要有一支体制规范健全的监察队伍,而目前的劳动监察队伍人员严重不足,要加强监察力度就必须要扩充监察队伍,财政一定要加大关于这一方面的资金投入;其次,要加强公共就业服务体系的建设,比如信息网的建设、硬件设施的提供等都需要财政的支持。此外对特别困难的群体建立起相应的就业援助机制也需要财政的大力支持,包括支持并完善城乡居民最低生活保障制度,做好农村"五保户"的生活保障和医疗救助工作等。在加大资金投入的基础上,各级财政部门应加强对投入资金来源的管理和监督,提高财政投入资金的使用率。

八 加快和完善配套制度改革支持就业

(一) 积极推进户籍制度改革,减少农民进城就业的身份障碍,实施有利于农民工就业的户籍政策

要进一步加快户籍制度改革,彻底打破户籍城乡二元结构,实施户口

管理一体化。可以按照国际惯例，建立全国统一的、以身份证管理为主的一元户籍制度，任何一个公民都有选择居住地的权利，只要有稳定的收入和居住条件，就可以注册当地户口。同时要把农民工及其所携家属的计划生育、子女教育、劳动就业、妇幼保健、卫生防病和治安管理等工作列入各有关部门和社区的管理责任范围，并将相应的管理经费纳入财政预算，为城乡人口和劳动力合理流动创造条件。

（二）建立健全土地流转机制，完善农村土地制度改革，促进农民工身份转变

容许和鼓励外出务工经商及离乡离土的农民依法转让、转租、入股抵押土地使用权；建立土地的市场化退出机制，让农民土地使用权进入市场，让农民在自愿放弃土地中得到应有的补偿，为农民实现向城市的转移，提供进入二、三产业、入城安居的资本和"原始积累"。使"离乡"农民彻底"离土"，实现农民向城市的完全转移和向市民的转变。通过土地流转机制的建立，改变部分农民"亦工亦农、亦商亦农"的状态，解除土地对这些农民的束缚，让越来越多的农民成为彻底的工商业从业人员。同时结合城市建设规划，对被征地的农民实行货币补偿与给予城镇住房和社会保障相结合的妥善安置，这将对加快城镇化进程，实现农民身份转变起到重要作用。

（三）健全城市住房机制，促使农民工扎根城市变市民

"安居才能乐业"。在解决城市居民住房问题的同时，不要忘记解决农民工的住房问题。一要加大城市经济适用房建设力度，大幅提高经济适用房建设比例，政府和用工单位组织的保障型集资建房应把符合条件的农民工纳入规划，允许长期稳定在城镇就业、符合条件的农民工购买经济适用房，鼓励银行为农民工提供按揭方式购买经济适用房。二要加快住房公积金制度改革，逐步将签订了劳动合同的农民工纳入住房公积金体系，缴纳到一定年限，农民工就可利用住房公积金贷款购买经济适用房，这是解决农民工住房问题的一条有效途径。三要加大加快城市廉租房建设，直接让农民工也能享受廉价租房，支持使用农民工数量多的单位建设廉租的农民

工公寓，鼓励房地产商参与开发农民工公寓，政府给予用地、税收、补贴等政策上的支持。四要鼓励有条件的农民进小城镇按规划建房，创造条件让距离城镇比较近的村落，把小康新村整体移建到城镇上，把村委会变成居委会，让农民转为城镇居民。

（四）建立农民工的医疗保障机制

疾病尤其是重大疾病不仅会导致农民工失去工作，而且极易使其陷入贫困，这使得大病医疗保障成为农民工的现实需要。具体而言，对于与用人单位形成劳动关系的农民工，将其纳入城镇基本医疗保险。坚持低费率、保大病、同待遇的原则，由用人单位按规定缴纳医疗保险费，农民工个人不缴费，采取只建统筹基金、不建个人账户和不计缴费年限、当期享受待遇的办法，建立农民工医疗保障。对于在城镇灵活就业的农民工，按照灵活就业人员参保办法，自愿参加医疗保险。对于以后的情况，可将农民工分为留城和返乡两类处理，留城并能在城市稳定就业的农民工，可以直接纳入当地城镇职工基本医疗保险制度，由其所在单位和农民工个人共同缴费，地方财政按一定比例为农民工医保账户一次性注入一定资金，确保他们能及时享受相应的医疗保险待遇；返乡的农民工，可以由其个人缴纳一定的费用，同时，结合新农村建设中医疗制度的改革，中央财政划拨一定的资金，帮助他们直接进入当地的农村医保体系。

（陈　捷）

第七章

福建省统筹城乡社会保障研究

党的十七大作出了加快推进以改善民生为重点的社会建设的重大部署，提出要"加快建立覆盖城乡居民的社会保障体系，保障人民基本生活"。随着福建经济发展进入就业结构变革和城镇化发展加速的工业化中期，福建的经济发展也从农业反哺工业向以工促农、以城带乡等城乡统筹发展的战略阶段转变，社会与经济结构面临重构，在这一过程中社会保障体系将发挥社会稳定器的作用。然而，现有农村社会保障体系还存在不健全、不完善，城乡保障程度不均、制度不相衔接、管理体制顶底不平衡等诸多缺陷，如何通过统筹规划来缩小城乡就业和社会保障的差距，真正体现社会公平，切实保障城乡人民的基本生活，实现城乡的和谐发展，成为当前福建经济社会发展中的一个重要课题。

第一节 统筹城乡社会保障的基础

一 福建城镇社会保障的发展现状

1. 城镇职工基本养老保险发展较为成熟

自 1998 年地方性养老保险法规实施以来，福建省已建立起基本养老保险的省级统筹制度，在全省范围内实行"统一制度、统一标准、统一管理、统一调剂"，覆盖范围逐步扩大到集体企业、外商投资企业、个体私营企业、农民工和城镇灵活就业人员。职工养老保险由社会统筹基金和个人账户金组成，执行统一的缴费基数和比例，即企业按其全部职工月工资总额的 20% 缴纳基本养老保险费，职工个人按其月工资总额的 8% 缴纳基本养老保险费。到 2010 年底，全省城镇参加基本养老保险的人数达到 635.27 万人，参保人数的年平均增长速度为 8.5%，全省城镇居民参加基本养老保险的覆盖面从 2001 年的 20.89% 增长为 2010 年的 30.14%。① 由于实行省级统筹，能够及时调剂地市养老保险基金不足，所以近几年来都能确保企业离退休人员养老金按时足额发放。同时，福建省建立了初步完善的基本养老保险待遇调整机制，《福建省城镇企业职工基本养老保险条例》规定，退休人员的基本养老金每年 7 月 1 日（2008 年以后从 1 月 1 日开始）根据各地（市）上一年度职工平均工资增长率和缴费工资增长率的一定比例确定调整。自 1998 年以来，福建已十余次提高企业离退休人员的基本养老金水平，2010 年全省的企业年平均养老金水平为人均 1.46 万元/年，较 2006 年增长了 53.7%。

2. 城镇居民社会养老保险处于试点推广阶段

城镇居民养老保险全覆盖对于实现人人享有基本养老保险、促进社会和谐具有重大意义。福建于 2011 年在 46 个新农保国家试点县（市、区）同步开展了城镇居民社会养老保险国家试点，保障对象为未参加职工养老保险和机关事业养老保险的城镇居民，拟在 2012 年实现全省推

---

① 覆盖面的计算以城镇居民总人口为基数。

广。城镇居民社会养老保险制度模式采取社会统筹与个人账户相结合，基金由个人缴费、其他社会经济组织资助（社会公益组织、他人资助）、政府补贴组成，缴费标准目前设为 200~2000 元 10 档，每 200 元一档，参保人自主选择档次缴费。政府补贴分为两部分：一是政府对基础养老金给予全额补贴（目前标准为每人每月 55 元）。二是地方政府对参保人缴费给予补贴，每人每年 30~50 元。制度实施时，年满 60 周岁参保人可按月直接领取基础养老金。个人账户养老金计发标准为个人账户全部储存额除以 139。①

3. 城镇职工基本医疗保险制度覆盖全面

福建的基本医疗保险制度已经涵盖所有人群：对有职业的人群，实行城镇职工基本医疗保险；对非从业的居民，实行城镇居民基本医疗保险；对农村居民，实行"新农合医疗保险"。同时形成了以大病统筹为主的基本医疗保险为主体，大病商业医疗保险、公务员医疗补助、企业补充医疗保险、城区特困医疗救助等为补充的多层次医疗保障体系，向城乡居民"人人大病有保障"的目标进一步靠近。2010 年，福建省有近 60 万名大学生纳入了城镇居民基本医疗保险范围，9.18 万名关闭破产企业退休人员纳入城镇职工基本医疗保险范围。城镇基本医疗保险待遇水平稳步提高，截至 2011 年底，城镇职工和城镇居民政策范围内统筹基金住院费用支付比例分别达 75% 和 70% 左右，最高支付限额通过多种方式达到了当地职工年平均工资、当地居民可支配收入的 6 倍。2012 年，城镇居民医保政府补助标准从每人每年不低于 200 元提高到每人每年不低于 240 元。医保病种范围进一步扩大，《关于进一步做好 2012 年城镇基本医疗保险工作有关问题的通知》提出各地可结合医保基金支付能力，选择性地将血友病（成人）、重症肌无力、强直性脊柱炎、白内障门诊手术治疗、肝硬化（失代偿期）和帕金森氏病纳入城镇职工、居民医保门诊特殊病种和治疗项目范围。表 1 显示，福建城镇居民的参保人数迅速增加。

---

① 与现行城镇职工基本养老保险和新农保个人账户养老金计发系数相同。

表1 福建城镇职工与居民医疗保险参保与基金收支状况

年份	参保人数（万人）		基金支出收入比（%）	
	城镇职工	城镇居民	城镇职工	城镇居民
2008	435.73	360.73	58.9	37.23
2009	503.71	633.48	77.59	83.07
2010	554.67	671.58	83.75	94
2011	626.35	628.82	79.63	75.34

资料来源：福建统计年鉴2012。

4. 失业、工伤、生育等保险抗风险能力增强

福建失业保险制度已基本成熟，在有效保障失业人员基本生活的同时，较好地发挥了预防失业、促进就业作用。对进城农民工的失业保险也在进一步完善。2007年修订的《福建省失业保险条例》规定，合同制农民工在用工单位依法按月工资总额2%为其缴纳失业保险费后，本人自愿缴纳其月工资总额1%的失业保险费的，可享受与城镇失业人员同等的失业保险待遇。《条例》还将农民合同制工人的一次性生活补助费的月发放标准，由目前按照当地最低工资标准的40%发放，调整提高为按60%发放。截至2010年末，全省领取失业保险金人数40.95万人，失业保险金月平均水平为人均574元。其中，农民工参加失业保险人数为105.13万人，占全省参加失业保险人数的28.1%。2010年，全省农民工领取一次性生活费补助费37066人，发放金额1739.97万元，人均469.42元。[①]

工伤保险的保障覆盖率、参保范围也日益完善。2011年9月修订后的《福建省实施〈工伤保险条例〉办法》已将事业单位、社会团体、民办非企业单位等社会组织也纳入工伤保险范围，并实行了工伤保险费率浮动制度和工伤保险储备金制度。对未依法缴纳工伤保险的用人单位，职工发生工伤事故后，用人单位同样要支付职工的工伤保险待遇，因此事实上工伤保险的覆盖率已扩大到所有的企事业单位。工伤保险制度使参保职工发生工伤后的相关待遇有了稳定的制度保障，在保障职工权益、分散企业风险

[①] 福建省人力资源和社会保障厅：《关于2010年全省失业保险有关情况的通报》（闽人社办〔2011〕114号），2011年5月。

和维护社会和谐上发挥了重要作用。

生育保险是对生育责任承担者提供一定的经济、物质及服务等各方面帮助的一项社会保险制度。目前,《福建省企业职工生育保险规定》确定的参保范围已涵盖国有企业、股份制企业、城镇集体企业、私营企业及其全部职工,外商投资企业职工,但覆盖面仍然有限,不包括占人口80%的农村人口中的农村妇女,也不包括乡镇企业的女职工、非正规就业的女性劳动者和无业或失业的女性。在生育保险基金支付范围上,《规定》指出女职工生育的产前检查费、接生费、手术费、住院费和药费由生育保险基金支付。

表 2　福建城镇居民失业、工伤、生育保险参保与基金收支状况

年份	参保人数（万人）			保险基金支出收入比（％）		
	失业保险	工伤保险	生育保险	失业保险	工伤保险	生育保险
2006	293.07	228.26	140.84	49.22	40.49	63.28
2007	318.15	258.20	213.52	34.08	38.69	55.05
2008	338.69	305.89	235.81	28.59	39.19	48.53
2009	348.14	331.50	273.64	38.11	54.42	81
2010	374.18	368.84	326.40	48.15	52.24	75
2011	430.90	440.27	395.94	29.82	47.7	52.44

资料来源：福建统计年鉴 2007～2012。

5. 城镇居民最低生活保障已形成制度化安排

福建城镇居民的最低生活保障制度已于 2001 年建立,其目标是对人均收入低于户籍所在地城市低保标准的城市居民及共同生活的家庭成员实施城市低保。《福建省人民政府关于进一步加强和改进城市居民最低生活保障工作的意见》提出城市低保标准应按照当地维持城市居民基本生活所必需的衣、食、住费用,并适当考虑家庭水、电、燃料和未成年人的义务教育等费用来确定。目前城市低保标准控制在当地最低工资标准的33%至40%之间,由市、县人民政府民政部门每年至少向社会公布一次。统计数据显示,2007 年以来获得低保的家庭数增多,低保人数却逐步下降,人均低保资金支出也不断提高,2011 年较 2007 年增长了 80.8%。

表3 城镇居民低保及补助状况

	2007 年	2008 年	2009 年	2010 年	2011 年
城镇居民最低生活保障人数（人）	199408	195706	186306	181530	181207
城镇居民最低生活保障家庭数（户）	273228	280693	295342	305692	323718
人均低保资金全年计划支出（元）	1009.19	1226.12	1472.79	1589.32	1824.21

二 福建农村社会保障体系发展现状

1. 新农村养老保险仍处于试点阶段

目前我国的农村养老保险制度仍未建立，家庭养老仍然是福建农村养老的最主要模式，但建立新型的农村养老保险制度已成为农村社会保障体系改革的重要内容。2009 年 12 月，福建省人民政府颁布了《关于开展新型农村社会养老保险试点工作的实施意见》，在福建省晋安区、上杭县、武夷山市等 9 个县（市、区）实行农村养老保险试点。与个人缴费为主的旧农保模式相比，新型农保采用了个人缴费、集体补助和政府补贴相结合的筹资模式，福建设置的个人缴费标准目前设定为每年 100~1200 元，以每 100 元为一个缴费档次，共 12 个档次。对国家确定的基础养老金，中央财政按 50% 比例给予补助。省级财政根据各地不同的财力状况，分别以 80%、60%、50%、50% 的比例对试点县（市、区）进行分档补助，其余部分由设区市和试点县（市、区）分担。从 2010 年的新农村养老保险实施情况来看，新农保覆盖面更广，相对旧农保增加了 331 万的农村居民，农村养老保险基金支出也大幅增加。2011 年覆盖面进一步大幅增加，参保人数较 2010 年增幅 146%，新农保基金支出增长 271%。

2. 新型农村合作医疗制度日趋完善

农村居民的低收入及医疗费用支出高的现状亟须有力的农村医疗保障制度来缓解和逐步消除农民因病致贫、因病返贫现象。2009 年由福建省政府发布的《福建省新型农村合作医疗制度建设指导方案》标志着福建新型农村合作医疗制度的正式建立。《方案》提出，在自愿的前提下，引导农民以家庭为单位参加新型农村合作医疗，农垦系统、华侨农场、良种场、林场、各类开发区中属于农业人口的居民，按照自愿和属地化原则纳入当

表4 2010年福建新旧农村养老保险实施对比

	2010 年	2010 年	2011 年
	旧农保	新农保	新农保
期末参加农村养老保险人数（万人）	144.66	475.81	1173.78
期末领取农村养老保险金人数（万人）	2.57	—	—
农村养老保险基金收入（亿元）	0.73	9.49	32.60
农村养老保险基金支出（亿元）	0.19	4.25	15.77
农村养老保险基金当期结余（亿元）	0.54	5.24	—
农村养老保险基金累计结余（亿元）	11.04	5.25	22.07

资料来源：福建人力资源和社会保障厅。

地新型农村合作医疗制度范畴。在筹资标准上，省（含中央补助）、市、县级财政对各县（市、区）参加新型农村合作医疗农村居民的每年人均资助总额不低于50元。2012年，在《福建省2012年新型农村合作医疗统筹补偿方案调整指导意见》的指导下，新农合筹资标准提高到不低于每人每年290元。其中各级政府对新农合补助标准提高到每人每年240元，省级财政根据各地财力情况，给予分档补助；个人缴费不低于每人每年50元。由于长期缺乏医疗方面的保障，新型农村合作医疗制度一推出就受到农民的积极响应，根据《中国统计年鉴》的数据，截至2010年，在福建85个县（区、市）中，已经有74个县（区、市）初步建立了新型农村合作医疗制度，参加新农合的人数达2404万人，补偿受益人次为278.5万人次。

表5 2010年福建新农合医疗情况

	开展新农合县（市、区）比例（%）	参加新农合人数（万人）	人均筹资（元）	补偿受益人次（万人）
福建	87	2404.2	152.0	278.5
东部地区平均数	90.2	3477.1	255.9	569.7

资料来源：中国统计年鉴2011，东部地区包括上海、江苏、浙江、安徽、福建、江西、山东六省一市。

3. 农村最低生活保障制度已建立，但标准较低

农村居民最低生活保障制度是指由政府组织实施，对符合当地农村低保条件的农村贫困群众进行定期救济的一种新型社会救济制度。福建的农

村低保工作起步很早，于2004年起全面建立并实施农村居民最低生活保障制度，是最早实行这一制度的省份。政府确定全省农村低保标准为家庭年人均收入1000元，农村低保所需资金采取以地方财政为主，分级负担，省、市、县、乡共同筹集的办法。低保资金纳入社会救济专项支出项目，实行财政专户管理，专款专用。同时规定，各地可结合实际确定本地农村低保标准，但不得低于省定标准。2004年确定的全省农村低保人数达到75.3万人。2007年1月，全省农村低保标准从1000元提高到1200元，这一省定标准在当时是全国最高的，随着标准的提高，全省农村低保对象增加了4万人。2012年福建省农村工作会议确定了全省东、中、西部地区农村低保标准分别提高到每人每年不低于2300元、2000元、1800元，但从横向比较来看，这一标准仅属于全国的中上水平。如安徽省的农村最低平均保障标准在2011年已达到152.65元，[①] 江苏省已经达到340元以上。

表6　2007~2011年农村最低生活保障人数

年　份	2007	2008	2009	2010	2011
农村最低生活保障人数（人）	673461	684989	704093	713217	727205
农村居民最低生活保障家庭数（户）	273228	280693	295342	305692	323718

资料来源：福建统计年鉴2008~2012。

4. 农村贫困人口医疗救助制度取得了一定成效

农村医疗救助是指政府和社会对因病而无经济能力进行治疗或因支付数额庞大的医疗费用而陷入困境的农村经济困难家庭人员实施专项帮助和经济支持的一项社会救助制度。福建省于2011年通过了《福建省农村医疗救助办法》，对农村居民最低生活保障对象、重度残疾人、低收入家庭[②]、重病患者等人群实施医疗救助。农村医疗救助基金主要来源于各级财政预算资金、彩票公益金、社会捐赠资金、救助基金利息收入以及其他

---

① 汪国梁：《安徽省农村低保标准普遍上调》，《安徽日报》2011年7月23日。
② 注：指经民政部门认定，家庭人均年收入在当地农村低保标准两倍以内、未享受农村低保待遇的家庭。

资金，由民政部门编制年度农村医疗救助资金预算，财政部门在社会保障基金财政专户中建立"农村医疗救助基金"专账，并从本级福利彩票公益金中提取一定比例的资金作为农村医疗救助调剂金，用于临时救助和补助农村医疗救助资金不足的地区。2010 年，福建人均农村医疗救助支出为120.9 元，低于东部地区的平均水平。

表7　2010 年福建农村医疗救助情况

	医疗救助 （人次）	资助合作医疗 （人次）	医疗救助支出 （万元）	人均医疗救助 支出（元）
福建	127395	729884	10366.0	120.9
东部地区平均数	229739	1180416	32290	228.9

资料来源：根据中国统计年鉴2011 数据计算。

三　被征地人员社会保障

近年来，随着经济发展和城市化进程不断加快，重点建设的不断推进，福建征收耕地数量呈上升趋势，平均每年新涉及被征地农民达到36.2万人。为保障被征地农民的合法权益和生计，福建省从2004 年开始，积极探索建立被征地农民基本生活保障制度，厦门市较早建立了统一年产值及区片综合价制度，较好解决了农民呼声强烈的同地不同价问题；厦门市、福州市的一些城区尝试建立了被征地农民养老保险制度，较好地解决了被征地农民的老有所养问题；福州市、厦门市、泉州市采取留地安置模式，变农民耕地收益为地租收益，以较少投入解决了不少被征地农民的长远生计保障难题等。福建省政府也先后形成了《关于做好被征地农民就业培训和社会保障工作的指导意见》（2008）、《关于做好被征地农民就业培训和社会保障工作的补充通知》（2011），对被征地农民就业培训和社会保障作出了制度安排。"十一五"期间，福建实施省委、省政府为民办实事项目"农村劳动力转移培训就业工程"，累计培训农业劳动力超过120 万人次。[①]
《福建省被征地农民养老保障资金管理办法》规定，政府在依法征收农

---

① 数据来源：福建省经济和社会发展十二五规划。

村集体耕地后，为符合条件的被征地农民建立被征地农民养老保障资金。保障资金由老年养老保障个人账户资金、老年养老补助资金、养老保障专项资金组成，所需资金由政府、村集体和个人共同出资、合理负担。参加被征地农民老年养老保障，年满60岁且按规定缴纳保障费用的保障对象，按月发放老年养老保障金，直至身故。征地时已年满60周岁的被征地农民，未参加老年养老保障的，直接纳入老年养老补助范围，按月发放老年养老补助金，直至身故。目前，福建被征地农民养老参保人数已达到7.9万人。

第二节 统筹城乡社会保障的必要性

统筹社会保障发展问题是针对我国在特定历史时期存在的城乡二元社会结构这样一种特定的历史和现实情况提出来的，而重城镇轻农村的发展思路导致城乡社会保障也呈现出不均衡发展的二元结构。建立城乡统筹的社会保障制度不仅势在必行，而且具有现实可行性。学术界一致认为，统筹城乡社会保险制度是缩小城乡差距，体现社会公平，维护社会稳定的必然要求。

一 福建统筹城乡社会保障的出发点：城乡非均衡发展

长期以来，社会保障制度一直沿着城乡分割的路径发展，城镇与农村的社会保障制度存在巨大差异，并处于严重失衡的状态，这不利于三农问题的解决，也不利于新农村建设的进程，对福建城乡社会保障不均衡现状的认识、分析与评价，对推进统筹城乡社会保障具有重要的意义。

1. 福建城乡社会保障水平仍存在较大差异

社会保障水平是指社会成员享受社会保障经济待遇的高低程度。长期以来，社会保障制度建设重城镇，轻农村；先城镇，后农村。城乡社会保障不同力度的转移支付导致城乡社会保障水平差异较大。在养老保障方面，目前福建试点中的城镇居民养老保险与新型农村养老保险在制度上具有较大的相似性，不仅试点范围相同，保障水平也较为接近，如中央确定的基础养老金标准为每人每月55元，城镇与农村的标准相同。但在个人缴费档次上还存在差异，城镇为 200～2000 元十个档次，农村则为 100～1200 元，由于缴费水平直接关系到退休后居民养老金的计发水平，因此在保障程度上还存在一定的差异。① 另外，由于城镇居民主要参加的养老保险还是城镇职工基本养老保险，如果与新农保进行比较，两者之间的保障水平则存在巨大的差异，以 2012 年上半年的数据为例，福建领取养老金的农村居民有 305.4 万人，月人均领取养老金额为 176 元，仅为城镇职工基本养老保险月平均水平的 1/6 至 1/8。② 从医疗保障水平来看，城镇居民医疗政府补助标准与新农合医疗补助标准也相同，但新农合住院统筹补偿的封顶线为 8 万元，而城镇职工与城镇居民医疗保险的最高支付限额通过多种方式分别达到了当地职工年平均工资、当地居民可支配收入的 6 倍。从 2012 年第一季度新农合的补偿数据来看，福建有 110.7 万人次获得新农合补偿，人均补偿支出为 1206 元，③ 而 2010 年城镇职工基本医疗支出的人均基本医疗保险基金支出就达到 2054 元。

2. 保障项目和覆盖面的差异较大

福建城镇居民的社会保障体系建设较早，且项目齐全，已先后建立了城镇职工养老保险、失业保险、工伤保险、医疗保险、生育保险等社会保险制度，城镇居民最低生活保障基本实现应保尽保，社会优抚和社会福利部分项目基本覆盖应保人群。而农村社会保障目前仅包含养老、医疗、最低生活保障等项目，并且这些项目仍处于试点阶段，尚未全面建立，其他保障项目还未跟上，例如农村居民作为自雇者，没有工伤保险，在劳动过程中所受伤亡病残全由自己负责，同时农村居民也没有生育保险，生育费用完全由自身承担；由于农民有土地、作物或牲畜等，不论其是否能维持生计，都不属于失业的范畴，因此也没有失业保险。其次是福建针对农村已建立的以及试点中的保障制度保障项目与城镇相比仍有一定差异，例如参加新农合的农民只有在县级定点医疗机构的住院比例才能达到 75%（高

① 部分县如南安与诏安、明溪、清流、邵武、长汀和永定等地，在 2011 年率先将城镇居民社会养老保险和新农保合并实施，把城镇居民和农村居民融为一体。
② 潘园园：《福建省城乡居民社会养老保险参保率达 87.53%》，《福建日报》2012 年 7 月 25 日。
③ 章微：《福建一季度百万人次获新农合补偿》，《海峡都市报》2012 年 5 月 24 日。

于城镇居民医疗保险的住院报销比例70%），一旦在县以上住院补偿则比例下降为50%，一些难治性疾病如血友病（成人）、重症肌无力、强直性脊柱炎、白内障门诊手术治疗、肝硬化（失代偿期）和帕金森氏病等仍未列入新农合医保的治疗项目。

又如社会救助方面，从救助的需求看，救助项目应当有灾害救助、基本生活救助、就业救助、住房救助、教育救助、医疗救助、权益救助（司法救助）等，而目前福建农村主要局限于灾害救助和基本生活救助（例如五保供养制度、特困救助制度），医疗救助刚刚起步，教育救助、住房救助等还非常薄弱。

就社会福利来看，城镇居民有职工福利和公办福利的社会福利及社会优抚等项目，农村则基本空缺。社会保障基础设施建设上也存在较大的城乡差异，农村的敬老院、儿童福利院等硬件条件、人员投入和职能发挥上都远远不如城镇成熟。

3. 城镇职工与进城务工人员"同工不同保"

城镇职工与进城务工人员有着相同的工作环境，但在失业、工伤等社会保险中，城镇职工与进城务工人员的保障程度差距很大。多数城镇职工享有充分的失业保障与工伤保障。以失业保险和工伤保险为例，目前福建的失业保险基金累计结余为52.25亿元，2010年基金收入11.63亿元，支出5.6亿元，当前的结余金额已足够在不征缴失业保险的情形下够用十年，可见用于失业保障的失业保险金出现大量的闲置。类似的现象在工伤保险项目中也能看到，工伤保险2010年基金累计结余20亿元，当年仅支出2.8亿元。这一现象反映出保险制度的缺陷，一是失业保险覆盖范围的狭窄，其对应保障的仅仅是"城镇登记失业"，而非整个社会范围内的实际失业，能够领取失业保险金的人数较少；二是补偿的比例太低，造成每年的保险基金都产生大量的结余。

另外，福建现有进城务工人员的数量为900万人左右，这些进城务工人员既不是真正意义上的农民，也不是纯粹的工人，在社会保障体系中容易被边缘化。一是进城务工人员的失业保障低，失业期间这部分农民往往得不到当地政府或社会组织的必要救助，而只能依靠自身储蓄或亲友接济，当无法承受时只能选择返乡。二是养老风险仍主要由自身承担。由于城保要求的缴费时间长（至少需要 15 年），雇主和雇员都需要按工资额的一定比例缴纳养老保险费，进城务工农民流动性较大，基本养老保险关系跨地区接续难，因而城保很难对进城务工农民产生吸引力。三是进城务工人员相对集中地从事建设工程、矿山采掘等行业，这些行业的工伤事故（包括职业病）发生较为频繁。而我国工伤保险制度尚不健全，进城务工人员工伤保险意识薄弱，不少私营雇主为规避职业病风险，往往不签订劳动合同，也不向社会保险部门办理工伤保险，导致工伤保险的覆盖率很低，参保率只有 20% 左右。①

4. 社会保障管理体制顶端与底端不平衡

福建城镇的社会保障已基本建立完善的管理体制，城市社会保障管理服务能力建设近几年有了明显的改善，制度化、规范化、社会化程度有了很大提高，运行机制开始趋于成熟。但农村社会保障仍普遍存在部门分割、多头管理的局面，如劳动、卫生、民政等部门分别管理不同的社会保障项目，劳动部门负责在国有企业工作的农村职工的社会保障工作，卫生部门负责医疗保障，民政部门主要负责安置、救灾救济、社会优抚、养老保险等业务。从表面看，农村社会保障工作由多部门负责，更易于共同解决问题，但由于各部门所处地位和利益关系不同，部门分割带来政策分割，政策分割又带来资源分割，在执行保障的过程中损害了资源的效率，造成了低收入群体的社会保障权益极不平等，不利于通盘解决城乡社会保障问题，实现城乡统筹。

另外，在社会保障管理体制的底端，随着福建城镇居民基本医疗保险制度、基本养老保险制度以及农村医疗、养老保险制度的推广，社会保障服务开始向基层乡镇、社区延伸，但在实际运作中，由于这些基层社会保障服务机构除了承担劳动就业、社会保障业务以外，还负责民政、人口计生、残联、文化、卫生等方面的业务工作，易出现建设资金匮乏、人手紧缺、经验缺乏等问题，福建基层社会保障平台主要表现在县级经办能力、乡（镇、街道）专兼职人员和工作经费不足，村协理员待遇偏低等

---

① 姜伟伟：《福建农民工达到 860 万参加工伤保险率不足 20%》，《泉州晚报》2011 年 1 月 19 日。

方面,① 导致社会保障服务上投入人力有限,社会保障机构服务职能难以有效地履行,也难以为群众提供快捷、高效的服务。

5. 农村社会保障法制建设滞后

城镇社会保障制度的建设经历了多年的探索,积累了不少经验,逐渐形成了较为完善和成熟的模式,有效地规范了权利与义务、公平与效率、国家与个人的关系,促使社会保障制度走向良性的、可持续的发展道路,目标明确、路径清晰的社会保障模式在城镇已经建立。国务院先后制定了《失业保险条例》《工伤保险条例》《城市居民最低生活保障条例》以及2010 年颁布了《社会保险法》等行政法规就是保障城镇居民社会保障权益的制度体现。而现行的农村社会保障法律制度,不仅是在地方层面,在国家层面至今没有出台一部社会保障方面的专门性法律,只有一部《农村五保户供养工作条例》,福建的各项农村社会保障也主要通过各种行政性文件发布,如《福建省农村医疗救助办法》《福建省被征地农民养老保障资金管理办法》等都是由政府职能部门颁布的文件,这些文件缺乏法律权威与制度刚性,执行的效力、制度的稳定性都还有待加强。社会保障作为一个独立的部门,应该有与之相适应的法律法规,但由于这方面的建设滞后,导致社会保障的强制性没有得到充分发挥,农村社会保障工作处于无法可依、无章可循的状态。立法的滞后在很大程度上阻碍了农村社会保障工作的顺利推进和开展,这不仅有悖于市场经济的公平竞争,而且也加大了财政的社会保障负担。

6. 城乡社会保障制度衔接机制不完善、统筹层次较低

由于省级层面城乡居民各社会保障制度的法律依据、行政规章之间缺少必要协调,与现行国家层面制定的社会保障制度之间缺少有效的衔接,导致统筹城乡社会保障的实践中有许多问题无法可依、无章可循。首先,社会保障制度以企事业单位职工社会保障为起点,以后又逐步扩展到非正规单位,灵活就业人员,农民工和城市其他居民,在制度设计上明显存在系统性不足的缺陷,各项制度改革缺乏整合衔接机制,社会保险关系转移

---

① 钟维平:《在全省新农保工作总结表彰暨推进城镇居民社会养老保险制度全覆盖工作电视电话会议上的讲话》,福建省人力资源和社会保障厅,2012 年 5 月 25 日。

续接困难。例如社会保险与社会救助衔接不周全；工伤保险与职业安全保护制度不同时抓，低保制度与教育救助、医疗救助等专项救助没能有机衔接。其次，由于经济发展水平的差距，地区间财力与社保压力不同，社会保障统筹的层次也就有差异。目前，福建绝大部分保险项目仍处于市县统筹，实现省级统筹的只有养老保险，省级统筹发展缓慢造成地区间社会保险的互济功能难以充分发挥，社会保险资金的使用效率也大打折扣。再次，流动人口社会保障转移衔接机制不健全，导致以农民工为主体的流动人口因身份转换和地区转移无法转移续接，直接影响流动人口的参保积极性。

二 福建统筹城乡社会保障的重要性与必然性

（一）统筹城乡社会保障是福建城乡经济和社会发展一体化的要求

城乡经济和社会发展一体化是现代化和城市化发展的一个新阶段，是现代经济中农业和工业联系日益增强的客观要求，也是福建未来发展的必然趋势。但城乡一体化是一项重大而深刻的社会变革，不仅是发展思路和增长方式的转变，也是产业布局和利益关系的调整，在此过程中，传统农业部门向现代化部门转化，进入城市的大量劳动力离开了"土地保障"，如果没有新的、基本的社会保障接替，将可能成为社会稳定的隐患。

然而，现有的二元社会保障制度结构不利于城乡一体化进程的推进。农村社会保障长期落后于城市，最终会拖累城市甚至整个社会的发展。因此，必须对这种结构进行统筹，解决城乡社会保障发展不协调的问题。实现社会保障体系的城乡整合，不仅是世界上其他国家社会保障制度发展的共同趋势，也是推进城乡经济社会一体化、加快社会结构转型的现实要求。

（二）统筹城乡保障有利于维护社会公平，缓解社会矛盾

社会分配的公平性是社会和谐的基本要素，而社会保障制度是实现社

会公平的必需手段和主要内容，缓和社会不公、创造并维护社会公平是社会保障制度安排的基本出发点。首先，制度的核心价值就是公正公平，只有通过公正的制度安排才能保证社会成员的基本权利，为社会成员提供平等的机会。社会保障制度作为一种公共领域的社会制度，更应在制度安排上秉持公正理念，如果社会保障制度未能体现公平性，那么这种制度不仅难以被社会成员接受，还将丧失这项制度最基本的基础价值，埋下动荡隐患，使本应以促进社会公正为目标的社会保障却变成导致社会不公的来源。其次，经济非均衡发展、收入分配差距拉大引发的社会矛盾越来越尖锐，城乡二元化间接使社会阶层分裂对立。所谓的"仇富"心态正是社会阶层对立的极端和畸形表现。因此公正公平的社会保障体系是缓和社会不同阶层对抗、沟通情感的要件，既是控制社会风险的必要机制，也是整合社会协调的安全机制。通过统筹城乡社会保障制度，可以缓和贫富差别和社会成员间的矛盾，使社会秩序稳定的目标得以实现，最终促进和谐社会的建设。

（三）统筹城乡社会保障有利于福建加速新农村建设进程

党的十六届五中全会提出建设社会主义新农村的概念，并将其总体要求概况为 20 个字，即"生产发展、生活宽裕、乡风文明、村容整洁、管理民主"。建设新农村是农村社会未来发展的主要目标。从现实角度而言，现阶段在工业化的影响下，农村经济社会关系正在发生深刻变化，农业社会面临的风险总量不断增加，与过去相比，农村农民面临着更多的自然风险、市场风险及其他社会风险如疾病、养老风险。但随着家庭结构小型化、土地面积的减少以及农业经营风险的加大等，农村集体和家庭养老相结合的保障功能正在进一步受到削弱。农村单个小农家庭经济长期处于不确定的风险中，不仅不利于帮助农民建立稳定的心理预期，不利于拉动农村消费，也不利于新农村的建设。由于农民是社会主义新农村建设的主体，如果农民利益得不到维护，弱势性加剧，新农村建设就是空中楼阁。因此，在统筹城乡的背景下，满足农民利益诉求，保障农民基本生活、实现农民"生活宽裕"离不开农村社会保障。加快建立健全农村社会保障制度，直接关系到农民参与社会分配和再分配问题，还能有效维护农村社会公正公平性，对建设社会主义新农村有着重要的作用。

（四）统筹城乡社会保障是福建农业产业化和农业现代化的要求

推进农业产业化的关键在于建立土地的流转机制，这就要加强农村社会保障建设，以"社会保障"替代"土地保障"，即弱化乃至完全转化土地的保障功能，凸显其生产要素功能，从而推动土地流转，促进土地适度规模经营和农业产业化的发展，以利于农田水利等农用基础设施建设，利于科学种田，以及农业现代经营方式的发展，推动农业现代化的实现。事实上，农业现代化生产具有一定的风险性，农业生产领域的各种灾害和意外事故发生的频率也较传统社会高，造成的损失也越来越大。而且由于社会的开放性和流动性大大增加，使得风险的影响和扩散更加快速化和难以预测，导致个体分散的农用土地的收益不断减少，一旦碰上自然灾害，根本无法使农民获得生活保障，这就说明单个土地的保障功能自身客观上存在弱化趋势，这也呼唤着以"社会保障"替代"土地保障"，消除或减轻农村经济波动，促进农村经济的稳定增长。

第三节　统筹城乡社会保障的思路

从理论与实践上看，统筹城乡社会保障就是要打破传统的计划经济体制下形成的利用行政手段将人民群众分割为城镇人群和农村人群，以及本地人群和外来人群的社会保障制度。城乡统筹并不是指城乡统一，而是强调统一筹划，是要在社会保障制度体现出城乡整合的特点，使城乡社会保障制度能够适应工业化与城镇化的发展，为经济社会的转型提供有效的保障服务。

一　福建统筹城乡社会保障的目标

统筹城乡社会保障是一项制度内容复杂、牵涉利益面广、引一发而动全身的庞大社会系统工程，是在承认城乡差距的前提下，根据现实经济条件，充分发挥政府的宏观调控能力，积极引导各种资源在全社会范围内实现优化配置，实现城乡协调发展，最终实现城乡统一的目标。

（一）近期目标

着力围绕最低生活保障、基本养老保障和基本医疗保障制度目标进行建设。在国家社会保障战略框架下，根据福建省情与经济发展特征、人口就业特征逐步分阶段建立形式多样的养老和医疗保障政策，力争到 2020 年实现社会保障制度覆盖全体城乡居民。这也是党的十七大报告提出的要求。首先应以农村社会保障建设为重点，以保障农村居民基本生活为目的，社会基本保障与集体保障、家庭保障、土地保障及其他补充保障相结合，逐步建立多层次的农村社会保障体系；在城郊及经济相对发达的区县，可以效仿城镇社会保障体系建设经验，全面开展养老、医疗、工伤、生育及失业保险；在传统农业占主导及经济基础相对薄弱的地区，重点推行最低生活保障制度与新型合作医疗制度；在贫困地区，重点推行社会救助和最低生活保障制度。要特别突出城乡居民社会养老保险统筹，先行制定适用于全省居民的社会养老保险条例，积极开展先行先试工作，构建城乡对接的路径。

（二）远期目标

到 2021 年，农村居民与城市居民无论在收入水平，还是在社会保障的享受范围上的差距都大大缩小。而通过前阶段制度的不断调整，广大农村已基本建立起以最低生活保障制度、养老保障制度和医疗保障制度为主体的覆盖范围比较广泛、保障水平逐步提高、制度法制化、管理规范化、服务社会化，与农村经济社会发展水平相适应的社会保障体系。此时无论在制度内容还是待遇水平上，实现社会保障的城乡一体化都具备了充分的条件。因此，在已有基础上进一步完善农村社会保障制度，不断提高待遇水平，确保广大农民的生活质量，全方位满足农村居民对社会保障及相关服务的需求，真正实现城乡社会保障的完全统一，把过渡性的"农村社会保障制度"和"城市社会保障制度"，完全整合为统一的、有中国特色的"现代社会保障制度"，统筹城乡社会保障制度最终形成。

二　福建统筹城乡社会保障的原则

（一）渐进改革原则

统筹城乡社会保障不是绝对的城乡统一，而是以一体化为方向的稳步推进，因此要遵循"先易后难，逐步推进，重点突破"的渐进改革原则。福建各市、县经济发展水平不一，社会保障的工作基础不一，只能在突出重点的基础上加快整体推进，因地制宜，稳步实施，逐步实现社会保障体系建设从城镇为主向覆盖城乡、从职工为主向城乡居民的转变，可以先把进城农民工及乡镇企业职工纳入城镇社会保障体系，在推动城镇化进程中把失地农民纳入城镇社会保障体系，使社会各种不利群体、边缘群体、弱势群体都能够得到基本生活保障。从地域上讲，在闽东、闽南沿海经济相对发达的地区可直接实行城乡统一的社会保障体系，而对于闽北、闽西欠发达的农村地区，应本着"急用先立"的原则，从农民最急需的保障项目入手，先建立农村低保，实行合作医疗试点并稳步实施，并在经济条件较好的农村进行养老保险制度试点，最后在试点取得成功的基础上建立统筹城乡的社会保障制度。从制度而言，福建大多数社会保险制度都还未实现省级统筹，新农合、新型农村养老保险更是处于试点阶段，实行"一县一策"，拘于管理经验及信息化技术等限制，不可能立即就建立起全省统一的社会保障统筹制度与管理平台，实现城乡居民全覆盖，应该遵循渐进性原则，制定时间表，各类养老社会保险逐步提高统筹层次，最终实现全民覆盖。

（二）兼顾公平与效率原则

社会保障的基本功能是通过对收入再分配进行调节，实现全体社会成员的基本保障，保持社会分配的相对公平。因此，统筹城乡社会保障不但要实现社会公共服务在城乡之间的公平分配，而且要实现公共服务在地区间的横向均衡。然而，社会保障的规模与水平通常依赖于政府财政投入，而财政投入的有限特性决定了公共资源必须在满足最优社会福利的基础上进行分配，必须兼顾使用的效率。我国在改革开放之初提出的"效率优先，兼顾公平"的政策理念是正确的，全面建设小康社会要继续发展经济和改革开放，仍然要坚持这一政策，但随着经济的快速发展、财政收入规模的不断提高，现阶段要更多地强调社会成员的互助合作及对弱者权利的保障，效率是实现公平的基础；而公平又是效率机制能够有效运转的保障：一要尽力缩小两极分化，让普通劳动者看到，通过奋斗是可以改善收入状况的；二是实现农村社会保障制度的全覆盖，政策重点向农村社会保障制度和农民工社会保障制度倾斜。社会保障制度要尽可能地保障劳动者的权利，使其在失业、医疗、养老等方面解决后顾之忧，只有这样普通劳动者才能安心地投入工作，工作效率才会提高。当然，统筹城乡社会保障也不能以公平为唯一目标，如果制度设计不合理，也可能出现对效率的损害。农村社会保障财政支持的效率原则包括：一是要体现对农民工作和劳动的激励作用。要通过适度的保障水平，鼓励农民积极就业，避免陷入福利陷阱。二是要体现对个人参保的鼓励作用。个人获得的保障水平要与个人参保缴费挂钩，通过鼓励农民参保的积极性，可以降低其遇到生存风险时从社会免费索取的负面效应。

（三）政府主导原则

社会保障大致可分为"政府—社会型"社会保障制度与"政府—市场—社会型"社会保障制度，相对前者，后者还充分依托和发挥市场及市场主体的力量和作用，通过政府的主导作用，引导市场的参与，政府和市场的共同作用形成全社会的力量建立社会保障制度。从现实情况来看，城乡差距过大、劳动关系失衡等种种社会转型期的社会代价、社会弊病的主要诱因，还是社会保障制度的残缺不全，政府主导意味着一是政府要构建城乡统筹社会保障体系，提供制度和政策空间，改革和创新那些与统筹发展不相适应的制度，使城乡的社会保障参与者能依据自身的需求和能力，在制度的约束下自主地决定参与的方式。二是政府在社会保障中负有财政责任，没有政府的财政支持，不能称之为社会保障，特别是对农村社会保障而言，政府有责任通过转移支付，对农村社会保障建设与发展给予必要的倾斜。三是对城乡居民进行普遍社会保障是政府公共财政的基本职能，只有通过有效的投入，为社会成员提供有效的社会公共产品，才能实现社会公正，维持社会正常运转。

但坚持政府是构建城乡统筹保障体系的主体，绝不能排斥市场在社会保障中能够发挥的作用，机构臃肿、效率低下和官僚主义等现象也会导致政府失灵。所以既要发挥政府配置社会保障资源的主导作用，也要充分发挥市场机制能对社会保障资源有效配置，通过"政府购买公共服务"方式，引导商业保险公司、信用社等农村金融机构、社会慈善机构等积极参与到社会保障管理服务中来。

（四）动态发展原则

社会保障是经济发展的产物，一定的经济条件是社会保障发挥作用的物质基础和客观条件，社会保障水平应该以生产力水平为基础，与城乡社会经济发展水平相适应，既不能超前，也不能滞后。可以说，社会保障与经济发展相互制约、相互促进。如果社会保障水平过低，低于经济发展水平，那么劳动者不能充分享受社会经济发展带来的好处，会损害其生产积极性，不利于发展社会经济进一步发展。另外，农村社会保障的发展应积极推进，但也不应盲目冒进，脱离经济发展实际过早追求保障的高标准及城乡统一，无疑会给财政带来巨大压力，不利于国家的可持续发展。因此必须与经济发展阶段实现同步性，针对每个阶段财政支持能力、企业经营成本、城乡居民需求特点有选择、有重点地进行统筹城乡社会保障制度建设。要保持社会保障基金与经济发展水平的动态平衡，按照政府和单位能承受、个人能接受的原则，建立社会保障费用在政府、单位和个人之间合理的责任分担机制。另外，现阶段我国城乡之间、地区之间在生产力水平、人口结构、收入水平和消费方式等方面存在差别，城乡社会保障水平不能一刀切，首先要在城乡统一的制度框架内实现全覆盖，然后根据人力资本等方面的差异制定可选择的保障水平。

三　福建统筹城乡社会保障的基本思路

（一）统筹规划，消除社会保障制度碎片化倾向

社会保障体系是保障形式之间、保障平台之间及保障群体之间相互独立又相互依存的整体，要满足不同群体的诉求、平衡方方面面的利益、兼顾当前和长远，需要更加完善的顶层设计。福建社会保障体系也呈现出"碎片化"状态，如养老保险有机关事业单位职工制度、城镇企业职工制度、城镇居民制度、新农保制度，医疗保险有城镇职工、城镇居民、新农合三种制度，这些社会保障制度各成体系、标准不一、补偿不一，致使社会保障制度呈现出碎片化的分裂状态。二是有的部门和地方过分追求功利性的对策性问题的解决，对社会保障体系中出现的问题处理停留在技术操作层面，也缺乏整体宏观战略目标的设计和思考，还有的一些地方出于地方利益保护的目的，人为设置保障制度的转移续接障碍，例如一些地方欢迎参保人员来缴纳社保、却不愿参保人员在那里退休，人为设置障碍，增加了老年人参保人员的办理难度，甚至影响到其养老待遇的享受。管理层面的政府失灵也容易导致社会保障政策"碎片化"状态。这种碎片化状态使社会保障制度的模式、项目、管理、待遇等都存在巨大差距，不仅加大制度成本负担，而且不利于社会和谐。

统筹城乡社会保障必须摒弃部门和局部利益观点，树立整体规划理念，将城乡社会保障制度作为一个有机整体，进行科学合理的规划设计，要通过对现行社会保障体系进行梳理、分类，整合各种社会保障制度，包括项目结构、保障水平、筹资模式、管理制度和监管机制等，以利于城乡社会保障制度的有效衔接。大力推进社会保障的工作重心从城市向城乡统筹转变、保障形式从单一向多元转变、制度设计从单项应急向系统长效转变、保障模式从单位向社会转变。规划要按照建设覆盖城乡居民的社会保障体系总目标，统筹考虑需要与可能，既要考虑地区间、城乡间的发展不平衡，又要考虑到不同社会群体之间社会保障水平的公平性。同时，统筹规划应明确实现全覆盖的目标、实施步骤和保障措施。不仅要实现对全体

公民的全覆盖，也要明确对各类历史遗留问题所涉人群的解决办法。要量化具体目标，在社会保障覆盖率、社会救助覆盖率上有量化指标，在社会福利和慈善事业上有新的发展，从而使人们对社会保障制度有明确的预期。农村社会保障制度应向制度相对先进、运行相对成熟的城镇社会保障制度靠拢，尽量避免二者在基本构成要素方面的偏差，为将来城乡社会保障制度的统一奠定基础。而各地区经济发展不平衡的状况决定了推进城乡社会保障的速度应有所不同，不能追求整齐划一。应按照整体规划、分层推进的理念，对现行社会保障体系进行梳理和调整，逐步实现城乡统筹。

（二）贯彻"以人为本、均等服务"理念

长期以来，围绕社会保障建设进程始终存在两种思想，一是官本位思想严重；二是重城轻农倾向。官本位思想与服务型政府中"以民为本，高效透明"的思想相悖。主要表现在一些政府和部门热衷于抓经济工作求发展，没有确立以人为本、统筹城乡发展、构建和谐社会的理念，没有意识到统筹城乡社会保障的迫切性，造成领导层重视不够，行政推动力不足，基层干部缺乏对农村社会保障工作重要性的认识，引入和实施统筹城乡社会保障只是一种"政绩工程"和"形象工程"。重城轻农倾向则认为农村人口规模过大，国家财政承受不起；或者认为农村家庭的子女数量多，家庭拥有丰富的社会保障资源，家庭养老根深蒂固，农民所拥有的土地可以成为农民基本生活的物质来源保障，可以解决社会保障资源不足问题。两种观念归根结底都是因为未能树立"以人为本、均等服务"的理念。

党的十六届六中全会在科学发展观的指导下提出，要以促进社会公平正义为着力点，更加注重解决发展不平衡问题，更加注重发展社会事业，推动经济社会协调发展。以人为本是社会保障科学发展观的本质与核心，在完善社会保障管理体制过程中人应当具有主体的意义，人是社会保障主体；完善社会保障管理体制的根本目的就是要提高社会保障制度运行效率，实现社会保障资源更有效的配置，使得社会经济发展成果人人共享、普遍受益。同时反过来促进经济又好又快发展，提高经济发展的质量。坚持"以人为本、均等服务"理念，要从保障和改善民生入手，继续扩大社会保障服务范围，着力改革基本公共服务供给方式，加快构建完善基本公共服务体系，为城乡居民提供与其基本需求相适应的普惠性社会保障公共服务。要大力推进城乡基本公共服务均等化，不断提高农村社会保障水平，使农民享受基本的国民待遇。现阶段还无法实现城乡社会保障公共服务的结果均等，但应当着力实现机会均等与过程均等。其中，城乡居民参与社会保障的机会平等，即通过社会保障的制度安排，保证居民具有平等参与社会保障的机会，使其不会由于城乡差别而被排除在社会保障制度之外。城乡居民参与社会保障的过程平等，即政府为城乡居民提供平等的社会保障制度安排，从而使得城乡居民能够根据自己的意愿选择社会保障服务。

（三）与二元经济体制改革、城镇化进程紧密结合

统筹城乡社会保障是一种制度创新，统筹不是统一，而是协调城乡社会保障制度之间不和谐的制度因素。由于我国二元经济社会结构历史存在已久，城乡之间、工农之间、区域之间差距很大，不可能在一夜之间消除城乡制度的区隔。而统筹城乡社会保障既涉及两个制度内部问题，又涉及两个制度之间的协调，因此是一项难度很大的系统工程，必须将统筹社会保障制度改革与整个二元经济制度的改革有机结合起来，与统筹城乡的公共财政体制、医疗制度、户籍制度、土地管理制度、行政体制等综合配套改革同步。例如财政上调整财政支出结构，加大对城乡统筹改革和发展的资金倾斜度，将每年新增财政收入优先用于统筹城乡发展和改革，重点支持农村基础设施建设、农村环境保护、农民变市民后的社会保障、针对农民变市民的廉租房规划建设、农村合作医疗保险、农村义务教育、农村劳动力培训等。在土地管理制度上可通过农房改造、农村集体产权股份化改造、农村"三权"抵押贷款等创新手段加快土地管理与使用制度创新，增加农民财产性收入，帮助老百姓加速致富，缩小城乡差距，提高城乡统筹水平。

统筹城乡社会保障体系的建立在某种程度上讲是城镇化的必然结果。从经济结构角度看，城镇化过程是农业活动逐步向非农业活动转化和产业结构升级的过程；从社会结构角度看，城镇化是农村人口逐步转变为城镇

人口以及城镇文化、生活方式和价值观念向农村扩散的过程。因此统筹城乡社会保障也要与城镇化的步调一致，完善城镇职工、农民工和农村社会保障体系要与统筹城乡的大背景一致，需要在统一的目标下进行系统的政策设计，以促进城乡就业、建立覆盖城乡的社会保障体系为核心，同时完善农民进城居住、医疗、社保、子女教育和青年就业、弱势群体就业援助等配套政策。通过这些政策的制定和完善，形成城乡一体的积极就业政策、劳动力市场政策、社会保障政策，建立覆盖城乡的职业培训体系、再就业援助体系、社会保障经办服务体系。

（四）以"底线公平"作为制度设计的核心价值①

社会保障的"底线"应包括老有所养、病有所医、贫有所助三个方面的内容，其表现在制度上，则是城乡居民基本养老和医疗保障制度、最低生活保障制度。实现底线公平具有极其重要的意义。对于养老保障来说，一个老人依靠最低生活保障加上卫生医疗保险，就可以获得最基本的社会保护，这是政府的责任。如果再有企业养老金和个人养老储蓄，以及有一定发展余地的社会服务，并且充分发挥家庭的养老功能，那么他就可以体面地进行老年生活。这后一方面，主要是社会组织和个人的责任。对于失业者来说，底线公平意味着依靠最低生活保障加上卫生医疗保险，他就可以维持基本生活。如果辅以积极的就业培训、就业服务和社会互助，他就不仅可以获得体面的生活保障，还可以尽快重新就业。

实现底线公平意味着有些制度和项目是最起码的、必不可缺的、非歧视性的，是政府和社会必须坚守并承担的责任"底线"。而底线以上或以外的部分，可以由企业、社会组织和个人去承担，是有选择、有差异的。底线公平明确了政府与社会成员之间的关系，明确了政府在社会保障制度中最主要的责任和关注重点。它的关键在于所有参加社会保障人员具有一致的权利，但不是要用同一标准水平覆盖所有人，而是指对最需要的人进行保障。在社会保障制度范围内，社会保障标准及其以下水平是政府的兜

---

① "底线公平"概念最早由中国社会科学院研究员景天魁提出，是指政府和社会有责任确保每个公民能过上有尊严的生活所必需的基本条件。

底保障责任，这个保障水平是保障所有参保人员基本生活最起码的，不可缺少的，政府只有运用公共财政进行兜底保障，才能体现出社会保障制度的国家责任主体地位。就市场机制而言，底线以下不是市场机制发挥作用的领域，而是公共财政确保的领域，底线以上才要靠市场调节。解决政府调节和市场调节的关系是解决社会保障刚性问题的关键，也是统筹城乡社会保障科学发展观的体现，实现底线公平的制度化，将直接影响到社会的安定有序、社会风险的防范以及社会矛盾的化解，对社会稳定具有根本性、长期性的意义。

第四节　统筹城乡社会保障的政策措施

统筹城乡社会保障不能脱离国家社会保障制度建设实际，也不能脱离福建省情而盲目追求。应该在完善城镇社会保障体系的同时，加大财政的保障性投入，加快建立城乡协调的社会保障制度体系，建设基本公共服务平台，实现城乡居民在基本社会保险及医疗保险方面的平等权利。同时，可在兼顾公平的基础上作出与城乡经济社会发展水平相适应的社会保障制度安排，实现"政策统一、制度统一、管理统一、标准统一、经办统一"。

一　建立健全覆盖城乡居民的社会保障体系

（一）统筹城乡养老保险

1. 扩大城镇养老保险参保覆盖面

大力推进养老保险扩面工作，积极稳妥推进厂办大集体参保续保工作，将农民工、机关事业单位聘用制人员、非公经济组织人员、个体工商户、灵活就业人员、已参保单位的漏保人员全部纳入基本养老保险，基本做到应保尽保。研究完善破产、改制企业中断缴费人员以及其他原因中断缴费人员的养老保险接续办法。

2. 全力推进新型农村养老保险试点工作

福建第一批新农保试点进展顺利，各地及农村居民参保积极性很高，南安市 2011 年开始实施新农保制度，比全国、全省最后覆盖新农保的地区提前享受惠农政策。要积极争取国家第二批试点名额，争取试点规模高于全国 23% 的平均水平，全国 2009 年开始试点新农保工作，2020 年之前基本实现对农村适龄居民的全覆盖，福建应于 2015 年实现新农保制度的全覆盖。

3. 对大量在城乡之间流动的农民工，应制定适合农民工特点的过渡性社会保险办法

大量青壮年农民转移进城后，应研究建立适合农村特点的老年保障制度。

4. 逐步缩小城乡差别

随着经济增长和社会发展，应加大地方财政对缴费补贴和基础养老金的补助力度，使新农保待遇标准同经济发展、社会进步同步提高，逐步缩小城乡之间、不同群体之间的待遇差别。

（二）统筹城乡医疗保险

抓紧研究出台统筹城乡医疗保险的指导意见，统一管理城乡医疗保险，将目前职工医疗保险、新农合、居民医疗保险，以及医疗救助等制度分别提高统筹层次，由目前的"县市级"过渡到"地级市"，中期的目标是与社会养老保障制度一样，实现省级统筹。将医疗保险城乡统筹纳入"十二五"规划，先整合管理资源、统一行政管理体制再实现城乡制度融合，争取"十二五"期间全面实现医疗保险的城乡统筹。

进一步完善新型农村合作医疗制度。建立稳定的新农合筹资和缴费机制，进一步调整和完善统筹补偿方案，强化基金监督管理，探索便民的就医和结报方式，做好与其他保障救助政策的衔接，使参合农民得到更多实惠。晋江自 2005 年以来，走出了一条"政府筹资、社会管理、市场服务"的新路子，从制度安排和机制运行上实现了政府、参合人员、医疗机构、商业保险机构的"共赢"。要在总结晋江等地商业保险机构经办各类医疗保障管理服务的经验的基础上，推进商业保险机构参与新农合，完善规范、创新发展新农合管理运行机制。

加强农村医疗机构内部管理，建立健全疾病检查、治疗、用药等方面的制度及行之有效的自律机制，有效开展农村卫生机构及其服务行为的外部监管；要切实加强经办机构能力建设，提高新型农村合作医疗的管理能力。同时，要建设新农合政策实施后的反馈渠道和机制，使政策真正的做到为农民服务。政策决策机构要制定和逐步完善新农合制度的反馈机制，以村或乡为单位，定期进行制度实施检查。

（三）统筹城乡失业保险

加快完善失业保险政策法规体系，修改完善《福建省失业保险条例》。加强失业保险扩面和基金征缴工作，不仅要包括城镇企事业单位的正式工作人员，也要包括广大的农民工群体。要增强失业保险基金风险防范和保障能力，进一步提高失业保险统筹层次，推进失业保险基金逐步实现省级统筹。做好失业动态监测工作，加强对较大规模的失业实施预防、调节和控制。健全和完善失业保险与就业服务相结合的服务体系，强化失业保险保障生活、促进就业和预防失业的功能，要把失业保险和就业政策联系起来，除发放失业保险金外，还要加强失业培训和再教育力度，稳定失业人群的消费预期。

（四）统筹城乡工伤、生育保险

研究非正规就业和灵活就业人员的参保政策，探索将灵活就业人员和非正规就业人员纳入工伤保险范围。建立完善工伤保险待遇水平正常调整的机制，努力实现工伤职工人人享有康复服务的目标。加快推进农民工参加工伤保险，重点推进建筑施工等高风险企业和商贸、餐饮、住宿等服务业以及中央驻闽企业农民工参加工伤保险，提高农民工参保的覆盖率，确保基本实现全部煤矿、非煤矿山企业和建筑施工企业参加工伤保险。

配合《福建省实施〈工伤保险条例〉办法》，认真做好宣传各项配套政策的制定和组织实施工作。开展好工伤预防试点和工伤康复试点工作。政府工作部门要坚持依法办事，加大执法力度，另外在准入机制上，对雇用农民工的企业或个体工商户进行监管，特别是高危行业，建筑行业，要求只有雇主为其雇用的农民工投了工伤保险，才发放营业执照，允许其经营，否则不允许其合法经营。对于流动性较大的行业，则要运用行政手段，加强监察和加大惩罚力度，督促承包人为其雇用人员按时办理工伤保险。劳动保障部门、安监部门、建设部门等应该密切配合，整体联动，加强劳动保障监察，运用安全生产许可证等强制手段，推进高风险企业参加工伤保险。

现阶段城镇生育保险的参保范围只限于城镇职工，还没有普遍建立城镇居民的生育保险制度，农村生育保险制度更是空白。这对城镇居民、农民而言显失公平。在重视解决城镇居民生育保险问题的同时，应统筹研究解决农村居民的生育保险问题，使生育保险制度惠及广大城乡居民。逐步将非正规就业的妇女，以及各种非公有制企业、集体企业、个体工商户、乡镇企业中的从业女性均纳入保险范围之中。可将覆盖范围扩大到已缴纳过生育保险而又失业的妇女。对非婚生育妇女的权益也应给予合理的法律保护。福建自 1996 年 7 月颁布《福建省企业职工生育保险规定》以来，未出新的有关生育保险的政策法规，在政策制定上严重滞后，由于《规定》行政法规和规章的法律效力低，缺乏刚性的法律强制力，在具体执行过程中造成执行力度不够、实施阻力大等状况，因此，必须加强立法，提高生育保险的立法层次，增强其法律强制力。

（五）统筹城乡社会救助

加快建立以维持最低生存为目标，以企业下岗职工、贫困人口、灾民、"三无"和"五保"人员等特殊困难群体为重点，以最低生活保障为核心，以灾民紧急救助制度、救助性福利服务制度、社会互助制度、扶贫开发制度为主要内容，以医疗、教育、住房、司法等专项救助和临时救济为补充，以统一的社会救助服务网络为基本载体的社会救助体系。

在全面完善最低生活保障制度的基础上，积极探索农村最低生活保障制度，加快农村"五保"和城镇"三无"对象集中供养工程，坚持制度统一、标准有别、保障重点的原则，促进最低生活保障制度城乡一体。要与扶贫开发、促进就业以及其他农村社会保障政策、生活性补助措施相衔接，坚持政府救济与家庭赡养扶养、社会互助、个人自立相结合，鼓励和支持有劳动能力的贫困人口生产自救，脱贫致富，统筹考虑农村各项社会救助制度，合理安排农村最低生活保障资金。

二 提高社会保障财政投入规模

社会保障的最终责任主体是国家或社会，需要由国家或社会统一管理以体现其社会性。政府财政责任则是社会保障制度有效运行的前提，强大的财政实力和财政投入表明了政府作为城乡社会保障制度供给主体的供给能力和供给意愿，尤其是在农村社会保障的建设上，如果保障资金主要来源于农民自筹，失去社会保障的社会性，则社会保障无异于商业保险，反而加重了农民负担。福建老农保之所以在农村难以推广，主要就在于政府的财政投入太少，农民对于缴费性的制度、条例都产生反感和抵触，而新农保的顺利推广最关键的因素就在于政府财政投入破除了农民的短视心理及对政府的不信任等因素的阻碍作用。福建农村低保取得成功的经验也在于省一级财政为全省 4/5 的县（市）提供农村低保补助款，其中 2/3 的县（市）获得了高达 75% 的农村低保金补助。

在目前情况下，通过政府支出预算来逐步加大财政投入是促进城乡各类社会保险基金平稳健康成长的关键条件之一。同时，要继续扩大社会保障覆盖面并提高保障水平，进一步强化基金征缴工作，建立健全政府对社会保障的投入机制，调整各级财政支出结构，提高社会保障支出在财政支出中的比例，并把增加投入的部分重点投向农村，加大财政对农村的转移支付力度，使城乡社会保障水平适度均衡发展。可按国务院规定，通过开征一些新税种或附加税、扩大彩票发行规模、变现部分国有资产、发行特种债券，或通过基金的有偿运营保值增值等来增加保障基金来源。还可以探索通过立法明确规定国家必须每年将国有资产收益一定比例投入社会保障资金，对农民、集体采取少取多予的政策来缓解社会保障资金的不足。

同时，各级财政部门和人力资源社会保障部门要加强对社会保障财政投入资金使用情况的跟踪评估和监督检查，建立和完善城乡社会保障专项资金支出绩效评估机制，努力提高社会保障专项资金使用管理的规范性、安全性和有效性，切实发挥资金使用效益。

三 统筹协调城乡社会保障制度

(一) 促进城乡社会保险险种对接、新旧对接

在各险种间建立双向互通的对接机制。拟定城镇职工养老保险、农民工养老保险、被征地农民养老保险、新型农村社会养老保险相互接转和待遇领取的具体办法;在完善城镇职工基本医疗保险制度的同时,积极推动扩大城镇居民医疗保险试点,制定城市医疗救助基金、残疾人就业补助基金、支持困难群体和残疾人员参加城镇居民医疗保险的具体办法;研究制定城镇职工、城镇居民、被征地农民、进城落户农民和农村居民医疗保险的接转办法。在新旧保险制度对接上,要以"逐步提高保障水平,新保障待遇至少不低于先前保障待遇"为原则,实现新旧制度的无缝衔接。

(二) 逐步建立多元化的筹资机制

实行社会保障基金来源多元化的筹资模式。即实行以部分积累制为主体,现收现付制和完全积累制并存,个人账户制、捐赠等形式相结合的多种来源渠道的社会保障基金筹集模式。把握建立多渠道的筹资机制原则,适当增加集体补助。通过政策扶持、加强管理、深化改革等途径,增收节支,大力发展壮大村级集体经济,提高村集体对农民的补助能力,并制定相应的办法规范村集体对农民的补助;缴费标准应多档次,方法应灵活。由于农民收入不稳定,因此可根据经济状况确定缴费标准,允许农民经济状况好时多交,不好时少交,遭遇天灾人祸时可以停交,恢复生产后可以续交。

(三) 建立城乡一体社会保障管理体制

统筹由劳动保障部门管理的城镇职工和居民基本医疗保险、卫生部门管理的新农合、民政部门管理城乡医疗救助,从管理机构上实现城乡保障管理机制"三合一",从制度上建立城乡一体的基本医疗保障制度,形成统筹城乡、覆盖全民的"大医保"格局。改属地管理为系统垂直管理,建

立社会保险管理中心，实行养老、失业、医疗、工伤、生育保险五保合一的办法，解决多头管理问题。建设全省分级设置，分级管理的社会保险经办管理体制，设置省、市、县、镇、村的五级机构网点，建立"省、市两级管理结算，县、镇、村三级经办服务"的经办管理体制，并建设统一标准规则、统一流程操作的业务系统和统一网络数据、统一运行使用的信息系统，支持全省系统管理顺畅运行。

（四）促进城乡保障待遇序列统筹衔接

现阶段各种社会保障制度在待遇序列设计中系统规划不足，致使在待遇标准上缺少梯度设计，在待遇转换上缺乏内在接续关系，社会成员现有的社会保障待遇关系在全省范围内，在城乡、地区、部门之间不能流动和接续，缺乏整合机制，必须根据各地的经济发展水平，以公共财政承受能力、集体社区能力和个人经济承受能力为依据进行分类梯度设置，确定待遇序列，在城乡之间、地区之间实现不同的待遇标准。在群体待遇标准的设定上，可依据不同群体的筹资能力而设定不同的缴费档次以及与之对应的给付标准，并给予不同群体自由选择档次的权利，允许参保人依筹资能力变化、身份转换等情形变更缴费档次，分段计算不同缴费年段的替代率，使一般农民、失地农民、农民工、城镇居民、企业职工、机关事业单位职工等不同社会保障对象群体依其缴费档次形成合理待遇序列。

四　完善社会保障地方性法规

国家的法制规范，不仅为推进政府—社会型保障模式的社会保障制度的发展提供权威的依据，而且是对社会保障制度的可靠性、安全性的最高担保，也是城乡居民对社会保障制度抱有信心的必要保证。地方立法担负着保障宪法和法律在本区域内有效实施和推进本地区经济社会发展的双重职能。制定全国范围内统一的社会保障法在短期内不太现实，因此省级层次的地方立法对于完善社会保障体系的作用相当重要。就社会保险来说，只有《福建省失业保险条例》《福建省城镇企业职工基本养老保险条例》是地方性法规，工伤领域保险规范主要是在执行国务院《工伤保险条例》，养老、医疗、生育保险也只是在执行规范性文件，缺乏地方配套法规或地方性法规。

福建应围绕《中华人民共和国社会保险法》抓紧制定社会保障统筹方面具有福建特色、适应福建经济社会发展特征的地方性法规，特别是《城乡居民社会养老保险条例》和《城乡居民合作医疗保险条例》等等，在《社会保险法》规定的基本法律框架下，重点规定社会保险的原则、各险种的人群覆盖范围、社会保险费的征收体制、社会保险基金的统筹层次、社会保险待遇项目和享受条件、社会保险经办机构、社会保险基金的投资运营，以及社会保险基金的监督等社会保险制度中的共性问题，明确规定养老、医疗保险的具体模式、费率、待遇标准等。要用法律的形式明确企业和政府部门在社会保障中的职责。一是明确企业的责任。一旦企业不为职工、农民工办理参加社会保障手续或不缴纳足额社会保障费，应对这些违规企业依条例予以处理。二是明确政府部门的责任，包括政府承担的财政责任、组织实施责任和监督责任。加大社会保障普法工作力度，提高普法实效。完善普法宣传工作机制，强化对公民、法人和其他组织的普法教育，提高普法工作的针对性和实效性，为社会保障事业发展营造良好的社会舆论环境。

五　推进基层社会保障公共服务平台建设

随着保障范围从城镇向农村覆盖和保障对象从职工向居民扩大，社会保险面临新的发展阶段，需要在乡镇村居布网设点，向城乡居民群体提供社会保险的管理服务，乡镇（街道）经办服务对象包括了乡镇小微企业、个体工商户的参保人员和广大的城乡居民。乡镇基层机构将是城乡居民养老、医疗保险最大的承载体和服务区，将会起到越来越大的作用。目前，乡镇机构和村居服务网点建设还比较薄弱，是福建社保管理工作中的短板，要认识到解决现存问题的迫切性和基层经办服务建设的重要性，尽快填补最基层经办服务的缺失，解决当前城乡居民这个最大群体的保障服务缺位问题，实现公共服务均衡和便捷。

加强基层社会保障服务设施建设，不断完善服务功能，扩大服务人群。整合基层公共服务资源，加强基层社会保障工作平台建设，将社会保障服务向农村延伸，当前最紧迫的任务是要在所有的城市街道、社区和乡镇逐步建立社会保障基层服务平台，在行政村普遍实施劳动就业和社会保障协管员制度。大力开展专业培训和岗位培训，不断提高社会保障工作人员的业务素质、操作技能和服务水平，提高社会保障公共服务能力，满足人民群众日益增长的公共服务需求。

加快推进基层社会保障公共服务平台的信息网络建设，以推进"金保工程"建设为契机，完善城市街道、社区和乡镇、行政村基层平台信息系统建设，推进基层平台信息网络贯通，实现省、市、县（区）、街道（乡镇）、社区（行政村）五级社会保障信息网络全覆盖。基本实现基层劳动就业和社会保障公共服务的规范化、专业化、信息化、网络化，广大城乡居民能够就近享受到劳动就业和社会保障公共服务。

六　充分搭建"政府—市场—社会"多层次城乡社会保障体系

社会保障是一项系统工程，既要以政府提供的社会保障为主体，还要市场、社会各司其职，逐步推动补充保障的发展，形成多层次、公平和效率兼顾的社会保障体系。

充分发挥商业保险在社会保障体系建设中的作用。社会保险、社会救助、社会福利、慈善事业都是国家通过立法实施的以保障基本生活为目的的社会保障制度，满足最基本的生活需求。没有哪一个政府，能够单靠政府的行政职能来承受和解决这些层出不穷的社会难题。商业保险能够发挥补充作用，谁投保谁受益，多投保多受益，能满足更高层次的社会保障需求。要通过税收和土地优惠政策，引导商业保险公司资源配置向社会保障领域倾斜，促进中国人寿、中国人保等保险公司投资养老院、养老社区、养老事业，积极面对老龄化社会的挑战。积极引导保险公司参与多层次医疗保障体系建设，探索政府购买城乡居民基本医疗保险服务的模式。积极开展新农合和城镇居民基本医疗保险的大病补充医疗保险；稳步探索基本医疗保险经办管理模式，通过政府购买服务方式不断加强基本医疗保险经办能力。

　　慈善事业在社会保障中同样发挥着重要的补充作用，应在总结经验的基础上，引导社会资源配置向社会保障领域倾斜。对企事业单位、民间组织和个人提供的捐赠和资助给予税收优惠；通过税收优惠，大力推动国有大型企业与贫困农村的就业与社会保障对口帮扶活动，勇于承担社会责任；加强和慈善机构的联系与合作，引导慈善机构资金投向社会救助，救助艾滋孤儿和初高中贫困学生；进一步加强社会救助资金管理和审计，实行专户、专账、专管、专用，及时对救助对象发放，由审计部门定时向社会公布相应资金使用情况，确保资金安全。

（张旭华）

第八章

福建省统筹城乡社会管理研究

社会管理是当前综合治理重点工作之一，是一项庞大而复杂的系统工程，社会管理能否紧跟经济社会发展步伐，事关党的执政地位巩固、社会长治久安和人民安居乐业。因此，加强和创新社会管理能最大限度地激发社会活力，增加和谐因素。加强社会管理必须遵从以人为本的理念，坚持服务优先，树立多方参与、共同治理的观念；必须统筹兼顾，协调各方，依法管理，综合施策。要结合实际，突出重点部位和薄弱环节，从影响和谐稳定和国计民生的源头性、根本性、基础性问题入手，找准切入点和创新点，使社会管理更加有效。

第一节 社会管理发展现状

一 福建省社会管理主要成就

1. 社会管理格局逐步形成

政府重视社会管理，党委领导、政府负责、社会协同、公众参与的社会管理格局逐步形成。政府在社会管理中成为总览全局、协调各方的领导核心，市、镇（街道）、村（居）三级社会管理领导体系基本建立。政府职能转变成效明显，社会管理职能不断强化，服务型政府建设不断推进，行政、司法执法制度日臻完善，效能不断提升。社会组织规模不断扩大，初步形成与政府互联、互补、互动的社会管理和公共服务网络。

2. 社会管理机制不断完善

着力在完善群众政治参与、诉求表达、权益保障、社会矛盾化解、虚拟社会管理等机制上下工夫，夯实社会和谐稳定发展的基础。创新工作方法，民主恳谈实现制度化、规范化、长效化发展；凝聚各方力量，行业工资集体协商机制在构建和谐劳动关系方面发挥重要作用，关注社会舆情，应急管理机制尤其是虚拟社会管理机制不断健全，有效引导、成功处置社会影响较大的突发事件和重大网络舆情。

3. 社会管理体系初步构建

加强社会管理服务体系建设，努力夯实基层组织、壮大基层力量、整合基层资源、强化基础工作，形成齐抓共管的良好格局。大力健全矛盾破解工作，社会矛盾纠纷"大调解"体系建设明显加强，各类矛盾纠纷发现预警率、调处率和调处成功率大幅提高。大力强化社会稳控工作，治安"大防控"体系基本形成，大力建设流动人口服务管理体系，流动人口服务管理工作取得新成效。

4. 社会管理功能有效发挥

充分发挥社会管理维稳、促和、破难等功能，建立了以城市社区管理网格化、农村社区管理小区化、工业园区管理社会化、重点行业管理集约化、接边地区管理一体化为基础的综治建设。同时信访工作责任制进一步落实，基层基础建设不断加强。安全生产年活动深入开展，出租私房管理不断强化，消防安全工程成效明显。在此基础上积极创新载体、搭建平台，建立为民办实事、破难题的长效机制。重视发展残疾人事业。加强思想道德建设，树立社会主义核心价值体系。

表1 社会福利事业企业单位机构情况

单位：个

项　目	2007年	2008年	2009年	2010年	2011年
收养性社会福利单位	801	780	811	839	1054
优抚类收养性单位					
荣誉军人康复医院	1	1	1	1	1
光荣院	58	57	58	58	57
福利类收养性单位					
社会福利院	72	72	73	85	70
儿童福利院	9	10	9	9	9
精神病福利院	10	11	14	14	15
城镇收养性老年性福利机构	108	67	72	68	129
农村五保户供养服务机构	509	546	581	601	739
其他收养性福利机构	30	12			32

表2 2011年收养类社会福利事业单位基本情况

项　目	院数（个）	床位（张）	年末收养人数（人）
收养性社会福利单位	1054	49996	22225
优抚类收养性单位			
荣誉军人康复医院	1	250	150
光荣院	57	1671	1084
福利类收养性单位			
社会福利院	70	7186	3839
儿童福利院	9	1150	765
精神病福利院	15	3080	2901
城镇收养性老年性福利机构	129	10604	4588
农村五保户供养服务机构	739	21737	7640

资料来源：2012年福建统计年鉴。

二　社会管理存在的主要问题

社会管理工作面临诸多新问题。经济社会快速发展，人民群众需求日益提高，给社会管理工作带来许多新的挑战。如，城市规模、人口迅速扩张，人口流动性日益增强，现有的人口管理、服务工作已难以适应新形势需要；互联网虚拟社区、博客、即时通讯等迅猛发展，在网络时代，如何提高网络舆情分析应对能力，成为社会管理工作面临的新课题；当前非公经济组织、社会组织蓬勃发展，如何加强规范、管理、服务，发挥其在参与社会管理服务工作中的作用，成为各级党委、政府社会管理工作面临的新任务；当前社会矛盾凸显，各种偶发事件都有可能迅速升级演变成对抗激烈、难以处置的群体性事件，有效化解社会矛盾、完善应急处理机制，成为当前社会管理工作的重点难点之一。调查结果显示，土地征用与房屋拆迁、房价过高与住房保障、劳动就业与分配不公、消极腐败现象、食品药品安全、环境资源保护成为当前容易引发社会矛盾的前几位因素。

1. 社会管理运行机制滞后，社会管理工作机制仍不够完善

社会管理是个大范畴，除了发展经济外，其余工作都包含在社会管理中，单靠一个挂靠部门去调度和考评难免心有余而力不足。二是理念观念不够到位。各级各部门存在着重管理防范、轻公共服务，重管制控制、轻协商协调，重事后处置、轻源头管理，重行政手段、轻法律道德，重经济建设、轻社会管理，重政府作用、轻多方参与的思想，坚持以人为本、服务为先，多方参与、共同治理，关口前移、源头治理，统筹兼顾、协商协调等理念有待进一步强化。三是领导体系不够健全。社会管理工作领导体系和组织体系还不适应新形势、新任务的要求，没有建立社会管理组织领导机构和协调机制，制约了部门间的联合联动、资源统筹和沟通衔接，社会管理工作合力还未有效形成。四是考核机制不够完善。社会管理工作考核评价指标体系不够完善，考核权重低。社会管理目标考核办法中，没有系统性、整体性的管理工作考核项目，涉及社会管理的考核项目散落于平安建设、维稳、综治、信访、安全生产等分项中，仅占共性项目总权数的少数。

2. 社会管理方法方式缺乏

一是流动人口服务管理有待加强。随着经济社会快速发展，流动人口规模不断扩大、服务管理难度不断加大、不稳定因素不断增多，利益导向的管理服务机制有待全面构建。出租房屋管理逐渐成为流动人口管理中的重点难点问题，据统计，犯罪流动人口把出租房屋作为落脚点的约占案件总数的 66%，部分出租房屋存在较大消防安全隐患，极易造成事故。二是矛盾纠纷调解机制有待完善。少数部门仍存在重处罚、轻调解现象，调解意识不够强，部分调解组织作用发挥不够明显，多元化的调解工作格局尚未有效构建，人民调解、行政调解、司法调解力量亟待加强，难以满足社会管理的工作需要。三是突发公共事件处理能力有待提高。因自然灾害、社会矛盾、安全事故、群体性事件等导致的突发公共事件日益增多、日趋复杂。而福建的应急管理体制尚需健全，少数部门和领导干部应急管理意识不够强，应急资源尚未有效整合。部分单位虽建立了专门应急组织机构，但人员没有到位。有的应急预案缺乏针对性和可操作性，部门应急协同联动不够。信息网络综合管理能力薄弱，政府门户网站建设相对滞后，危机管理和风险管理能力有待进一步增强。

3. 社会管理协同活力不够，"小政府、大社会"格局尚未形成

一是社会组织作用较弱。社会组织结构不合理，与福建经济社会发展不相适应。社会组织行为不规范，行政依附性强，部分社会组织找不到主管单位，既不能合法登记，又没有备案，导致监管失效。社会组织弥补政府失灵、市场失灵的作用不突出，承接政府有关职能和政府向社会组织购买服务工作进展缓慢。二是城市社区自治功能较弱。城市社区行政色彩较浓，疲于应付各种检查考核，自治能力难以有效发挥。社区功能弱化，缺乏公众参与机制，不能很好履行提供公共服务、调解矛盾纠纷、维护社会治安等职能。三是企业治理机制较弱。福建部分企业尚未形成兼顾国家、社会、股东、员工等各方面利益的平衡治理机制，尤其是没有很好地承担社会责任，诸如环境污染、恶意欠薪等事件折射了部分企业家诚信缺失、道德滑坡，在构建和谐劳动关系、培育企业文化、改善用工环境等方面也都需要进一步改进和提升。

4. 社会管理保障支撑不强

一是规划支撑不够有力。在政府规划中，加强和创新社会管理的指导思想、基本要求、工作重点、保障措施等不够明确、不够具体，其中与社会管理直接相关的重大建设项目缺乏。二是资金保障不够有力。社会管理工作财政保障机制和经费正常增长机制不够健全，社会管理领域财政投入不足。三是队伍建设不够有力。综合性、专业性的社会管理人才比较缺乏，尚未建立一支具有技能的社会工作者队伍。

5. 基层服务管理工作难度较大

一是基层政法工作力量严重不足。乡镇社会管理中心承担着综合治理、信访维稳、治安防控、安全监管等诸多职责和任务，工作任务重。二是基层服务管理工作难以适应群众需求。社区工作机制尚未理顺，社区居委会趋于行政化，承担大量的行政部门工作，影响了社区自治和服务功能发挥。三是维护群众权益机制还不够健全。突出表现在：一是部门之间推诿扯皮，对群众反映的问题无人负责解决问题；二是少数部门责任意识不强，解决信访问题停留在形式上，甚至存在抵触情绪，未从根本上解决问题；三是对信访问题，没有从体制机制上根本解决问题。流动人口管理服务方面。流动人口管理是当前社会治安管理的难点问题，服务措施也不尽完善。主要表现在：一是流动人口主要分布在工矿企业、旅店、娱乐场所和居民出租房屋，流动性强、变化快，底数难以掌握。二是大部乡镇和部门单位及接纳流入人口的企业、场所和个人对流动人口管理支持不够，配合不力，造成清查困难，信息变换不及时。三是流动人口正在日益成为违法犯罪的高发群体，违法犯罪现象时有发生，但案件侦破难度较大。四是外来务工人员子女入学就读仍有不便，外来务工人员子女就近入学困难，只好挤往较为偏远的郊区学校。五是特殊人群的帮教管理方面。一方面大部分刑释解教人员生产生活非常困难，缺乏职业技术专长，又普遍遭受社会歧视，就业再就业非常艰难，容易产生悲观失望或报复社会情绪，重新走上违法犯罪的道路。另一方面是在校"留守孩"大量存在，特别是在农村，因得不到父母的关心爱护与教育监管，很容易流落社会变身社会闲散青少年，甚至沦为青少年违法犯罪分子。此外还有精神病人、流浪乞讨人员仍然存在，特殊人群的安全隐患问题不容忽视。

6. 社会治安防范方面相对薄弱

治安薄弱地区仍然较多，防控能力有待提升。一是校园及周边治安防范状况亟待改变。二是城区治安整治成果主要来自临时突击整治，缺乏长期有效的管控机制。三是城区视频监控探头分布不够，仅分布于主要交通路口，而且老化损坏现象严重，监控效果不甚理想，还有众多治安重点部位和治安状况复杂地区处于视频监控盲区。

7. 网吧监管方面有待加强

一是网吧监管制度不够健全。二是乡镇网吧均未安装远程实时监控系统，监管基本上处于真空状态。三是行政执法力量薄弱，文化稽查队人员少，且未能做到专职专用，对网吧经营情况疏于监管，疲于应付，在一定程度上影响了日常巡查管理和案件调查处理工作效率。四是部分网民利用网吧制作、下载、复制、发布、传播淫秽色情和暴力恐怖游戏等有害信息，污染了网络环境。五是市场上缺乏适合未成年人，特别是青少年学生的绿色健康网吧，学校和家长引导青少年学生合理科学地利用现代互联网学习、生活的意识有待进一步增强，方法有待进一步改进。

8. 政务信息安全保障与网络舆情处置方面有待完善

一是政务网延伸困难。各部门单位接入政务网需要一次性投入光纤使用费用，加上部分单位和领导对政务网建设的重要性认识不足，在一定的程度上影响了政务网的建设速度。目前，仍有部分单位未接入政务信息网。二是政务信息存在安全隐患。部分单位虽然已经接入政务网，但管理不规范，有的电脑使用政务信息网络，有的电脑则为节约成本，通过电信、移动宽带网络上网，出现政务网与电信、移动网混合使用现象。部分单位由于未接入政务网，单纯通过无任何隔离措施的开放式互联网（电信、移动等运营商网络）与外界沟通。此外，工作人员在使用移动储存设备（如U盘）时，有内外网互插滥用现象，存在病毒传播和信息泄密隐患。三是网上信访办理效率偏低。且部分答复未按照规定办理期限予以答复，较大程度上挫伤了网民通过网络信访的积极性，损害了部门单位形象，增加信访部门现场信访接待量。四是重大网络舆情和突发事件应急处置工作机制尚不完善，还没有专门研究制定应对重大网络舆情和突发事件的相关工作预案。

第二节 统筹城乡社会管理的必要性

一 社会管理是社会发展的必然要求

1. 经济发展为加强社会管理奠定了物质基础

社会管理问题说到底是经济发展问题，是受经济社会发展水平制约带来的问题，这些问题有长期历史遗留的，也有社会深刻变革带来的；有社会建设滞后带来的，也有由于社会管理及其创新不够造成的；有思想观念上的，也有体制机制上的，而解决这些问题的基础在于加快经济发展速度，建立长效管理机制，为加强和创新社会管理提供物质和制度保障。"十一五"以来，福建以科学发展观为指导，着力转变发展方式，保持了经济持续快速增长，有力地支撑了社会事业的同步发展，实现了经济社会的和谐共进。

2. 民生建设的长足发展要求社会管理发展

坚持以人为本、执政为民，将民生建设作为社会建设的重点，下大力气，集中有限资源，积极推进文化教育、劳动就业、医疗卫生、住房、社会保障、移民搬迁等各项民生事业的发展，公共服务水平和质量有了极大改善，方便了群众就业、就医、上学、出行等，以人为本的执政理念，在社会管理的公共服务领域得到充分体现。

3. 社区建设逐步良好为社会管理奠定了群众基础

社区服务设施不断改善，服务内容不断拓展，服务队伍不断扩大，服务方式不断完善，社区管理服务工作制度环境初步形成，社区在服务群众、构建和谐社会中的作用越来越明显。

4. 公共安全服务体系不断完善为社会管理奠定了服务基础

各级各部门高度重视社会治安环境、经济发展环境、公共安全环境的综合治理，构建了以政法部门为骨干、以综治维稳责任体系为主体的社会公共安全管理体系。坚持"安全第一、预防为主、综合治理"的方针，有力遏制了重大安全事故的发生。加大了食品药品监管力度，基本保障了广大人民群众食品和用药安全。自然灾害风险防控能力进一步提高，防灾减灾工作扎实有效。公共安全服务水平总体得到提高，人民群众的安全感和满意度不断增强。

5. 社会发展的改革创新要求社会管理不断发展

各级政府都把改革创新社会管理作为建设和谐安康的主要抓手，进行积极的探索和实践。各级政府建立了便民服务中心，增强基层服务群众能力，各项改革和创新社会管理的举措，不仅受到了广大干部和群众的认可，也维护了社会稳定、和谐、发展的良好局面。

二 社会管理存在的客观必然性

1. 发展社会管理，可以满足人民群众基本需求

一是深化认识，以人为本。胡锦涛总书记指出："社会管理，说到底是对人的管理和服务，涉及广大人民群众的切身利益，必须始终坚持以人为本、执政为民。"坚持以人为本加强社会管理，促进社会稳定，就要把社会管理与稳定的基础牢牢夯实在人民群众的政治觉悟上，把社会管理与稳定的动力深深扎根在人民群众的积极参与上，把社会管理与稳定的目的时时定位在人民群众的共同受益上。因此，必须正确地认识和处理"官"与"民"的关系、管理者与被管理者的关系，切实把人民群众作为加强和改善社会管理的主体力量，在思想上尊重群众，在感情上贴近群众，在工作上依靠群众，真正把群众满意不满意作为加强和创新社会管理的根本出发点和落脚点。二是下大气力解决突出民生问题。围绕就业、住房、教育、医疗、分配等突出民生问题，依法处理征地拆迁、医患纠纷、企地矛盾等重点领域的纠纷，充分发挥政府主导作用和职能，发展经济，增加公益性就业岗位，加快保障房建设，合理调配教育资源、深化医疗卫生体制改革，健全社会保障体系，提升市民的幸福指数，努力使人民群众现实生活有保障，未来生活有希望。三是改变社会管理手段和方法。寓管理于服务，在优化服务中实现管理，努力促进由防范、强制型管理向人性化、服务型管理转变，既治标又治本，努力使人民群众切实感受到服务更到位、管理更有序、社会更和谐。

2. 发展社会管理防控体系，可以提升人民群众安全感

一是完善突发公共事件应急联动指挥机制和网格化布警机制。综合使用警种资源，加大对突发治安事件的处理力度，根据发案形势和特点调整警力和布局，扩大巡逻防控范围，延伸巡逻防控触角。二是解决人民群众关注的热点难点问题以及危害人民群众人身财产安全的突出问题。加大对城中村、城乡接合部和重点地区、繁华地段的治安乱点整治力度，重点打击入室盗窃、电信诈骗、赌博、抢劫抢夺财物等违法犯罪、扰乱治安、干扰民生的行为。严厉打击暴力恐怖势力，组织开展打击流窜作案追捕逃犯

等专项行动。三是构建打防管控结合、人防物防技防结合的防控体系。建成专群结合、人防物防技防结合、打防管控结合的立体化、数字化社会治安防控体系。将治安防控体系建设列入综治工作目标责任考评，确保各项工作目标和措施落实到位。四是大力推进交通组织体系化建设、交通指挥信息化建设，确保城乡道路平安畅通，出行安全方便。

3. 发展社会管理服务体系，可以满足人民群众新期待

一是建立社区多元治理机制。推进以街道办党工委为核心，社区居委会、社区公共服务中心为支撑的整体架构，理顺和规范社区组织体系各类主体之间的关系。二是健全民意表达和监督评价机制。大力推广听证会、论证会、居民评议、社区QQ网络服务队，建立企业代表组织等行之有效的做法，畅通民意诉求渠道。三是全面推行综治"网格化管理、亲情化服务"管理模式。健全市、区、乡镇、村四级工作平台，依托平安和谐服务队，履行"人、地、物、事、情、组织"六位一体工作职责。四是做好特殊群体的服务管理工作。组织开展"实有人口、实有房屋"信息集中采集工作，对流动人口做到"底数清、情况明、管得住"。进一步做好刑释解教人员安置帮教和社区矫正工作。建立刑释解教人员出监（所）必接机制，对重点矫正对象实行"电子围墙"管理；建立市级集食宿、教育、培训、救助职能为一体的"阳光中途之家"，安置重点帮教对象。进一步做好社会闲散青少年等特殊人群的教育帮扶、引导工作，启动实施未成年人违法及轻罪记录消除制度的实践，探索完善工作流程。进一步做好易肇事肇祸精神病人服务管理工作，继续将精神病人免费服药救助工作纳入民生工程行动，防范和降低社会风险。

4. 影响社会和谐的深层次矛盾与问题依然存在，需要社会管理加以疏导管理

当前，社会管理的深层次矛盾和问题集中表现在：重点工程建设带来的企地矛盾、群众反映强烈的民生问题，如就业、医患纠纷、环保、分配及保障、司法不公等，如果重视不够，解决不好，不仅维护社会稳定无从说起，而且影响到党的执政地位和基础。社会治安形势依然严峻，刑事案件犯罪率虽呈下降趋势，但仍在高位运行，涉黑涉恶犯罪依然存在，对社会治安产生潜在威胁；在各类刑事案件中，外来人员、青少年违法犯罪尤为突出。盗窃等侵财性、可防性犯罪高发，居民自防意识较差，群防群治不到位，运用信息化手段防控能力还不强。与此同时，社会治安管理还存在许多薄弱环节，流动人口服务管理、特殊群体的服务管理、"三无"人口的管理（无家可归、无亲可投、无生活来源）都不同程度地存在缺陷。互联网的快速发展对社会管理提出了严峻的挑战。一方面，互联网为社会管理提供了便捷的条件；另一方面，互联网突破了管理的区域边界且成分复杂，更有甚者，在网上以谩骂攻击代替理性讨论，以"人肉搜索"代替侦查调查，以舆论审判代替国家法律，造成严重后果。网络不恰当、不健康的言论信息对青少年的成长产生负面影响，甚至诱导青少年违法犯罪。

第三节　统筹城乡社会管理的思路

一　创新社会管理基本思路

1. 建立机制，为社会管理创新提供有力保障

一是建立工作推动机制。二是建立城乡一体的社会保障和公共服务体系。大力推进城乡公共基础设施、社会保障、就业服务、社会救助、文化事业等均衡发展。三是完善社会稳定风险评估机制，对涉及民生的重大决策、改革、项目、活动，进行经济效益和稳定风险"双评估"。四是完善社会矛盾排查化解机制。对矛盾纠纷和不安定因素，及时排查和研讨。在征地拆迁、环境保护、安全生产、医疗纠纷等重点领域，成立行业性的人民调解委员会和调解组织。五是完善涉法涉诉信访工作机制，有效化解涉法涉诉信访积案。

2. 搭建平台，为社会管理创新提供有效载体

一是夯实基层基础，有效化解社会矛盾。在全省规模以上非公经济组织和社会组织中，建立了党群组织或委派党建工作联络员，充分发挥党组织的堡垒作用和党员的模范作用。二是构建"三个平台"，有效化解社会矛盾。通过整合基层公安、法院、司法行政、民政、社会保障、信访、纪检等基层资源和力量，在基层办建立综合治理维稳中心，开展群众接访、纠纷调处、法律服务、信息管理工作。

3. 创新模式，为社会管理创新打造明星品牌

一是推行网格化管理，创品牌社区。可以把较好社区作为社会管理试点社区，结合自身实际，积极探索，实行管理，创立品牌社区。二是落实特殊人群管理措施。三是加强"虚拟社会"现实管理。开展网上巡逻执勤，及时删除各种有害信息。建立网民联系制度、网上舆情引导机制和危机处理机制。加强与主要新闻网站的日常沟通，牢牢把握舆论主导权，加强对网吧的管理，着力取缔"黑网吧"。

4. 打防并举，为社会管理创新提供有益环境

一是坚持严打整治，二是构建防控网络。各街道办、乡镇组建了由政府出资、综治办聘用、派出所管理的协警队伍，企业园区、农村种植养殖基地建立保安队伍，开展自防、互防、联防。特色治安信息员、楼栋关照员和农村治安中心户，延伸社会治安防控触角。推进"探头工程"建设，对市直30家反恐防危重点单位安装探头，视频系统逐步接入市公安局监控中心。三是开展平安创建。充分发挥社区（村）治保、内保、保安、低保公益岗位人员、物业管理人员等群防力量的作用，广泛创建平安社区、平安小区、平安村组、平安医院、平安校园，开展警民共建、警企共建、警地共建。

二　统筹城乡社会管理创新

1. 更新社会管理观念

一些地区和部门没有充分认识到加强和创新社会管理的重要性，没有把社会建设摆到与经济建设同等重要的位置，重经济发展、轻社会管理，重管理、轻服务，重打击、轻预防，重治标、轻治本，重人治、轻法治，一手硬、一手软。一些领导者和管理者把社会管理实行简单粗暴的"强制型管理""防范式管理"，把人民群众当成管理对象，忽视人民群众在社会管理中的主体地位及其主动性和积极性的发挥。政府相关部门参与综合治理的意识不强、力度不大，协作不够，难以形成齐抓共管的局面。一些改制企业追求利益的最大化，把遗留问题和矛盾留给政府和社会，导致群体上访事件时有发生。

2. 创新社会管理体制

总体上看，目前，一方面，我们的管理体制与社会发展的形势很不适应；另一方面，行政管理部门职能交叉重叠现象严重，社会管理时常被相互推诿，或重复行政，或政出多门，管理手段方法单一，社会管理成本高，效率低，尤其是在化解社会矛盾、维护社会稳定的问题上，高投入、低效率的现象经常可见。政府和社会组织定位不准，政府在社会管理和提供公共服务上有时"越位""缺位"，没有充分发挥社会组织"主位"、企业组织"补位"的作用。"条条"和"块块"管理体制不顺，权责不一。

3. 加强社会管理基础比较薄弱的基层建设

据调查显示，社区承担着计划生育、民政、劳动保障、综治、党建等大量的行政事务，是流动人口管理、吸毒人员戒毒、重点人员帮教、矛盾纠纷化解等社会管理的前沿阵地和基础平台。然而缺人缺钱的现象普遍存在，严重影响了社区工作的开展。少数乡镇、社区（村）综治办缺乏有效的运作机制。投入不足导致社会管理硬件欠账较多，特殊群体的管理设施不够。有的地方没有建立刑释解教人员过渡性安置基地；没有建立专门的闲散青少年、轻微违法青少年职业技术培训学校；对违法犯罪人员中艾滋病、肺结核等严重传染病患者还没有专门的关押治疗场所；现有的精神病院还不能完全满足集中收治易肇事肇祸精神病人的需要。社区服务网络不健全，社会化、专业化程度不高，不能很好地满足社区居民的实际需要。社区服务中介组织发育程度低，数量较少且服务项目单一。社区居民尤其是社区中的在职人员参与社区民主自治的热情不高。

4. 加强社会管理组织领导体系创新建设

社会管理组织领导体系创新建设，可以推动社会管理上台阶。因此一是加强组织领导。适时调整领导小组成员，进一步明确各部门在社会建设和社会管理创新中的职责，根据创新工作重点任务，细化具体措施，切实把各项工作落到实处。二是加大投入力度。落实中央文件精神，将社区工作人员纳入事业编制，保障工作经费，同时，积极调整财政支出结构，根据经济发展情况，逐年加大对基层社区的投入，为加强和创新社会管理提供有力保障。三是完善监督考核。建立健全工作责任制度和奖惩考核制度，将社会建设和社会管理创新纳入领导班子和领导干部的年度考核中，作为社会治安综合治理责任制和综治考评的重要内容，对领导干部进行考核奖惩。四是加大宣传力度。及时发现和总结工作中形成的好经验好做法，推出一批各具特色、高质量高水平的示范点，推动社会管理创新向纵深发展。

5. 加强社会管理队伍体系创新建设

社会管理队伍体系创新建设，可以形成社会管理新合力。一是加强基层综治组织规范化建设。以基层综治工作办公室规范化建设为重点，整合资源，集中办理群众的合理诉求、困难群体的帮扶和群众日常工作生活中遇到的急事、难事，构建矛盾纠纷在中心化解，重点难点问题在中心解决的长效机制。二是加强群防群治队伍建设。加大财政投入，按规定配足协管力量，坚持培育发展和监督管理并重，采取提供开发补贴，场地支持等措施，促进新型的公益性、社区性社会组织发展。加快建立各类社区平安建设志愿服务组织，引导它们积极参与社会管理和服务工作。三是创新社区工作者队伍管理机制。根据实际工作需要，合理设置社区工作者岗位。拓宽选人视野，优化人员结构，不断提高队伍的整体素质。

三　加强社会管理重点领域的创新

1. 加快转变政府职能

一是强化政府监督和服务职能，树立服务为先的行政理念，科学设置社会管理体系，引导各类社会组织增强服务社会能力，尽快探索适应现代社会发展的管理模式，在教育引导提高人口素质和优化科学的管理组织体系上下工夫，正确处理政府与社会组织以及相关主体之间的关系，明确政府主体在社会管理中的定位，形成以政府机构为主体的政权组织，以企业为主体的市场经济组织，以非营利机构为主体的社会组织三大管理组织体系。二是加大财政对公共服务的投入力度，严格控制行政经费增长，提高公共服务支出占财政支出的比重，建立公共服务投入的稳定增长机制，把新增财政收入主要用于公共服务，逐步使公共服务支出成为财政支出的主体。三是创新公共服务方式，充分发挥政府、市场、社会各自在公共服务供给中的优势和作用，努力形成政府主导、市场主体和社会组织广泛参与、方式灵活、效率较高的公共服务多元供给体系。四是努力建设服务型政府，实现管理和服务的有机结合，寓管理于服务之中，在服务中实施管理，在管理中体现服务。

2. 加强流动人口管理

一是从经济和社会发展的战略高度，把流动人口管理作为长期任务纳入城市管理总体规划，摆上重要议事日程，不断改善管理和服务措施。二是循序渐进，有序引导，加快城镇化。从实际出发，不下硬指标、不搞一刀切、不追求眼前成绩，科学指导，健康发展，达到通过城镇化建设转移农村富余劳动力的目标，解决好当前经济社会发展中比较突出的农民增收较慢问题，在农业农村稳定的基础上推进工业化、城镇化。三是完善配套机制建设，加快户籍制度改革，建立和完善农村土地流转、投融资、移民搬迁等各种惠农政策，制定和出台具有较强操作性的流动人口管理相关法规文件，把流动人口纳入法制化管理轨道。四是加快城乡基础设施、公共服务设施建设，增强城镇服务功能，改善人居环境，对流动人口加强宣传教育，促进城镇文明程度的提高。

3. 加大社会公共安全监管力度

一是健全社会风险评估机制和应急管理体系，提高应对各种风险的能力，形成维护社会长期稳定和有效处理社会公共危机事件的社会稳定机制，尤其要做好情绪疏导和情绪管理，尽量使一些有苗头性的上访案件化解在萌芽状态中。二是建立健全抗灾救灾减灾应急预案和应急突发事件处置体系，强化重大灾害抗灾救灾减灾综合协调机制，确保人身财产安全。三是不断加强和完善公共安全体系建设，以人民群众安居乐业为着眼点，以人民群众安全感、幸福感和满足度为标准，进一步加强社会治安综合治理，坚决打击危害人民群众人身财产安全的突出问题，严惩危害民众安宁的违法犯罪。四是强化安全生产监督和管理，进一步落实安全生产责任，以道路交通、危险化学品、公共设施、建设工程、矿产开发等行业领域为重点，继续深化隐患排查治理和专项整治工作，有效遏制重特大事故的发生。五是深入开展重大公共卫生服务项目，建立公共统一标准的有关信息发布制度，有效防范和应对重大疫情及突发公共卫生事件。进一步健全完善饮食、食品、药品、医疗安全监管机制，严厉查处违法行为，切实维护市场秩序。

4. 切实发挥社团组织中党工群团作用

一是改变工作理念，找准党工群团组织工作与社团组织发展的切入点，把加强组织建设定位在沟通政企关系、协调劳资关系、维护职工利益、密切干群关系上；工作重点放在搞好服务，增强凝聚力，为职工做好事、办实事、解难事上，把党工群团组织建设好。二是创新运行机制，按照谁登记，谁管理，谁批准，谁负责的原则，努力探索社团组织中党工群团组织工作，做好管理服务的体制机制和有效办法，把社会管理创新延伸到社团组织中，为其依法、有序、健康开展活动保驾护航。三是按照"党建带工建""党建带团建""党建带妇建"的原则，重点加强社团组织中的党组织建设，提升党员队伍素质，加强队伍管理。按照分类施教的原则，加强对党员领导、管理层党员、一般员工党员的政治素质、党性意识教育，提升党员队伍的整体素质。按照分层、分类管理的办法，开展党员目标管理责任制，融党员管理于"两新"组织日常管理之中，发挥党组织的战斗堡垒作用，增强凝聚力、号召力和在社会管理中的影响力。

5. 提高公民思想道德素质

一是以教育为基础，持之以恒地对全体公民进行思想道德教育，紧紧抓住影响人们道德观念形成和发展的重要环节，通过家庭、学校、机关、企事业单位和社会各方面，坚持不懈地在全体公民中进行社会主义思想道德知识教育，为道德能力建设夯实基础。运用多种形式和手段，发挥利用好广播、电视、报纸、互联网、手机短信等现代传媒，大力宣传基本道德知识、道德规范和必要礼仪，完善有关规则章程、乡规民约、学生守则、行业规范等，让各行各业、各级各类人员行有参照，做有规范。二要深入持久地开展好现有的各项创建活动，继续推动文明单位、文明社区、文明县城、文明镇村创建活动，在各级党政机关中广泛开展创先争优、公正执法、做人民满意公务员等活动，建设阳光政府，树立国家机关和公务员的良好形象。三要以制度为保证，全面推进依法行政，大力加强法制宣传教育，传播法律知识，增强全社会的法律意识，形成法律面前，人人平等、人人自觉守法用法的社会氛围。建立和完善评优评先、检查督导、奖优罚劣制度，确保公民思想道德建设的各项工作任务落到实处。

6. 强化社区管理服务功能

一是完善社区管理格局。建立和完善政府依法指导、社区依法自治、社会积极支持的社区管理体制，使社区真正实现自我管理。二是加强社区组织建设。建立和完善以社区党组织为领导核心、以社区居委会为主体、以社区服务中心为依托、以社区社会组织为补充、驻社区单位和组织协同配合、社区家庭和居民广泛参与的现代社区治理结构，形成横向联系、齐抓共管的局面，构建社区党建、社区自治、社区服务"三位一体"的工作格局。三是增强社区服务能力。建立和完善社区各项工作制度，逐步规范各项社区工作，着力解决社区行政化、机关化倾向问题，切实减轻社区负担，让社区居委会有更多的时间和精力开展社区服务和居民事务管理工作，提高社区综合服务功能。四是提高社区群众自治水平。建立和完善居民代表会、居民议事会、居民委员会、居民议事小组等机构，探索建立社区党组织领导下的社区议事机构与执行相分离的工作机制。继续深化"四议两公开"，完善以居民会议和居民代表会议为主要形式的民主决策制度。建立健全社区激励约束机制，规范社区工作考核制度，促进社区开展工作。

7. 加强信息网络管理

一是正确引导网络舆情，积极收集民众关心的热点问题，快速了解网民的诉求，并在第一时间给予回应，主动邀请权威媒体对事件真伪实事求是地报道、评论，发布权威消息，起到释疑解惑作用。二是按照公开管理、依法管理、主动管理的原则，统筹公安、文化、工商、教育等政府职能部门形成综合有效的管理机制，加大对网络基础运营商忽视管理责任的行政监管，健全网上综合防控体系。把网吧管理和家庭教育结合起来，减少网瘾人群。积极引导舆论导向，将网上正面引导与网下落地查处结合起来，严厉打击网上造谣污蔑、恶意中伤、欺蒙诈骗和黄赌毒等犯罪活动，更好地保护好人民权益，维护网络秩序，净化网络环境，促进网络虚拟社会健康发展。三是加强阵地建设，做大做强各级政府及部门网站，大力发展教育、科学、文化艺术类网站，加强校园网站建设，围绕本地独具特色的优势资源，创作优秀的网络文化原创作品，打造具有安康特色的网络平台，使网络成为宣传安康的重要窗口。

8. 努力改进群众工作方法

一要强化群众观念，牢记做好群众工作是一切工作的基础，坚决反对群众观念淡薄，对群众疾苦漠不关心，对群众呼声诉求置若罔闻，对群众利益麻木不仁，工作方法简单粗暴的做法，增强做好群众工作主动性。二要提高为群众服务、做好群众工作的本领，克服遇事"拖、躲、捂、推"的"惰"性思想，真正与群众打成一片。三要坚决维护群众利益，把群众最关心的、关系群众切身利益的就业、社会保障、收入分配、住房、医疗卫生、教育、安全生产、社会治安等问题解决好。四要实施民主科学决策，用群众拥护不拥护、赞成不赞成、高兴不高兴、答应不答应作为决策的根本依据和衡量决策正确与否的根本标准，做到明显影响稳定的政策不出台、多数群众不支持的项目不立项、劳民伤财的事情坚决不干。把握好人民赋予的权力，做到严于律己，以身作则，在群众中树立良好的人民公仆形象。

9. 完善考评机制，强化责任落实

一是各级领导要切实增强大局意识、政治意识和责任意识，把加强和创新社会管理摆上党政领导班子的重要议事日程，纳入本地区、本部门总体工作中，做到同谋划、同部署、同检查、同落实。党政一把手应担负起社会建设和社会管理的第一责任，把任务分解量化，建立健全工作责任制度和奖评考核制度，形成一级抓一级，层层抓落实的工作格局。二要突出重点，以典型引路，整体推进，通过各项工作的认真落实深入推进社会管理发展。三要完善机制，强化考核。以完善体制机制入手，建立健全各项工作制度，规范工作标准，明确达标要求，将社会建设和社会管理纳入领导班子和领导干部的年度考核中，作为综合考评的重要内容。综合运用多种督查手段，建立督查、评议机制，对基层工作的考核，要采取定期督查、随机抽查和跟踪检查等办法，加强对社会管理创新的过程管理。

第四节　统筹城乡社会管理的保障措施

一　加强社会管理组织领导，完善社会管理保障支撑体系

1. 要建立健全组织领导体系

切实把加强和创新社会管理摆上党委、政府重要议事日程，结合实际，建立完善社会管理组织领导机构和协调机制，党政主要负责同志承担第一责任，切实加强对社会管理工作的组织领导，确保社会管理各项工作落到实处。整合部门管理力量，经常分析社会形势，加强社会管理重大问

题研究,科学制定社会管理政策,落实工作措施,形成工作合力。加强社会领域党的建设,按照党委统一领导、组织部门牵头、有关部门密切配合的要求,逐步构建社会领域党建工作体系,加快实现党组织和党的工作在社会领域的全覆盖。

2. 要建立健全协调管理体系

研究制定科学的社会管理工作考核评价指标体系,把社会管理工作实绩作为对领导班子、领导干部综合考核评价的重要内容,加大社会管理指标考核权重。认真指导各地各部门开展加强和创新社会管理的试点、总结、推广等工作,对创新做法和举措实行项目化、精细化管理,切实加强项目申报、论证、实施、考核、推广等环节工作,努力提高创新项目试点成功率。建立健全社会管理难题破解制度,按照责任部门提出、领导机构统筹的原则,排出难题破解的重要程度和先后顺序,组织力量逐步加以破解。建立健全社会稳定风险评估机制,切实防止因决策不当引发社会矛盾。

3. 要建立健全保障支撑体系

把加强和创新社会管理纳入经济社会发展总体布局,出台加强和创新社会管理的具体实施意见,明确方向重点,做到与经济建设同规划、同部署、同检查、同落实。加大财政投入力度,预算支出进一步向社会管理重要工作、薄弱环节、重点区域倾斜,逐步提高社会建设和社会管理支出在财政支出中的比重。提高基本公共服务能力,建立住房保障体系,推进基本公共服务均等化,探索设立"社会事务服务中心","一站式"办理养老、医疗、救济、优抚、助残等社会事务。推进社会工作者组织和人才队伍建设,研究制定培养、使用和激励等方面的政策制度,提高社会工作人才职业化、专业化水平。加强教育培训,将社会管理相关理论知识纳入村级干部业务培训、机关干部知识更新、公务员轮训、领导干部学分制等课程内容,不断提高各级干部社会管理能力和群众工作能力。

二 加强社会问题源头治理,维护群众合法权益,完善社会管理

1. 要完善社会矛盾纠纷调解机制

强化调解意识,整合调解力量,把调解优先原则体现到依法调节经济

社会关系中去。全面推行诉调衔接、检调衔接、警调衔接、访调衔接机制，加强人民调解、行政调解、司法调解、仲裁调解及其联动配合，着力构筑多元化的调解工作格局。加强行业性专业人民调解组织建设和联合调解组织建设，总结推行在企业设立调解组织。依托镇（街道）综治工作中心，设立涉访涉诉纠纷调解委员会，聘任专职调解员，实现调解工作网格化。加强专职人民调解员和等级人民调解员队伍建设，逐步实现等级人民调解员村级全覆盖，探索实行一级调解员镇聘制度，保持调解员队伍稳定。

2. 要完善群众利益诉求表达机制

进一步拓宽群众利益诉求表达渠道，构建"多位一体"的信访事项受理、交督办工作平台，深化省、市、镇（街道）和市级重点部门、村（居、社区）三级干部联动接访机制，常态开展领导干部接访、下访、约访及在线访谈活动。进一步健全信访工作机制，完善信访依法处置、积案动态管理、重复信访事项甄别处理办法，健全复杂疑难信访领导包案、部门会办和督查督办工作制度，探索建立信访事项调处评查机制、重大信访事项办理新闻发布制度等。坚持以群众工作统揽信访工作，努力形成信访工作从源头做、全过程做、靠大家做的新格局，积极倡导"阳光信访"，广泛吸纳"两代表一委员"、律师等参与的巡调、听证、恳谈等工作，切实维护群众合法权益。

3. 要完善流动人口服务管理机制

建立健全"政府统一领导、部门分工协作、各方共同参与"的流动人口服务管理体系，把流动人口服务管理纳入经济社会发展规划。强化流动人口服务管理部门工作职责，健全基层组织网格，深化"一站式"流动人口服务管理站建设，搭建流动人口沟通交流平台。推进实施流动人口居住证制度，实现基本公共服务由户籍人口逐步向常住人口扩展，保障流动人口在劳动就业、子女就学、社会保障等方面的相关待遇。按照"市场化运作、产业化经营、社会化管理"的思路，鼓励引导企业建设集体宿舍、员工公寓，加大对新民之家项目移用现象的整治规范力度，探索实施出租私房升级改造"以奖代补"制度。加快流动人口服务管理综合信息平台建设，提高流动人口信息的准确性、实时性，实现流动人口信息数据部门共享。把以证管人与以房管人、以业管人结合起来，加大流动人口中高危人员、重点区域（场所）的排查、管控工作力度，遏制案件高发势头。

4. 要完善应急管理体制

加强应急管理组织机构和领导体系建设，建立完善"统一应对、责任明确、集中指挥、归口处理"的应急管理服务平台。进一步完善应急预案体系，定期组织演练，提高预案的实用性和可操作性。建立健全信息发布和舆论引导机制、防范应对联动机制，积极推进应急处置、抢险救援力量和资源整合，明确主管部门、协作部门、参与单位及其职责，加强突发事件预测预警、信息报告、应急处置、恢复重建及总结评估等工作，实现预案联动、信息联动、队伍联动、物资联动，形成应对合力。大力建设应急救援队伍、应急管理专家队伍和应急志愿者队伍，聘任自然灾害、事故灾难、公共卫生事件、社会安全事件、综合管理等方面专家，强化应急管理的智力、技能支撑，构建布局合理、精干实用的应急队伍体系。加强风险隐患排查、整改、监控工作，对各类危险源、危险区域、危险因素以及社会矛盾纠纷等定期进行排查，建立风险隐患信息库，实行分类分级管理和动态监控，落实综合防范和处置措施。

三　发挥社会协同作用，构建社会管理公共服务网络

1. 要发挥社会组织作用

坚持培育发展与监督管理并重、提升功能与发挥作用并举，加强和完善社会组织管理，制定社会组织培育和管理专项发展规划，构建"政府主导、社会参与、资源激励、合作互补"的公共服务运作机制。重点培育和优先发展经济类、公益慈善类、城乡社区社会组织，加快形成布局合理、结构优化、功能到位、作用明显的社会组织发展格局。加强对社会组织的监督指导，大力推进政府与社会组织在机构、职能、经费、人员等方面分开，健全政府购买公共服务机制，提高社会组织承接政府转移职能、开展公益服务和中介服务的能力。通过政府监管、政策引导、自治自律等手段，促进社会组织提高服务水平，增强自律能力，实现规范有序健康发展。适度放开异地商会准入条件，通过设立"中间体"组织、直接登记、备案等方式，破解无业务主管单位的社会组织登记难问题。

2. 要发挥群众自治组织作用

着力强化基层群众性自治组织的社会管理和服务职责,充分发挥其在基层社会管理和公共服务中的积极作用。健全以社区党组织为核心、群众自治组织为主体、物业管理为补充、驻社区单位和社区群团组织密切配合、社区居民广泛参与的新型社区管理体系,深化"和谐社区"建设,真正把社区打造成政府社会管理的平台、居民日常生活的依托、社会和谐稳定的基础。深化城乡社区警务制度建设,把警务工作进一步拓展延伸到最基层,引导"群防群治"落实到位。建立和完善社区服务信息平台,实现社区管理服务全方位、全覆盖。以规范小区物业管理为突破口,切实解决居民反响强烈的各种社区建设和管理问题,完善市、镇(街道)、社区三级小区物业监管协调网络,强化镇(街道)职能作用,落实专职专人负责制,进一步强化小区物业监管工作。

3. 要发挥群团企业等组织作用

深化社会事务服务管理体系,强化工会、共青团、妇联、残联等群众团体组织群众、引导群众、服务群众、维护群众合法权益等职能,积极发挥其在社会管理和公共服务中的桥梁纽带作用。把构建和谐劳动关系、关注低收入人群和残疾人等特殊群体生存状况作为创新社会管理的重要举措,形成党委重视、政府主导、工会推动、企业实施、职工参与的和谐创建格局和运行机制。深化行业工资集体协商机制、员工工资正常增长和支付保障机制,促进职工劳动报酬与企业劳动生产率同步提高。充分发挥政府部门、工会和企业协调劳动关系三方机制作用,加强劳动关系协调和矛盾调处机制建设,保障职工合法权益。指导和帮助企业完善内部治理结构,明确企业承担组织服务管理职工的社会责任,引导企业确立创新创造财富、慈善提升价值的理念,更加注重人文关怀,促进企业内部和谐,努力造就一批新时代企业家。

四 加强网络管理,营造良好社会管理舆论环境

1. 要健全网上舆论引导机制

加强对领导干部网络知识和技能培训,转变虚拟社会管理理念,提高

网络管理水平。加强主流网络媒体建设，加快网络文化产品开发和建设，完善政府门户网站建设，切实发挥在党务政务公开、信息发布、政策解读等方面的作用，将政府新闻网打造成信息发布、对外宣传、树立形象的重要阵地，积极主动占领虚拟社会信息阵地。加强网络舆情分析、研判和监测，建立健全党委、政府与公众对话机制，坚持开展各种形式的领导干部与网民互动交流活动，及时主动回应社会和群众关切。健全宣传部门总体协调、职能部门（事件处置主体）主动应对、网络媒体发挥主渠道作用、其他网站积极配合的网上舆论引导工作机制、不断增强重大突发事件和群体性事件的网上舆论应对能力。

2. 要健全信息发布制度

健全新闻发布制度，掌握舆论引导的先机和主动权。对突发性事件在第一时间发布权威信息，关注事前、事中、事后等关键节点上的舆情走向，及时发布事件处置的新情况。发挥政府网络发言人作用，建立政策解读、澄清事实、释疑解惑、疏导情绪、化解矛盾的长效机制，引导社会舆论沿着理智、合法、建设性的轨道发展。建立健全网络民意收集机制，将网络征询意见作为重大事项决策和实施的重要依据。

3. 要健全综合防控机制

整合公安、新闻宣传、通信管理等网络舆论引导、监管、技防方面力量，把法律规范、行政监管和行业自律、技术保障结合起来，形成党委统一领导、政府严格管理、企业依法运营、行业加强自律、全社会共同监督的综合管理格局。积极推进互联网警务模式创新，加强网上基础信息排查、重点阵地控制、重点人员管控工作。加大技术防范力度，深入推进整治互联网和手机媒体有害信息工作，健全落地查人、依法处理机制。加强网监、网宣队伍建设，强化网络舆情实时动态监管，牢牢掌握网络舆论主动权。

4. 加强网络监管

一是要继续巩固网吧压缩整治成果，进一步健全网吧管理制度，及时受理群众举报，严厉查处网吧接纳未成年人上网案件。严格执行对累计2次接纳未成年人的网吧依法责令停业整顿不少于15天并处罚款，第3次接纳未成年人的网吧依法吊销《网络文化经营许可证》的规定，提升网吧服务管理水平和行业形象。二是要在乡镇网吧全面建设远程实时监控系统，同时优化城区网吧远程实时监控系统，杜绝监控系统视频盲区，增强网吧技防能力。三是要加强文化稽查队伍建设，适度增加人员编制和行政执法器械装备，并确保人员专职专用，监督管理正常高效。四是要经常组织公安、工商、教育、电信等部门开展集中整治，组织人大代表、政协委员开展视察活动，把网吧经营管理状况置于公众监督之下。五是要积极做好网吧实名制上网的新型软件推行工作，采取有效技术管制措施有效防止和依法严厉打击利用网吧制作、下载、发布、传播淫秽色情和暴力恐怖游戏等违法行为，净化网络环境。六是要开展诚信网吧建设，逐步实施绿色网吧工程。在有条件的学校也可以探讨建设绿色安全健康的学生网吧，与学生家长一道共同引导孩子科学合理地利用网络进行学习娱乐，营造青少年学生积极向上的健康网络生活。

5. 加强政务信息安全保障与网络舆情处置

一是着力提高部门单位和领导干部的政务信息保密意识，严格开展党政部门单位网络使用情况专项检查整改，规范网络及移动储存设备的管理使用，确保党政部门单位全部通过政务网络接入互联网。二是信息中心要按照计算机网络安全工作要求，定期对网络连接、政务网络的使用情况进行巡查，切实有效地做好计算机网络与安全防范工作，确保政务网络安全运行。三是信访部门要加大网上信访案件的交办督办工作力度，并把办理情况作为一项重要工作列入年终目标管理考评，与各部门单位评先评优紧密挂钩，改变一些部门单位对网上信访不重视和推诿扯皮现象，挽回网民信心和政府形象。四是要加大网络舆情搜索力度，主动回应社会关注，正确引导网上舆情，及时删除、阻碍有害信息，有效维护网上秩序。五是要加紧研究制定与新闻媒体沟通机制、政法维稳宣传舆论工作联席会议工作制度、网上重要舆情监测研判机制、重大网络事件快速反应机制和网上舆论引导机制等，积极主动应对网络突发事件，严防别有用心或不明真相的人利用网络媒体恶意炒作、推波助澜，坚决防止网络群体性事件的发生。

五 健全工作体系、完善考评机制，加快社会管理工作发展

1. 抓好人员编制和工作职能的落实

建议设立专门社会管理部门，对社会管理办明确具体组织机构、人员编制和经费保障等设置，以进一步整合社会服务管理职能和资源，加强统筹协调和督促检查，真正形成党委领导、政府负责、社会协同、各方参与的社会服务管理工作机制，切实解决一些领域多头管理、分散管理，特别是遇到难事推诿扯皮的问题，确保各职能部门形成运转协调的社会管理和公共服务合力。

2. 完善考核评价机制

推进社会管理创新项目，考核是保障、考实是要求。在考核上，首先是要体现考核的激励性，要与经济建设一样建立考核奖惩机制，奖惩激励的力度要能有效调动基层的积极性。要将社会管理创新纳入领导干部政绩考核，分值不低于50%。其次是要体现考核的导向性，紧紧围绕新理念、新目标、新要求进行绩效评价，要加大创新考核分值，不能把创新做法像金子掩埋在沙滩中。制定社会管理创新奖项评比奖励办法，激励探索创新。最后是要体现考核的科学性，综治考核要坚持过程和结果相结合，但不能事无巨细，纷繁复杂，要突出重点，化繁为简，制定公平公正、易操作的考核措施。

六 建立多方参与的服务群众的社会管理机制

1. 加强政法服务管理工作力量的配备

建议上级部门能够适当增加警力编制的数量，尽快出台政法部门人员流动机制或招录工作机制，解决基层政法部门特别是派出所警力严重不足的问题。

2. 整合社会力量形成合力

各级社会管理组织要全面加强和改进新形势下党的群众工作，提高各级党组织引领社会、组织社会、管理社会、服务社会的能力。积极引导社

会团体、行业组织、中介机构、志愿者团体等各类社会组织加强自身建设、增强服务社会能力，发挥社会各方面的协同作用。发挥群众参与社会管理的基础作用，扩大基层民主，依法保障群众的知情权、参与权、表达权、监督权，拓宽群众参与渠道，健全群众参与机制。

3. 强化源头治理，做到关口前移

把基层作为源头治理的前沿，综合协调和引导各部门把人力、财力、物力更多地投到基层，努力夯实基层组织、壮大基层力量、整合基层资源、强化基础工作，为社会管理奠定坚实基础。同时要加强统筹谋划，尽快解决社会管理中的新问题。面对社会管理发展中的新问题，要加强决策的科学性、可行性、具体操作层面的分析研究，才能少走弯路，提高效率。但社会管理发展不能仅靠纸上谈兵，关键在于落实，在于找准落脚点和切入点，要千方百计集聚社会力量，引导群众参与，调动社会各界参与的积极性，把上级精神具体化，把外地经验本地化，把理论研究务实化，既谋又干，既知又行。

4. 建立社会形势分析例会制度

要像分析经济形势一样分析社会形势，每月召集成员单位交流分析参与社会建设的工作情况以及掌握的影响和谐稳定的突出问题、发展趋势、解决措施等，进行分析研判和研究部署，对重大复杂问题提请党委政府研究解决。

5. 建立基层社会管理指导员制度

推行市级机关结对联系区县，县级机关单位结对联系乡（镇）活动，从机关选派农村工作经验丰富、热心从事群众工作人员，组建村居社会管理指导员队伍，在社会结构发生深刻变化的新形势下，指导基层做好服务群众工作。

6. 建立标本兼治机制

当前，影响社会和谐稳定的因素比较多，仅在事发时疲于应付，而疏于事前防范、事后原因分析以及源头治理等措施，难以从根本上解决问题。要立足标本兼治，在想方设法从源头移走"火药桶"上下足工夫，实现被动"维稳"向主动"创稳"的转变。首先要积极完善稳定风险评估。对实施的重大决策、重大项目和征地拆迁项目，规范评估程序，建立督查问责机制，做到"应评尽评"，防止因决策不当引发社会矛盾。其次要着力规范社会行为。通过深化法治建设，强化行政监督、执法监督和问责，提高法治政府建设水平和执法公信力；通过组织开展更丰富、更高频率、更深入基层的社会教育和文化活动，开展道德模范评选，出台严管干部工作规定，深化反腐倡廉，引导树立健康向上的社会风尚。最后要加强民意收集与信息反馈。扩大公众参与社会管理的程度和积极性，真正把群众满意不满意作为加强和创新社会管理的出发点和落脚点，把加强和创新社会管理同人民群众意愿和需要紧密结合起来，以人民群众利益为重、以人民群众期盼为念，充分尊重人、理解人、关心人，寓管理于服务之中，努力实现管理与服务的有机统一，形成科学有效的利益协调机制、诉求表达机制、矛盾调处机制和权益保障机制，共同维护群众合法权益。

七 加强流动人口和特殊人群的管理，为社会管理奠定坚实基础

流动人口管理服务方面，一是要加强部门和区域合作，推进流动人口管理综合治理。按照"政府领导、综治牵头、公安为主、各方参与、综合治理"的方针，把流动人口管理服务工作列入各部门单位目标管理责任和社会治安综合治理考核的重要内容并抓好落实，特别是要建立起以社区为依托的流动人口管理平台，形成抓流动人口治安管理的整体合力。二是要按照"谁出租、谁负责""谁经营、谁负责"、"谁用工、谁负责"的原则，层层签订治安管理责任状，明确管理职责，落实管理责任，做到人来登记，人走注销，实时申报。三是对流动人口和租赁房屋实行分类分层次管理。对身份清楚、有固定生活来源、固定居住场所的纳入常住人口管理；对无固定收入、无固定职业、无固定居住处所的，有违法犯罪嫌疑的或有前科劣迹的重点控制对象纳入重点人口管理，并掌握其身份、特征、交往人员、经济来源等情况。在租赁房屋管理中，房主是重点人口的，承租的流动人口有违法犯罪嫌疑的，出租房屋作为公共场所以及在治安状况复杂地段的，将其列入重点管理，其他的作一般管理。四是所有经营性旅馆必须全部安装治安管理信息系统，并与公安部门信息平台联网，以便对在逃人员进行信息对比。五是公安部门要与计划生育、工商、税务、民

政、房管、建设、医疗卫生部门就有关流动人口办证方面的信息实现资源共享，实现"以证管人"，提升管理效率。六是要通过政府筹资或招商引资的方式合理规划新办学校或扩大城区现有办学规模，缓解外来务工人员子女就学难问题。

加强特殊人群的帮教管理。一是要加强对刑释解教人员的思想教育，帮助刑释解教人员树立正确的人生观和价值观。同时要研究制定刑释解教人员失业、就业援助办法，将其列为再就业重点扶持对象，由政府部门出资提供免费劳动技能培训，提供创业发展小额担保贷款，出台从事个体工商经营或种养殖业给予工商税费减免等优惠政策。对特别困难的刑释解教人员还应当考虑给予临时困难救济或由民政部门为其办理低保，确保刑释解教人员思想稳定、有事做、有饭吃，以求最大限度减少刑释解教人员重新犯罪。二是要对在校"留守孩"进行全面调查摸底，组织学校老师定期做好"留守孩"家访，组织机关党员干部开展"留守孩"结对帮扶活动，招募社会志愿者通过各种方式共同关爱"留守孩"，帮助他们解决思想上的问题和学习、生活上的困难。要在学校普遍设立专门电话或网络视频通话平台，加强学校老师和"留守孩"与家长之间的沟通联系，让学生家长随时了解自己孩子在学校和家里的学习生活与思想情况，让"留守孩"能够突破时间和空间的限制感受到父母亲的关爱。要从政法干警、法律工作者或退休老干部中招聘法制副校长配备到每一个学校，并定期到学校开展法制道德教育，增强"留守孩"法制意识，避免"留守孩"参与社会人员的违法犯罪活动。三是公安部门要对有肇事肇祸倾向的精神病人全部强制性进行收治管理，对分布在社会上的精神病人要落实派出所民警、社区街道干部、患者家属"三位一体"的管控责任，民政部门要做好街头流浪乞讨人员的收容遣送工作，防止特殊人群意外伤害正常社会群体。

（冯　洁）

第九章

福建省统筹城乡生态环境研究

近年来，福建省围绕建设绿色海峡西岸经济区的战略目标，着力构建协调发展的生态效益型经济、永续利用的资源保障、自然和谐的城镇人居环境、良性循环的农村生态环境、稳定可靠的生态安全保障、先进高效的科教支持和管理决策等"六大体系"，在推进城乡生态环境统筹与一体化发展方面，取得了重大成效。全省生态环境质量继续保持全国优良水平，生态环境状况指数继续保持全国前列，生态保护和建设明显加强，为福建加快科学发展、跨越发展提供了有力的生态环境支撑。

第一节　统筹城乡生态环境发展现状

一　推进城乡生态环境统筹与一体化发展取得突出成效

（一）城乡生态效益型经济建设步伐加快

2010 年，福建已有 300 多家重点企业开展了清洁生产审核，100 多个组织通过 ISO14000 环境质量体系认证；资源产出率、能源利用效率大幅提高，全省单位 GDP 能耗降至 0.783 吨标准煤/万元，比 2005 年下降 16.4%，全面完成"十一五"节能目标；单位工业增加值用水量降至 140 立方米/万元，低于全国平均水平，农业灌溉水平均有效利用系数为 0.50；工业固体废物综合利用率达 72% 以上，工业用水重复利用率达到 62%。

福州、厦门、泉州等城市开展生态工业园区试点，探索循环经济产业链和共生产业群模式，带动区域产业化升级。积极推行清洁生产，提高工业污染防治水平，环保产业发展迅速。在农业发展上，大力提倡无公害食品、绿色食品、有机食品等高优、生态农业。全省建立了一批绿色食品、有机食品基地，在消费理念上，积极倡导绿色消费，发展壮大生态旅游业、生态文化旅游业。绿色生产和绿色消费正逐步成为人们的共识。

（二）城乡资源保障与开发利用水平明显提高

"十一五"期间全省共完成植树造林总面积 75 万公顷，2010 年全省森林覆盖率达 63.1%，继续保持全国第一；近岸海域 Ⅰ、Ⅱ 类水质面积所占比重达 59.5%，位居全国前列；121.93 万公顷基本农田得到有效保护，连续 11 年实现耕地占补平衡；划定集中式水源地保护区 625 个，9 个设区市、14 个县级市、44 个县城集中式饮用水源地水质达标率分别为 90.8%、97.9%、98.8%；"青山挂白"基本得到治理，金属类矿产开采回采率、选矿回收率均提高到 80% 左右；建成自然保护区 93 个、风景名胜区 51 个、地质公园 12 个、森林公园 105 个、国家湿地公园 3 个，受保护地区占全省国土面积比重达 12%。

坚持在保护中开发资源，在开发中保护资源的原则，走高效、洁净、低耗的资源可持续利用道路。大力发展清洁能源和可再生能源，强化矿业整顿和水土流失治理，海洋、土地、水、林业和矿产等资源利用与保护水平得到提高。农村因地制宜地推广应用生态农业技术模式，加大了农村废弃资源的循环利用，生态结构进一步优化。

（三）城乡人居环境质量位居全国前列

福建以建设绿色城市、绿色村镇、绿色通道、绿色屏障为目标，率先在全国开展集体林权制度改革，极大地促动了农民造林护林的积极性。2003 年以来，福建森林覆盖率持续保持全国第一。2011 年，全省森林覆盖率达 63.1%，位居全国首位，到 2015 年，福建森林覆盖率将达到 65.5%。

2010 年，全省 SO₂ 和 COD 排放量分别比 2005 年分别减排 11.2% 和 5.44%，全面完成"十一五"减排目标；12 条主要水系水域功能达标率和 Ⅰ－Ⅲ 类水质比例分别为 97.1% 和 95.6%；23 个城市空气质量全部达到或优于二级标准，9 个设区市城市优良天数比例为 96.9%；城市建成区绿化覆盖率和绿地率分别达到 40% 和 35.9%，人均公园绿地面积达 10.8 平方米；城市（含县城）污水、生活垃圾无害化处理率分别提高到 77% 和 83%。农村环境综合整治有序推进，农村环境连片整治示范工作顺利启动；治理水土流失面积 800 多万亩，水土流失面积占国土面积比重降至 10%。截至 2010 年底，全省建成垃圾无害化处理场 53 座，日处理规模达 1.84 万吨，市县垃圾无害化处理率达 82%，促进了城市环境日益改善。2010 年，福建省水、大气和生态环境质量在我国继续名列前茅，为全国三大指标均为优的唯一省份。城市区域环境噪声和道路交通噪声平均等效 A 声级均值呈下降趋势。辐射环境质量良好，环境放射性状况保持在天然本底水平。

拥有国际花园城市 2 个、国家环保模范城市 3 个、国家园林城市（县城）8 个、国家级生态乡镇 16 个、省级生态乡镇 127 个，国家级生态村 3 个、省级生态村 120 个。其中，厦门、福州获"全国绿化模范城市"称号；厦门、福州、泉州获"全国环保模范城市"称号。福州、厦门、泉州、三明、漳州、永安、惠安、沙县被评为国家园林城市。

（四）生态安全保障体系进一步完善

到 2010 年底全省建成江海堤防总长达 5800 多公里，县级以上城区防洪格局基本形成，1000 多座病险水库安全隐患基本消除，覆盖全省 99% 陆域面积的洪水预警系统基本建成；沿海防护林基干林带长达 3037 公里，沿海地区森林覆盖率提高到 58.53%，4226 万亩生态公益林得到有效管护，森林防火扑救体系基本建立；综合气象观测站布局实现由陆地向海洋拓展，气象预警信息覆盖率达 90% 以上；海洋环境监测网络基本建成；动植

物疫病虫害预警和应急机制初步建成，农林水产疫病得到有效防治；建立
了覆盖全省的数字地震台网，地震监测预报、震灾预报、紧急救援体系等
逐步完善；地质灾害综合管理信息系统和群测群防网络初步建成，防灾减
灾能力明显增强。

省环境自动监测监控中心已建成对重点污染源、大气自动监测点和水
质自动监测站的在线监控，环保监测能力明显增强。制定并完善了一系列
污染事故应急预案，及时妥善地处理突发性污染事故。在加强环保监管硬
设施的同时，软环境建设也进一步加强。加强了环保立法工作，修订并完
善各项政策法规。省市均成立环境信息中心，实现相关资料和信息的储备
与共享，环境信息网络服务不断加强。

（五）城乡生态文化建设成效明显

科技支撑生态省建设能力显著增强，科学发展观得到深入贯彻落实，
逐步成为引领各级各部门决策、执行、监督的重要指导方针。制定出台了
《关于促进生态文明建设的决定》《福建省固体废物污染环境整治若干规
定》等地方性法规、规章，实行环境保护监督管理"一岗双责"制度，每
年组织开展整治违法排污企业保障群众健康等环保专项行动，环保执法得到
加强。全社会生态文化意识明显增强，绿色低碳发展理念逐步深入人心。

二 福建推进统筹城乡生态环境发展存在的问题

虽然推进城乡生态环境统筹和一体化发展取得了积极成效，但是由于
种种原因，当前福建的环境状况仍不容乐观。主要表现在：经济发展方式
尚未根本转变，一些地方和行业经济发展仍存在高消耗、高污染等问题，
节能减排面临较大压力；森林结构不尽合理，森林生态体系不够完备；资
源开发不当造成的生态破坏现象在局部地区依然存在；流域性、区域性、
农业面源污染以及部分近岸海域污染问题仍较突出；综合防灾减灾能力有
待加强；环境监管能力建设与经济社会发展要求仍不适应，环保执法力度仍
需进一步加强；生态省建设相关政策法规还不够完善，公众生态环境保护意
识和自觉性还有待提高；等等。其中，较为突出存在的问题有：

（一）区域自然资源相对贫乏，可持续供应的重要资源相当有限

福建人多地少、无油少煤少气、矿产资源不足，许多重要资源人均占有量远远低于全国发展水平。人均土地和耕地分别只有全国平均的44%和40%，能源自给率只能达到40%。全省35种主要矿产资源保有储量至2010年可满足或基本满足需要的只有17种，2020年将降为4种。水资源分布不均衡，水资源总量的2/3左右分布在山区，而经济总量占全省3/4的闽东南沿海，水资源却只占全省的36%；煤炭资源、金属矿产相对贫乏；石油依赖外省输入；资源和能源综合利用率较低。福建虽是我国南方主要林区，但近年来植被破坏、土地退化，生物多样性减少，致使森林生态系统整体功能减弱。

（二）水土流失依然严重

福建虽是我国东南沿海绿色屏障，但也是我国东部生态脆弱保护区域，山多坡陡，地理呈马蹄形，西北高、东南低，水系错综复杂且自成体系，多季风暴雨，土层薄，内陆大气环流难以扩散，陆域与海岸生态系统都很脆弱，自然灾害频繁发生。福建是一个水土流失高发区和潜在危险很大的地区，目前全省水土流失依然比较普遍，还存在"远看青山在，近看水土流"的现象，水土流失治理仍是今后的工作重点和难点。

（三）污染问题日益突出，生态负荷十分沉重

一方面环境污染和生态破坏趋势尚未得到根本遏制，生态环境仍然比较脆弱。另一方面，水土流失、酸雨、水体污染、生物多样性减少等区域生态问题日益严重，生态与环境整体上仍呈恶化态势，生态负荷十分沉重，难以为发展提供更多的生态空间。环境污染问题主要反映在：

（1）禽畜养殖业和农药化肥污染比较严重。畜禽养殖业污染物产生量大、处理和利用率低。据测算，全省禽畜养殖业排放的氨氮、化学需氧量分别是工业废水的17.9倍和14.8倍，是生活污水的4.36倍和4.25倍；全省化肥流失进入水体的总氮、总磷约占各类污染来源的30%~40%。

（2）城市生活污水处理率和垃圾无害化处理率仍然较低。城市污水处理

厂、垃圾无害化处理厂和乡镇垃圾处理设施滞后于城镇发展需要，污水管网不配套，已建成的大部分污水处理厂、生活垃圾处理场存在超标现象。

（3）部分工业污染反弹。一些工业企业擅自停运治理设施，私设暗管偷排偷漏污水；个别地方"五小"企业死灰复燃。

（4）大量梯级电站开发改变了河流的自然属性，造成流速减缓、自净能力下降，相当一部分小水电站没有办理环境影响评价和环保审批手续。

（5）水产养殖过密和布局不合理，过剩饵料及排泄物也对水环境造成污染。

第二节 统筹城乡生态环境发展的必要性

在生态文明建设中，农村生态环境保护占有重要地位，与城市生态环境相辅相成、相互影响。然而，在我省工业化和城市化进程中，一些地方重视城市的生态环境保护，却忽视了对农村生态环境保护。农村生态环境问题突出不仅影响到城乡居民生活质量的提高，而且会影响整个社会的可持续发展。因此，改变农村生态环境保护落后状况是统筹城乡发展的重要任务。在生态环境保护中，应把农村生态环境保护摆上同等重要的地位，促进城乡环境质量全面改善。

一 城市环境和农村环境是一个有机联系的整体，不可分割

城乡生态环境是统一不可分割的整体。城市饮用水水源地水质、餐桌食品卫生等都与农村生态环境有密切关系。农业和农村不仅为全社会提供了粮食和肉、蛋、奶等农产品，而且是国家的生态屏障。在经济发展过程中，农业功能不断拓展，除了传统的食品供给等经济功能外，其生态维护和生物能源等多重功能也在不断凸显。当地球生态系统出现问题时，不仅影响城市，也会影响农村。例如，由于目前气候变化的原因，城市和农村的生态环境都发生了改变。在一些地方，城市的发展污染了农村的河流和土壤，农村又因为土壤等被污染只能为城市提供劣质的农产品。城乡之间的环境问题相互制约，不仅降低了人们的生活质量，而且造成了经济发展

的不可持续。虽然一些地方的 GDP 看似增长了，但其污染治理的成本更高。因此，只有统筹城乡生态环境保护，实现城乡生态环境良性互动，才能不断地提高人们的生活质量，实现可持续发展。

二　统筹城乡生态环境发展应立足于农业、农村生态环境的保护与改善

由于公共财政长期忽视对农村的投入，城乡生态环境保护投入差距大，农村生态环境形势总体上比较严峻，环境污染和生态破坏问题突出。村庄公共设施短缺，道路、供水、垃圾、污水处理设施等欠账严重，农村人居环境面貌落后。畜禽粪便、水产养殖和不合理使用农药、化肥等造成污染加重，农产品质量安全不容忽视。乡镇企业污染较为普遍，小城镇环境基础设施缺乏。农村生活污水基本上是任意排放，生活垃圾随意倾倒；化肥施用有效利用率不到 35%，造成土壤和水体污染加剧。一些地方乱采滥挖、毁林开荒、超载放牧等行为屡禁不止。农业生态系统退化、植被破坏、土地退化严重，成为影响农村社会经济可持续发展的重要因素。

第三节　统筹城乡生态环境发展的基本思路

福建未来推动城乡生态环境统筹发展的基本思路是：以建设资源节约型、环境友好型社会为目标，大力发展绿色经济、循环经济和低碳产业，全面推进节能减排；积极开展生态城市、生态村镇、绿色社区等创建工作，加快推进城乡环境综合整治，完善城乡居住环境与配套基础设施；持续加强生态环境保护，着力提高生态环境承载能力，促进生态良性循环，为全省经济社会发展提供良好的生态环境支撑。

一　统筹城乡生态环境发展应注意的几个问题

当前，随着居民消费结构、产业结构调整升级和工业化、城镇化进程的加快，人口、资源、环境等矛盾更加突出，城乡发展不协调问题凸显。

生态环境保护作为统筹城乡一体化发展过程的重要内容，应创新发展思路，选择科学发展模式，做好以下几点：

（一）从思想认识上统筹

坚持科学发展，统筹城乡环境保护，不能重城市轻农村。要把城市环保与农村环保放到统一决策平台、统一工作目标、统一标准要求，把深入开展城乡环境综合整治作为统筹城乡发展和加快推进社会主义新农村建设的紧迫要求，作为加快经济社会发展、提升城市综合竞争力的重要措施，全力以赴抓紧、抓好、抓落实。

（二）从体制建立上统筹

要建立适合统筹城乡环境保护的领导体制和责任及考核体制。对环境保护的领导体制进行延伸，强化乡镇环保领导机制的落实，建立"属地管理、条块管理、共同负责"的工作责任制，实行分类督导、定期督导、定期调度、定期通报，提高乡镇党委政府抓环境保护的积极主动性。城乡环保部门充分发挥参谋助手作用，认真履行职责，有关部门配合联动，不断推进环境保护法制化进程，使环保工作始终在高标准、高要求下有序推进。

（三）从机构设置上统筹

将环保机构从县一级延伸到乡镇、农村，设置专门的乡镇、农村环保机构或专职人员，保证必要的工作条件，把农村环保工作落到实处，保证城乡环境保护同步进行。

（四）从资金投入上统筹

在巩固对城市环境基础设施及城市重点工业污染源治理投入的基础上，逐步加大农村环保工作的资金投入。以县、乡村为单位，整合项目资源，实行涉农资金捆绑使用，聚合财力，推进农村环境综合整治。引导和鼓励社会资金参与农村环境保护。

（五）从项目规划上统筹

规划是灵魂和龙头，规划决定着城乡发展的水平与质量。必须进一步强化规划在统筹城乡环保建设中的战略地位，实现城乡布局合理、设施配套、环境协调。要按照"统筹规划、分步实施、由点到面"的基本原则，科学制订实施计划。在各种规划的编制时，要统筹思考，站高望远，做到以城带乡、城乡互动、协调发展，使城乡环境保护工作做到有章可循。紧密围绕保护的主要环境目标、需要解决的重要环境问题，选择范围适当、受益人口集中、能够发挥连片效应的城乡统筹示范片区。各级政府应抓紧制定实施农村环境保护规划，重点做好乡镇环境保护、农村饮用水水源地保护、小流域治理等规划。

（六）从环境监管上统筹

要建立城乡环境统筹工作联席会议制度，指导、监督和开展工作。在监督管理中，坚持城市与乡村并重，采用"日常监督与突击夜查"相结合的方式，严厉打击环境违法行为。持续开展"整治违法排污保障群众健康"环保专项行动，对城市、乡镇、农村经常进行拉网式排查，严肃查处各类环境违法行为，防止污染由城市向农村转移。

（七）从宣传层面上统筹

充分发挥环境宣传的先导作用，面向领导层、企业层、群众层、学生层，多层面多角度加大宣传。主动与群众沟通协商，认真听取群众对环境整治的好意见、好建议，切实解决群众关注的热点难点问题，更好地焕发群众参与环境整治、建设美好家园的巨大热情。教育部门要将城乡环境保护工作纳入课堂，培养学生环境意识。媒体要进一步加大舆论宣传力度，开辟专题专栏，积极宣传城乡环境保护工作的重大意义，及时报道工作动态，宣传典型、推广经验、曝光问题、鞭策后进，营造人人关心城乡环境、个个参与改善城乡生态环境的浓厚氛围。

二 统筹城乡生态环境发展的主要任务

（一）加快构建低消耗、少排放的绿色低碳产业体系

（1）在农业方面，大力发展高效生态农业，积极推进农业标准化和安

全农产品生产，建立完善农产品生产、加工绿色认证体系，加快建设一批无公害农产品、绿色食品和有机农产品生产基地。到2015年，全省开发建设安全食品基地1000万亩、有机食品基地10万亩，逐步形成布局合理、结构优化、标准完善、管理规范的安全食品生产体系，保障农产品消费安全。

（2）在工业方面，改造提升传统优势产业，坚决抑制高耗能、高排放行业过快增长。应用高新技术和先进适用技术改造提升纺织、轻工、冶金、建材、林产、建筑等传统优势产业，加快技术装备更新、工艺优化和新产品开发，进一步提高污染治理技术能力和水平，降低产品综合能耗、物耗。大力培育发展新一代信息技术、生物与新医药、新材料、新能源、节能环保、高端装备制造、海洋高新产业等七大战略性新兴产业，力争2015年新兴产业增加值占GDP比重达10%以上。加大节能环保产业的支持力度，打造具有较强竞争力的节能环保产业集群，到2015年节能环保产业产值达2080亿元，建成5个省级节能环保产业基地。

（3）加快发展资源循环利用产业，遵循"减量化、再利用、资源化"的要求，重点在电力、交通、建筑、冶金、化工、石化等行业推行循环型产业链和共生产业模式。加快建设以城市社区和乡村分类回收站点为基地、集散市场为枢纽、分类加工利用相衔接的再生资源回收利用体系，加强废金属、废纸、废塑料、废旧轮胎、废弃电子电器产品、废旧机电产品、废弃包装物等的回收和循环利用，加强共伴生矿及尾矿综合利用，推进工业固废和建筑废弃物综合利用，到2015年工业固体废物综合利用率达75%以上。推进城市生活垃圾分类回收体系建设，鼓励开展垃圾焚烧发电、填埋气体发电、餐厨废弃物资源化利用，鼓励工业过程协同处理城市生活垃圾和污泥。推进汽车零部件、工程机械等机电产品再制造试点。全面治理"白色污染"，开展农林废弃物资源化利用，加强规模化畜禽养殖业的综合治理，促进畜禽粪便、污水资源化。

（4）加快低碳技术和气候友好技术的研发、推广和应用，支持工业等生产过程领域减少温室气体排放，开展甲烷气体回收利用。综合运用调整经济结构、节约能源、优化能源结构和增加森林碳汇等手段，降低碳排放强度。逐步形成有利于控制温室气体排放的财政、税收、价格、金融等政策体系。推进厦门全国低碳试点城市建设，支持有条件的地区和单位开展省级低碳试点，为全省提供示范借鉴。

（二）加快建设协调和谐的人居环境

1. 推进形成科学合理的主体功能区

按照区域主体功能定位，推进福州大都市区、厦漳泉大都市区的优化开发，建设成为带动全省经济社会发展的龙头；推进沿海城镇密集带和内陆产业集中区的重点开发，加快推进新型工业化和城镇化进程，成为支撑未来全省经济持续增长的重要增长极；推进农产品主产区、重点生态功能区等限制开发区域的适度开发，以生态修复、环境保护及农业功能为重要任务，加快发展特色生态产业，引导人口逐步有序转移；推进自然保护区、风景名胜区等禁止开发区域的生态环境建设，严格依照法律规定实施强制保护，严禁不符合主体功能定位的开发活动。进一步完善财政、投资、产业、土地、农业、人口、环境等政策，推动形成科学合理的主体功能区新布局。

2. 推进生态城市建设

结合城市自身实际，打造一批海湾生态城市、园林城市、环保模范城市、森林城市等新型生态城市，到2015年全省60%以上的市（县）达到生态市（县）标准并获命名。合理控制城市人口密度、建筑物密度，保护并适当扩大城市绿地、水域、山体等开放空间，加快构建城市景观体系。加快推进城市污水、垃圾处理等城市环境设施建设，构建城市绿色交通体系。

3. 推进生态村镇建设

引导和推动一批经济基础和生态环境较好的乡镇、村率先达到生态乡镇、生态村标准。做到村镇建设与生态建设同步规划、同步实施，合理规划和安排农村住宅用地，保护农村自然风貌。加强村镇环境卫生管理，加快村庄整治步伐，突出抓好溪河、水沟的污染治理，推进生活垃圾、污水处理设施建设。到2015年全省60%以上的乡镇（村）达到生态乡镇（村）创建标准并获命名。

4. 推进绿色创建工作

扎实推进以"绿色社区""绿色学校"等为重要载体的绿色创建工作，强化对社区、学校环境质量专项治理，做好社区和学校的绿化、美化、净化、静化工作，逐步建立环境优美、舒适安宁、生态高效的社区、学校环境。到 2015 年，全省创建各级绿色学校达学校总数的 25% 以上；福州、厦门、泉州、漳州市 60% 的社区达到绿色社区的要求，三明、莆田、南平、龙岩、宁德市和平潭综合实验区 50% 的社区达到绿色社区的要求。

（三）加快推进节能减排

1. 构建节能减排长效机制，健全完善节能减排指标体系、监测体系和考核评价体系

加强对节能减排的监督检查，把节能减排指标完成情况纳入各地发展综合评价指标体系，作为政府领导干部综合考核评价和企业负责人业绩考核的重要内容。

2. 强化节能减排源头控制

严把新上项目的资源消耗关和环境保护关，未进行节能审查或未通过节能审查的项目，一律不得审批、核准，项目建设达不到合理用能标准和节能设计规范要求的，不予验收。

3. 建立完善淘汰落后产能长效机制

加强已淘汰落后产能企业的日常监管，防止死灰复燃。对不按期淘汰的企业，各级政府要依法予以关停。省经贸、环保、发展改革等部门每年向社会公告淘汰落后产能的企业名单和各地执行情况。建立和完善落后产能退出机制，安排专项资金支持淘汰落后产能。

4. 加强重点领域、重点行业节能工作

工业方面，以火电、冶金、石化、化工、建材、造纸等高耗能行业为重点，加大科研和技改投入力度，推广应用节能潜力大、应用范围的重大节能技术。建筑方面，推进居住建筑和公共建筑节能标准的实施，推广建筑节能新技术、新产品，鼓励和发展绿色低碳建筑。交通方面，严格执行国家规定的车辆淘汰制度，推动发展城市公共交通。公共机构方面，组织开展商贸行业及政府机构、科教文卫体等公共机构空调、电梯和照明等用能设备的节能改造，建设一批城市绿色照明示范工程。

5. 全面加强污染减排

推进重点行业及区域脱硫脱硝试点，建设一批示范工程。加快老旧机动车淘汰，鼓励老旧汽车和黄标车提前报废，加快车用燃料清洁化进程。加强生活污水和重点工业企业废水处理。继续扩建、增建市、县污水处理厂，完善配套管网和雨污分流系统，提高污水收集率和处理率。加强工业集控区污染治理力度，实现园区废水全收集、全处理，确保稳定达标排放。持续强化减排监管监测体系建设，完善在线监控管理手段，促进治理设施稳定运行、达标排放。

（四）合理开发利用和保护自然资源，增强生态资源保障能力

1. 林业资源

加大科学造林力度，调整优化树种、林种结构，形成树种多样、层次复杂、结构稳定、功能完备的森林生态系统。加大中幼林抚育、封山管护和低质低效林改造等森林抚育经营力度，增强公益林的生态功能。加快发展油茶等木本粮油、特色经济林、林下经济、森林旅游、丰产竹林、花卉苗木、野生动植物繁育利用等绿色富民产业和生物质能源林基地、生物医药等战略性新兴产业。

2. 海洋资源

严格执行海洋功能区划和海洋环境保护规划，合理开发利用海洋资源。科学编制填海造地规划，合理安排填海项目，严格控制海湾内填海造地，有序引导项目向湾外转移。加强港口和岸线资源的保护和合理开发，科学规划海湾布局，合理安排海湾用海。根据浅海滩涂养殖容量调查成果，制定养殖规划，确定合理养殖规模。加强海洋生物多样性保护，加快实施闽江口、福清湾、平海湾、泉州湾、九龙江口等海洋生态保护恢复工程，建立一批重要渔业品种、珍稀鸟类、海洋珍稀与濒危生物重要栖息地自然保护区。加强厦门珍稀海洋物种、晋江深沪湾海底古森林遗迹、漳江口红树林、长乐海蚌、东山珊瑚、官井洋大黄鱼等海洋自然保护区以及宁德海洋生态、平潭岛礁、湄洲岛生态等海洋保护区建设。加强对重点海

湾、湿地、红树林和鸟类集中分布区及迁徙停歇地的保护，继续规划建设一批海洋类型自然保护区、特别保护区、海洋公园、湿地公园，实施种植红树林、投放人工鱼礁、放流增殖等生态修复工程。加强海岛生态保护，推进无居民海岛有序利用和管理，对领海基点岛屿、具有特殊价值的岛屿及其周围海域实施严格的保护制度，建设福鼎鸳鸯岛、平潭山洲列岛等一批海岛生态特别保护区。

3. 土地资源

切实保护耕地，实行最严格的耕地保护制度，强化对各项非农建设占用耕地的控制，加强对农业结构调整的引导，加大受灾耕地复垦力度。大力推进节约集约用地，实行最严格的节约用地制度，建立和完善建设用地控制标准和评价体系。加强土地资源市场化配置，通过价格杠杆促进节约集约用地。

4. 水资源

完善取水许可和水资源有偿使用制度，加强水资源总量控制和定额管理，健全流域管理和区域管理相结合的管理体制，推进节水型社会建设。到2015年全省工业用水重复利用率达到65%以上，万元工业增加值用水量降到120立方米，大、中型灌区渠道防渗率分别达到40%、50%以上，渠系水利用系数分别不低于0.55、0.65，农业灌溉用水有效利用系数达0.53。加强对水源地保护，依法限期整治水源保护区内的污染源。对河流型水源地，强化入河排污口管理，加强水电站下泄流量监管；对湖库型水源地，加强水体富营养化防治；对农村人口聚居区的集中式饮用水源，依法划定农村集中式饮用水源保护区，加强监管，确保饮用水安全。

5. 矿产资源

治理整顿矿产资源开发秩序，全面建立省、市、县三级矿产资源规划体系，开展规划环评，科学划定矿产资源禁采区、限采区和可采区。对符合规划的小矿进行联合改造，实现矿山经营规模化和集约化。提高矿产资源开发利用水平，推广先进适用的开采技术、工艺和设备，提高采矿回采率、选矿和冶炼回收率，大力推进尾矿、废石综合利用，提高资源综合回收利用率。加强矿山生态环境恢复与保护，严格审查矿产资源勘察设计方案，全面落实矿山生态环境恢复治理补偿机制和企业责任机制，加强对新建矿山开发利用、环境保护、土地复垦等方案实施的核查，确保生态环境得到有效保护。到 2015 年，新（扩）建生产矿山地质环境得到全面治理，开采破坏土地得到全面复垦利用；历史遗留的矿山（闭坑、无主矿山）开采破坏土地复垦率达到 40%，矿山地质环境恢复治理率达到 40%。

（五）强化城乡生态环境建设与保护

1. 落实生态功能区划

各市（县、区）应根据生态功能区划，结合各地生态敏感性、资源环境承载力，以及经济社会发展强度和潜力等因素，开展主体功能区规划，明确优化开发、重点开发、适度开发和禁止开发四类主体功能区环境管理要求，制定生态保护与建设规划，为生态保护与监管提供依据。沿海各市（县、区）应把生态功能区划分与重点海域的环境保护规划相结合，编制相应的海洋环境保护专项规划，加强海洋环境与生态功能保护。对全省生态安全具有重大作用的生物多样性丰富区、水源涵养区、水土保持监督区、风沙与石漠化控制区、重要饮用水源地保护区、特大型水库水环境保护区等重要生态功能区，应建立省级生态功能保护区，制定生态功能保护区建设规划，并按规划进行建设和管理。

2. 实施"四绿"工程

大力推进绿色城市建设，加快城市片林、城边林带、城郊与城区森林公园建设和开发区、军营、校园等绿化美化，到 2015 年，城市建成区森林覆盖率新城区达 30%以上、旧城区达 20%以上，县城建成区森林覆盖率新城区达 25%以上、旧城区达 15%以上。大力推进绿色村镇建设，引导农民广泛种植优良乡土树种、特色经济树种，将农村居住环境改善与农民增收相结合。到 2015 年，创建绿色乡镇 300 个、绿色村庄 3000 个，绿色乡镇建成区绿化覆盖率提高到 18.5%以上，人均公园绿地面积提高到 5.5 平方米以上。大力推进绿色通道建设，加快高速公路、国省道、铁路等交通干线两侧及一重山造林绿化美化，到 2015 年，国省道和铁路沿线两侧可绿化里程绿化率达 95%以上，一重山一面坡可绿化宜林地绿化率达 100%。大力推进绿色屏障建设，在沿海 50 个县（市、区）重点建设以红树林为主的消浪林带、海岸基干林带和纵深防护林，形成沿海绿色屏障。到 2015 年，沿海基干林带可绿化宜林地绿化率达 100%。

3. 实施江河流域生态修复及天然林保护工程

加强"六江两溪"干流、一级支流为主的江河两侧及库区周围一重山的造林、补植等，将其纳入长江流域防护林体系建设工程，完成造林 3.7 万公顷。加快流域水源涵养林和水土保持林修复，加强重点水土流失区、易灾地区的生态治理，实施江河流域及库区周围天然林保护工程，对 142 万公顷天然阔叶用材林实行封禁，优化区域林分结构，提升区域森林生态功能。到 2015 年，重点江河流域一重山可绿化宜林地绿化率达 100%。

4. 加强自然保护区和湿地建设与保护

大力实施野生动植物、湿地保护及自然保护区建设工程，强化珍贵濒危野生动植物的抢救性保护，维护生物多样性。重点完善自然保护区群网，形成武夷山脉自然保护区群、鹫峰山—戴云山—博平岭自然保护区群、沿海湿地自然保护区群和闽江流域自然保护区群的"三纵一横"自然保护区网络。进一步优化自然保护区建设布局，重点实施对江河源头森林植被、典型生态系统、野生动植物天然集中分布区等关键区域的抢救性保护。加强野生动植物栖息地保护，完善野生动植物保护体系，重点实施华南虎等 20 种珍贵濒危野生动物、福建柏等 23 种（科、属）珍贵濒危野生植物的保护救护，强化对旗舰物种和极小种群野生动植物的拯救。加强天然湿地保护与恢复，维护天然湿地重要生态功能。到 2015 年，新（扩）建自然保护区 31 个（新增国家级 4 个）、自然保护小区（点）300 个，新增国际重要湿地 1 处、国家重要湿地 2 处，新增国家级风景名胜区 2 处以上、省级风景名胜区 3 处以上。

5. 加强水土流失治理

加快重点水土流失区的综合治理步伐，继续实施长汀水土流失综合治理工程、宁化等原中央苏区国家水土保持重点治理工程和以安溪为重点的崩岗治理工程，全面开展重点流域、重要水源地水土保持生态建设和水生态修复，加快实施山洪地质灾害易发区水土流失综合整治工程和坡耕地水土流失综合整治示范工程。完善水土保持网络和信息系统建设，加强水土流失监测预报和水土保持科技推广。到 2015 年新增水土流失综合治理面积 750 万亩，重点江河流域水土流失治理率达 90% 以上。

（六）加强城乡生态环境的综合整治

1. 严格控制工业污染排放

闽江、九龙江等"六江两溪"重点流域沿岸严格控制新、扩建增加氨氮、总磷等主要污染物排放的项目，对废水排放量较大的制浆造纸、制革、农药、染料、纺织、酿造、石化、黑色金属冶炼与压延加工业等行业及高耗水行业要依法严格审批。推进建筑饰面石材企业开展污水集中治理和废渣废料综合加工利用，促进集约发展和污染集中控制。加强流域涉水重点排污单位持证排污和在线监控设施运行情况监管，督促企业稳定达标排放。

2. 加强畜禽养殖业等污染整治

开展畜禽养殖业禁养区、禁建区和适度养殖区规划调整，制（修）定重点流域"三区"划分方案。开展禁养区范围内畜禽养殖场的关闭拆除工作，促进禁养区外畜禽养殖场达标排放或零排放。严格控制养殖规模。在确保已建城镇污水处理厂稳定运行及提高处理负荷率的基础上，积极推进沿江重点集镇和污染敏感区域乡村生活集中污水处理设施建设，有效减少生活污染的入河负荷。

3. 探索完善流域监管机制

完善流域整治考评、上下游联合交叉执法等制度，构建上下游乃至河口近海间的水环境综合预警预报系统，加强突发性污染事故的水量水质综合调度，提高水污染风险预警能力和防控水平。

4. 推进海岸带和近岸海域环境整治

沿海各市、县（区）政府和平潭综合实验区管委会要制定重点河口、重点海湾各类入海污染物排放总量分配方案，确定氮磷营养盐、COD、石油类和其他特征污染物的总量控制目标，加强流域面源污染的治理，实施污染物排放总量控制制度。加快推进罗源湾、泉州湾排海污染物总量控制试点工作，削减陆源污染物排海总量。积极推进沿海乡镇垃圾收集处理工作，减少近岸海域海漂垃圾。严格控制海上污染源，建立健全船舶及其有关作业活动污染海洋环境的监测监视机制，开展近岸海域海洋环境监测监视，重点对全省13个主要海湾及11条主要江河入海口进行监测，创新海洋环境监测与评价工作机制，强化对涉海工程的环境影响后评估工作。加大对风暴潮、海浪、赤潮等海洋灾害和外来生物入侵的预警预报力度，建立海洋生态敏感区、污染整治区等重点区域的自动和可视监测系统，进一步加强对填海造地工程、临海工业集中区和重点企业排污口邻近海域、海洋倾废区的环境监视监测。

5. 推进城市环境综合整治

进一步完善城市污水垃圾处理设施，提高垃圾无害化处理率和污水处理率。加强大气污染防治，严格执行机动车辆销售环保准入制度，强制淘汰超标排放车辆，加快车用燃料清洁化进程，福州、厦门、泉州等城市率先推广使用 LNG 环保型公共交通车辆，减轻汽车尾气污染，到 2015 年90% 城市空气质量二级以上天数占全年比例提高到 90%。防治城市道路交通噪声，严格建筑工地夜间施工审批制度，强化饮食服务、娱乐场所等生活噪声的控制。实施城市内河整治，建设生态河道。加快城市危险废物、医疗废物处置设施建设，提高全省危险废物和危险化学品污染事故应急处置能力。建设危险废物研发体系，加快国家危险废物处置技术研发（福建）中心建设，提高危险废物处置技术水平。

6. 推进农村环境综合整治

加强农村生态环境保护，强化土壤污染防治监督管理，加快形成污染土壤修复机制。控制农药、化肥和农膜等面源污染。开发应用适合农村污水垃圾处理新技术，逐步建立村庄集中收集、乡镇中转、县级处理为主的垃圾收集清运与处理体系。将乡镇工业发展和小城镇建设相结合，引导企业适当集中，实行污染源集中控制。严格农村工业项目环境准入，防止落后产能向农村转移。加强对污染严重的乡镇企业和家庭作坊的整治，开展农村地区化工、电镀等企业搬迁和关停之后的遗留污染治理。深入开展农村环境连片综合整治，争取到 2012 年示范区内农村饮用水卫生合格率达到95% 以上，整治村庄的生活污水处理率达到 70% 以上，生活垃圾收集清运率和处理率达到 90% 以上，规模化畜禽养殖污染治理和废弃物综合利用率达到 90% 以上，继续实施"新农村试点示范"、农村"家园清洁行动""创绿色家园、建富裕新村"行动和生态家园富民工程。

第四节　统筹城乡生态环境发展的保障措施

一　从政策上加大对统筹城乡生态环境发展支持力度

（一）加大财政资金投入力度，优化政府公共投资结构

加强生态环境、节能减排等相关专项资金的协调、整合，积极争取中央资金，集中财力用于支持城乡生态环境建设。

（二）建立多元化的投融资机制，鼓励和支持社会资金投向环境建设

进一步探索和推广水权转让、排污权交易、海域资源有偿使用等办法，充分发挥市场机制在资源配置中的作用。积极支持生态项目申请银行信贷、设备租赁融资，发行企业债券和上市融资。通过政府财政贴息补助、股权收益适度让利、延长项目经营权期限、减免税收等政策，进一步推进生态环境保护项目的市场化、产业化运作。探索经营生态项目的企业将特许经营权，污水和垃圾处理收费权，林地、矿山、海域使用权等作为抵押物进行抵押贷款。

（三）按照"污染者付费、受益者补偿"的原则，健全生态环境补偿机制

完善跨界断面河流水量水质目标考核与生态补偿相结合的办法，逐步提高源头地区保护水源的积极性和受益水平。建立健全分类补偿与分档补助相结合的森林生态效益补偿机制，逐步提高生态公益林补偿标准。探索建立饮用水源保护生态补偿机制，完善对省级以上自然保护区、海洋自然保护区、森林公园的财政专项补助政策。加大对生态保护地区的扶持力度，重大生态环保基础设施实行省市县联合共建。

二 强化政府统筹城乡生态环境发展意识

政府担当着环境保护的重要角色，由于政府的权威性、不可更移性和强制性等特点，使政府在指导、协调、服务、保障和提供基础设施方面，发挥着重要职能。各级政府要有高度的责任感，把统筹城乡生态环境发展建设作为一件大事，认真制定本地区本部门生态环境建设规划或实施方案，列入议事日程，切实加强领导，采取有效措施，保证规划目标的实现。由于生态建设和环境保护需要大量资金的投入，完全靠政府投入是不现实的，必须发挥政府和市场在生态环境建设中的主导作用，挖掘市场潜力，通过各项政策调动各方面的社会资本，形成政府投资与引资、融资相结合的投入模式，使投资与项目运作市场化、产业化，提高资金使用效率。当前，一些地方官员存在功利性的施政行为，是造成生态环境恶化的一个重要原因。为此，需要强化各级领导干部的生态建设和环境保护意识，把环境保护绩效纳入对地方政府官员的考评中，以遏制行政官员短期趋利行为。

三 加强企业保护生态环境责任意识

企业发展和环境保护之间既存在矛盾、对立的一面，也存在协调、统一的一面。企业作为经济的主体，其责任是为社会提供合格的产品和服务，以获取最大限度的利润，这是企业的生存之本。对于正在成长阶段的企业而言，承担着可持续发展的社会责任，在短期内可能会由于更新技术和加大环境治理力度而影响其经济效益，但在经济全球化的浪潮中，企业必须面对来自跨国公司的竞争，必须迎接正在全球范围内兴起的“绿色”浪潮的挑战。如果企业仅仅考虑眼前利益，就会丧失长远的竞争优势，从而在竞争中处于被动地位。由于企业行为对国家和区域的环境质量和可持续发展的影响巨大，因此，要制定相应的经济政策和收费制度，从机制上促进企业治理污染的积极性。采取各种措施，激发企业的社会责任，逐步推行生产者责任延伸制度，即生产某些耐用消费品和对环境有影响产品的企业，要负责这些产品使用后的回收和处理，能利用的再利用，能作为资源回收的处理后作为资源再用，无法回收利用的做到无害化处理。因此，企业要自觉逐步建立起实施清洁生产的有效机制，促进工业污染防治由末端治理向预防为主和生产全过程控制转变，积极推动循环经济的发展。充分利用优惠政策，促进环保产业健康发展。

四　发挥公众、民间组织和新闻媒体的监督作用

目前，我国的环境保护正向"公众参与型"迈进，但环境保护法中并没有成熟的公众参与制度，公众参与环境保护制度尚需进一步完善。要充分发挥民间社会团体的作用，鼓励公众参与环境保护营造生态建设和环境保护人人有责的良好氛围。充分发挥新闻舆论的导向和监督作用，利用广播、电视、报刊、网络等主流新闻媒体，广泛持久地开展多层次、多形式的生态省建设宣传教育活动，加强对先进典型的总结和推广，形成推进生态环境建设的良好氛围。实行生态环境保护有奖举报制度，对为生态建设和环境整治作出突出贡献的媒体和个人给予奖励。进一步加强民间环保组织建设，推进生态省志愿者队伍建设，更好地发挥其在环保专项行动、环保监督、环保宣传等方面的作用。进一步提高全体公民投身生态省建设的责任意识和参与意识，对城乡规划、产业布局、资源开发等重大项目，采取公示、听证等形式听取专家和公众意见，形成全社会关心、支持、参与和监督生态省建设的强大合力。

五　加强生态建设与环境保护的法制建设

作为生态省建设的试点省份，福建应率先建立生态建设与环境保护的地方法律、法规，健全地方生态环境保护法规和监管制度，把生态环境保护纳入法治轨道。认真贯彻落实国家有关生态环境、节能减排等一系列法律法规，研究制定《福建省循环经济促进条例》《福建省节约能源条例》《福建省清洁生产促进条例》《福建省流域水环境保护条例》《福建省核电厂辐射环境保护条例》《福建省建设项目用水节水管理办法》《福建省海洋生态损害赔偿办法》《福建省海洋污染溯源追究管理办法》《福建省城市服

务业污染防治管理办法》，组织修订《福建省环境保护条例》《福建省海洋环境保护条例》等，为生态省建设提供法制保障。加强人大、司法机关、行政监督机关对生态环境保护与资源法规实施情况的执法检查，针对突出问题开展查处生态环境违法行为的专项行动，形成经常性的执法机制，严厉打击破坏生态和污染环境的行为。

六　依靠科技创新统筹城乡生态环境发展

各级政府要把生态环境保护科学研究纳入科技发展计划，鼓励科技创新，加强生态产业、生态环境保护、废物资源化、清洁能源与清洁生产的相关技术及其产业发展、加强灾害监测、预报与防治相关技术等重点生态环境保护领域的科学研究和技术开发。以绿色技术改造传统产业，切实加强环境科技创新和技术进步，加快推广应用环境科研成果，加大环保技术研发力度，降低治理成本，提高环保工作成效。要加大对生态建设领域科学技术研究的投入，调动和鼓励省内外相关科研力量，开展生态建设关键技术的联合攻关，研发一批代表国内外先进水平的生态建设技术，建立一批具有代表性和辐射性的生态建设示范工程。推进中科院海西研究院和国家级、省级科技创新平台建设，加快建设一批高水平的生态建设领域科技创新平台，以平台建设凝聚人才，推进高水平生态建设创新团队的建设，依托"6·18"等创新平台，加快推进一批生态建设先进适用技术的开发、推广和应用。

七　广泛开展对外交流与合作

围绕生态经济发展、生态环境建设、环境污染防治、清洁生产技术与工艺、资源综合利用、清洁能源以及城市基础设施建设等领域，结合福建省情，学习国内外先进成果，提高建设水平。在环境保护与生态建设中，要开阔视野，拓宽领域，尽可能全方位地开展国际交流与合作，积极引进国外的人才、资金、技术和管理经验，推动福建生态环境保护事业健康发展。

（程春生）

第 十 章

福建省统筹海洋经济发展研究

福建是海洋大省，发展海洋经济具有独特的区位优势、海洋资源优势。福建大陆海岸线总长 3752 公里，天然良港资源丰富，全省可建万吨级以上泊位的深水岸线长 210.9 公里，可建 20～50 万吨级超大型泊位的深水岸线长 47 公里。优越的港口岸线条件和优美的海岸、海岛景观，有利于发展临港产业和滨海旅游业。加快海洋经济发展，是深入实施海峡西岸经济区发展战略，推动科学发展、跨越发展的重大举措。

第一节　统筹海洋经济发展现状

一　海洋产业发展现状

近年来，福建围绕建设海洋经济强省目标，以港口建设和临港工业发展为突破口，着力构建产业集聚明显、产业重点突出、分工布局合理、产业竞争力强的海洋产业基地，促进海峡西岸经济区先进制造业重要基地的形成。

1. 海洋经济实力持续提升

2011 年全省海洋生产总值 4419 亿元，占地区生产总值的 25.4%，"十一五"期间年均增长 19.7%，位居全国第五位。海洋经济已成为福建经济的主要增长极，主要海洋产业发展呈现新态势，形成了以海洋渔业、滨海旅游业、海洋交通运输业、海洋化工业、海洋船舶工业等为支柱产业的海洋经济产业体系，海洋产业成为福建经济发展的重要支柱和新的增长点。海洋经济生产总值占 GDP 比重由 2005 年的 22.8% 提升到 2011 年的 25.4%。海洋经济在国民经济中的地位日益提升。海洋产业结构得到优化，全省海洋三次产业结构由 2006 年的 9.7:40.2:50.1 调整到 2011 年的 8.1:44.3:47.5，呈现海洋第一产业比重下降，第二产业比重上升的良好趋势，但相较于全国 5.1:47.9:47 的平均水平，福建海洋经济一产所占比重仍显较高，二产比重偏低。①

表 1　"十一五"期间福建省海洋生产总值增长情况

单位：亿元

	2006 年	2007 年	2008 年	2009 年	2010 年	"十一五"年均增长
海洋生产总值	1743.1	2290.4	2688.2	2989	3440	18.52
其中：第一产业	169.2	222.2	252	284.6	327.83	17.98
第二产业	701.3	909.3	1097.7	1227.3	1415.56	19.19
第三产业	872.6	1158.9	1338.5	1477.1	1696.61	18.08

2. 海洋基础设施持续改善

到 2010 年全省拥有港口生产性泊位 529 个，泊位年设计通过能力 2.93 亿吨，其中，2010 年新建投产 19 个生产性泊位，新增吞吐能力 3445 万吨。现有全省沿海港口生产性泊位拥有 443 个，泊位年设计通过能力 3.27 亿吨，其中万吨级以上泊位 123 个，集装箱专用泊位 39 个，重点港区规模化、专业化和现代化发展水平明显提高。航道建设和疏港通道建设加快推进，厦门、福州、泉州、莆田等港口的重点港区的疏港大道均与铁路网、高速公路网相连，形成覆盖沿海、近海、远海的三层立体交通网络。

3. 闽台海洋经济合作持续拓展

闽台渔业合作已涵盖苗种繁育、水产养殖、远洋渔业、渔工劳务合作

---

① 福建省海洋渔业厅：《福建海峡蓝色经济试验区发展规划情况汇报》，2012 年 8 月 14 日。

及渔业科技合作等领域，并在东山、霞浦、连江等地规划建设两岸水产品加工集散基地，2009年闽台水产品贸易同比增长62.9%、158.5%，成为福建水产品出口一大亮点，台湾跃居福建第二大水产品出口目的地。

4. 海洋产业链进一步延伸

随着海洋经济的发展壮大，海洋产业链进一步延伸。福建海洋渔业已从海洋捕捞、养殖和加工，向食品加工、饲料、船舶修造、海洋生化、海洋药物和休闲渔业等行业延伸。水产品加工业通过引进先进技术设备，逐步形成完整的产业体系。海洋运输业发展带动了船舶修造业、物资、仓储、港口贸易的发展，拓展了新的经济增长领域。特别是近年来，海洋生物医药业、游艇业、海水利用业、海洋信息服务业等海洋战略性新兴产业获得突破性发展。如厦门市游艇经济发展迅速，已拥有一批产能大、品牌响、外向度高的游艇制造企业及相关配套企业。据不完全统计，现有游艇企业47家，游艇制造产值5.4亿元，出口3246万美元，约占全国18%的出口份额；海水利用业取得初步成效，海岛、船舶专用小型海水淡化整装设备通过设计定型，已投入批量生产；实现年电厂冷却利用海水6.98亿立方米，海水脱硫达每小时4.3吨，烟气脱硫效率达90%以上。

二　海岛经济发展情况

根据《中华人民共和国海岛保护法》的定义，海岛是指四面环海水并在高潮时露出水面自然形成的陆地区域，包括有居民海岛和无居民海岛。

福建省共有海岛2214个，约占全国岛屿总数的1/4，总面积约1400平方公里，其中，无居民海岛2115个，有居民海岛99个。在有居民海岛中，建制乡镇以上海岛14个（不含厦门、大嶝、鼓浪屿、大金门、小金门及马祖列岛等岛屿），包括平潭、东山两个县级海岛和琅岐、江阴、东庠、大练、屿头、草屿、南日、湄洲、浔茂、三都、西洋、大嵛山等12个建制乡镇海岛，有52个行政村海岛和33个自然村海岛。[①]

从地域分布看，福建省海岛主要分布在近海北部、中部海域，全省沿

---

① 《福建省海岛保护规划》，2011年7月。

海6地市均有海岛分布，其中，以福州、宁德两市居多，分别占海岛总数的28.3%和37.4%；从人口分布看，居住100人以下的海岛占13.1%，5000人以上的海岛占21.2%，福州市有35.7%的海岛为5000人以上，宁德有59.5%的海岛人口在1000人以下（见表3）。

从面积分布看，福建省有40个海岛面积在1平方公里以下，面积在1~5平方公里的海岛有39个，占39.4%，10平方公里以上的海岛有17个，占17.2%。福建省海岛大多分布在大陆海岸线之外、20米等深线以内的范围，少量分布在30米等深线附近海域（见表4）。

表2　福建省有居民海岛名称及地域分布

单位：个

城市	县级	海岛名称				合计
		县级	乡镇级	行政村级	自然村级	
福州	平潭	海坛	屿头、大练、东庠、草屿	乐屿、小练、小庠、塘屿		28
	福清		江阴	吉钓、东壁、大板、可门、文关、小麦	目屿	
	长乐			长屿、东洛		
	马尾		琅岐			
	连江			前屿、下屿、粗芦、川石、壶江、东洛	址洛、西洛	
莆田	秀屿		湄洲			11
			南日	小日、鳌屿、罗盘、赤山、乐屿、黄瓜、盘屿、东告杯	西告杯	
泉州	泉港			惠屿		1
漳州	龙海		浒茂	乌礁、浯屿、海门、玉枕、沙洲		22
	漳浦			岱蒿	井安、沙洲、红屿	
	诏安				狮头	
	东山	东山			西屿、象屿、莆姜、对面、虎头、东门、尾涡、后登、马鞍、虎屿	

续表

城市	县级	海岛名称				合计
		县级	乡镇级	行政村级	自然村级	
宁德	福鼎		大嵛山	东星、长屿、姚家	小嵛山、东台、西台、莲花、西星、孝屿、上屿、下屿、牛屿、腰屿	37
	霞浦		西洋	北礵、浮鹰、文岐、竹江、峰火、东安、长腰、虎屿	小西洋、北澳、雷江、大屿	
	福安			六屿、福屿		
	蕉城		三都	青山、白匏、斗帽、鸡公山、云淡、官沪	鸟屿	
合计		2	12	52	33	99

表3　福建省有居民海岛情况（按户籍人口分类）

单位：个

	福州	莆田	泉州	漳州	宁德	合计
100人以下	2	—		6	5	13
101～1000人	7	4	—	7	17	35
1001～3000人	7	4	1	2	8	22
3001～5000人	2	—		3	3	8
5000人以上	10	3	—	4	4	21
合　计	28	11	1	22	37	99

表4　福建省有居民海岛情况（按面积分类）

单位：个

	福州	莆田	泉州	漳州	宁德	合计
1平方公里以下	9	4	1	13	13	40
1～5平方公里	12	5	—	5	17	39
5～10平方公里	—	—	—	1	2	3
10平方公里以上	7	2	—	3	5	17
合　计	28	11	1	22	37	99

三 港口、产业、城市联动发展情况

目前，福建省港口、产业、城市三者联动发展尚处于起步阶段，港口带动效应、临港产业集群、港城协调发展的优势尚未得到充分发挥。

1. 港口方面

全省沿海6地市港湾众多，港口资源丰富。经多年探索，已开始整合为南、中、北部三大港口群，其中，厦门港已完成港口资源整合，深化同港同策，包括税费、补贴、口岸通关等优惠政策延伸所有港区；海关、海事、检验检疫一体化管理，通关效率显著提高，已跻身亿吨港、全国八大集装箱干线港之一。湄洲湾港实现湾内整合，港区、作业区功能正加速整合；福州（福州—宁德）港口整合也在加快推进。到"十二五"末，全省将形成现代化、集约化、规模化的海西港口群，其中，厦门港建成2亿吨大港，成为东南沿海国际航运中心；福州港建成亿吨国际航运枢纽港，湄洲湾港建成2亿吨的主枢纽港。

2. 产业方面

近年来，福建加快先进制造业基地建设，沿海6地市布局一批临港重化产业，加快产业集聚，提升了集群内企业和产业的整体竞争力。2010年全省形成60多个产业集群，其中，省级重点产业集群38个、企业8514家，实现工业总产值10256亿元，占全省规模以上工业总产值47%，对全省工业增长贡献率达63.5%。其中，工业增加值超50亿元的产业集群有21个，沿海福厦光电、泉港石化、泉州纺服、长乐纺织、泉州鞋业、厦漳农产品加工、泉州机械装备集群产值超500亿元。

3. 城市方面

"十一五"期间，福建城镇化发展实现了从量的提高到质的提升的转变，到2010年底全省城镇化率达57.09%，初步形成了以福州、厦门、泉州等特大城市为龙头，漳州、莆田、龙岩、三明、南平、宁德等设区城市为中坚，县级城市为骨干，小城镇为基础的城镇网络体系。目前，省里已明确建设厦漳泉、福州大都市区，其中，厦漳泉已开始规划，福莆宁也在加快推进。

第二节　统筹海洋经济发展存在的主要问题

一　海洋产业发展与空间布局存在的主要问题

与部分东部沿海省份（山东、浙江、广东）相比较，福建省海洋经济发展仍有较大差距，主要存在以下问题。

1. 海洋产业结构欠合理

从整体看，海洋产业仍处于传统、粗放型开发为主的初级阶段，海洋第一、三产业比重占海洋产业总产值77%，第二产业比重低于全国水平，缺乏有规模的海洋特色产业、龙头企业和名牌产品。目前海洋工业中，海水产品加工业、船舶制造和修理、交通运输业等传统产业比重高，海洋生物制药等新兴产业发展滞后，存在基础弱，起点低，规模小等问题。

2. 海洋资源深度开发乏力

海洋科研与海洋产业未能形成有效的合作机制，海洋科技成果转化与产业化程度偏低。目前福建海洋能源开发和海洋原油开采尚属空白；单位岸线海洋经济密度反映了沿海各省市单位岸线长度的海洋产业产出贡献。通过分析对比海洋经济总产值与海岸线关系，可获得海洋产业发展与海洋空间的相互关系。如2008年上海平均每公里岸线海洋经济产值达27.8亿元，居11个沿海省市首位；山东省1.8亿元；广东省1.7亿元，而福建省仅为0.7亿元。

3. 海洋科技人才缺乏

目前，福建海洋产业发展面临的人才制约因素已日益显现，由于缺乏较高层次的海洋产业开发研究机构、高层次专业人才，导致海洋资源优势得不到充分发挥并转化为经济优势。在海洋产业中，第二、三产业相对滞后，科技含量与产品附加值低；海洋科研与产业未能形成有效合作机制，海洋科技成果转化率低。

4. 临港产业腹地发展空间有限

沿海临港产业发展存在着土地资源不足与开发投资滞后的问题，港口腹地的经济功能未能与港口联动发展，造成港口的理论经济腹地大、现实经济腹地狭小的现象。作为港区后方腹地，要重点发展临港产业，形成港口、腹地经济互动发展格局。但由于为港口建设发展预留的后方用地标准偏低，导致港口后方产业用地紧张，难以形成规模化临港产业集群。

5. 临港产业发展环境容量制约

随着沿海地区经济的快速发展和城镇化进程的加快，大量的生活污水、工业废水、渔船油污及港口其他船舶油污等流入海洋，造成部分海域不同程度的污染。海洋环境污染问题较突出，出现海水富营养化、贝类产品微生物超标、围海使沿海滩涂湿地面积减少等现象，对海洋资源深度开发、综合利用造成负面影响。同时，由于涉海部门、行业较多，各自为政、盲目开发状况尚未能得到根本扭转，今后随着临港产业的发展，与水产养殖业的矛盾将不可避免。

6. 海洋综合管理协调机制尚待完善

虽然福建海洋研发力量较雄厚，但由于体制机制原因，制约海洋经济发展的人才问题凸显。目前海洋经济管理机制具有海洋综合管理、海洋行业管理并存的特点，海洋资源产权管理和使用权划分不清，资源开发利用中缺乏有效的协调管理机制，各行业各自为政、无序开发的状况仍然存在；港口岸线开发与后方陆域开发衔接乏力，港口规划尚未与主体功能规划、国土规划、城市规划有机融合，影响海洋整体功能的有效发挥。

二　海岛资源开发利用存在的主要问题

1. 有居民海岛开发利用存在的主要问题

总体看，海岛开发利用强度总体较低，海岛经济发展较为缓慢，基础设施建设滞后，经济发展的制约因素较为突出；社会事业发展滞后，教育卫生事业发展水平较低；环境保护设施落后，生态环境压力较大，与周边陆域地区发展差距有扩大的趋势。目前，有居民海岛开发利用存在以下突出的问题：

（1）海岛基础设施建设相对滞后。近年来，福建省加大海岛电力、电信设施建设，供电、通信问题基本得到解决，但由于海岛经济基础薄弱，饮水、岛内外交通等基础设施建设滞后，政府公共服务保障能力不足，防灾减灾能力缺乏，居民生活与生产条件艰苦，边远海岛困难尤其突出。

海岛饮水管网问题。多数海岛水资源相当紧缺，如琅岐经济区岛上现有日供水万吨自来水厂 1 家，自来水供水站 7 个，小二型水库 5 座，总库容为 80 万立方米，从琅岐过江供水一期工程已竣工投入使用，供水量为日供水 2 万吨，但全岛供水管网建设滞后，现有设施难以满足供水需求。

海岛环岛交通问题。目前沿海岛屿基本实现 500 人以上岛屿有一座陆岛交通码头，5000 人以上较大岛屿有两座以上码头并具备陆岛滚装运输条件。但陆岛交通仍存在以下问题：主要是交通码头规模小、等级低，掩护条件差，易受潮水、风浪影响；陆岛运输船舶等级低，主要以老、旧、小木质船舶和渔船为主，运输安全性和舒适性不高，部分较大岛屿存在运力不足的现象。此外，岛内交通特别是环岛路建设明显滞后，如琅岐经济区海岛南面有琅岐大桥与长乐相连，西部有客货轮渡码头与亭江通航，正在建设琅岐闽江大桥和琅岐环岛路，形成与福州东部快速路、东绕城高速、201 省道连接，但环岛路工程项目建设总投资需 58 亿元，现有区财力能力难以承担。

（2）海岛经济发展基础仍较薄弱。受自然、地理等客观条件制约，海岛经济发展基础明显滞后于沿海周边地区，如连江、琅岐等海岛经济发展水平明显低于周边县市。受交通、淡水、土地等资源因素制约，海岛乡镇兴办工业、招商引资难度较大，工业园区建设资金明显不足。海岛渔民生产生活仍较困难，特别是随着中日、中韩渔业协定的生效，渔民传统作业区域减少，生产成本增加，收入降低，转产转业难度加大，渔民成为社会发展的"弱势群体"。

（3）海岛社会事业发展相对滞后。目前大多数乡镇、村级海岛，教育事业发展滞后，如琅岐经济区现有 4 所中学、8 所小学、3 所幼儿园，在校中学生约 1900 人，小学生约 3000 人，近年来虽投入大量资金用于落实"两免一补"、校舍重建，学校教学设施明显改善，但现有学校老师超编问题突出，导致优秀教师引不来、人才留不住，学生生源流失问题严重，教学质量难以得到提高。卫生事业发展滞后，乡镇、村医疗设施简陋，医疗设备破旧，医卫人员短缺等问题突出，如琅岐经济区现有 1 家乡镇卫生院，

26 个村（居）卫生所，在职职工 50 人，病床不足与留不住医卫人才等问题较为突出。此外，罗源、连江、长乐、福清等地海岛乡镇卫生院、村卫生所也存在医疗设备、业务用房、技术人员不足等问题。文化事业发展滞后，文化基础设施薄弱，存在"无、旧、小"等问题，大多数海岛乡镇、村基本没有文化站，如连江县有 3 个乡镇、10 个行政村、1 个自然村为有人居住海岛，即苔录镇东洛岛（村）约有 900 人，安凯乡西洛岛（自然村）约 200 人，琯头镇壶江岛（村）约 7600 人，川石岛（村）约 2975 人，粗芦岛 7 个行政村（后一、后二、东岸、龙沙、定岐、塘下、蓬岐）约 13000 人。总体看，文化基础设施相对落后，据不完全统计，目前多数海岛行政村、自然村文化基础设施较薄弱，文化室、健身室、老人活动室等活动场所少，居民文化生活比较贫乏。

2. 无居民海岛开发利用存在的主要问题

无居民海岛开发利用强度更低，特别是距离大陆较远的无居民海岛，基本处于相对原始状态，无居民海岛管理法律法规欠完善；缺乏统一协调管理，开发利用处于无序无度状态；盲目开发利用对海岛脆弱的生态环境和资源的破坏日趋严重。无居民海岛保护与开发面临以下问题：

（1）海岛生态破坏严重。无居民海岛大多处在无人管理状态，有的海岛开采花岗岩外卖或作为本地建筑材料，对海岛的自然景观和生态环境造成较大破坏。如个别海岛炸岛炸礁、填海连岛、采石挖砂、乱围乱垦等活动，改变海岛地形、地貌，甚至造成部分海岛灭失；在海岛上倾倒垃圾和有害废物，采挖珊瑚礁，砍伐红树林，滥捕、滥采海岛珍稀生物资源等活动，致使海岛及其周边海域生物多样性降低，生态环境恶化。

（2）海岛开发秩序混乱。目前，除少部分海岛通过正常途径审批为旅游用地外，多数无居民海岛开发利用缺乏统一规划和科学管理，导致开发利用活动无序无度；一些单位和个人随意占有、使用、买卖和出让无居民海岛，造成国有资源性资产流失；在一些地方，管理人员及其他人员登岛受到阻挠，影响正常的科学调查、研究、监测和执法管理活动行为。

（3）海岛保护力度不足。一些海岛具有较高的权益、国防、资源和生态价值，这些特殊用途海岛需严格保护，但因缺乏有力的保护与管理，有些海岛已遭受破坏。特别是随着港口、临港工业建设对海岛开发需求增多，部分无居民海岛被辟为建设用地，施以围垦工程，导致海岛属性发生变化，岛体受到不同程度的破坏。随着市场经济的发展，在无居民海岛上从事渔业生产增多，部分个体经营者在无居民海岛上设立养殖场或育苗场，且养殖品种多以市场价值较高的鲍鱼为主，如罗源县下担屿、岗屿，连江县大礁、过屿等岛屿，导致海岛生态资源受损。

三 港口、产业、城市联动发展存在的主要问题

（一）港口、产业、城市发展方面

1. 港口方面存在的主要问题

一是港口岸线资源利用欠合理，一些岸线后方陆域无序开发，资源利用不够充分；二是港口内部结构欠合理，货主码头多，公共码头少，影响了港口集约化、规模化和现代化水平的提高；三是泊位小而散，港口集疏运条件有待提高。

2. 产业方面存在的主要问题

产业规模、总量偏小；产业发展层次低，以传统产业、劳动密集型产业为主，企业研发能力弱，产品附加值低；集群效应不明显，专业分工协作水平低，产业链短、配套能力弱等。此外，目前各地确定优先发展产业方向过多，不利于实现区域错位发展和分工协作。

3. 城市方面存在的主要问题

一是缺少能发挥龙头作用的核心城市，沿海城市规模小、吸引人口集聚能力弱，三大中心城市对区域经济发展的导向和支撑作用不强。二是港城互动效应不明显，"大港小城"不对称，造成港城良性互动机制缺乏，制约沿海地区的城镇化进程，城市与港口内在联动机制、港城综合竞争力有待提升。

（二）港口、产业、城市联动发展方面

1. 港产联动

福建以优越的港口岸线资源，已吸引若干大型石化、船舶、装备等临

港产业以及航运、仓储、配送等港口服务业集聚。但从总体看，港口开发仍相对滞后、临港区域重复建设问题突出，突出表现为"散、小、弱"，港口布局分散，对临港产业带动力弱，难以满足现代港口功能拓展的需要。

2. 港城联动

港口发展促进沿海城市功能的提升，城市发展又为港口经营提供支撑，但从总体看，福建港口发展与城市功能拓展联系欠紧密，港口腹地的拓展、港城联动尚处于起步阶段。

3. 产城联动

近年来，福建加快推进厦漳泉同城化、福州大都市区建设，已取得明显的成效，但受行政区划制约，尚未形成产城联动发展态势，表现为：产业发展不足，产业规模不大，整体竞争实力仍不高。缺乏统筹规划，导致生产要素配置效率不高，产城协同效应不强。总体看，同城化联动发展任务仍较为艰巨。

目前，福建"三群"联动发展尚处于起步阶段，虽然近年来随着重大基础设施建设和交通条件的改善，城市发展空间得以拓展，但产业壮大和提升尚未同步跟进，城乡一体化进程依然缓慢；重点产业集群虽促进了新型产业集聚区的形成，但在建设特色城市和小城镇上作用不明显；港口优势尚未充分发挥，港城联动发展还没有达到预期效果。究其原因，主要有：一是"三群"业务主管部门不同，缺少强有力的政策协调，在规划引导上缺少协作发展理念，容易形成"三群"各自为战、重复建设；二是尚未建立有效的联动发展机制，难以实现区域内资源和生产要素的有效整合，难以形成"三群"互联互动的发展态势；三是区域行政分割，各地发展战略不同，资源禀赋存在差异，给"三群"联动发展、协同发展带来诸多制约因素，阻碍了区域内资源和生产要素的有序流动和融合。

第三节　统筹海洋经济发展思路

一　统筹海洋经济发展基本要求

资源开发和保护并重原则，加快海洋生态环境的保护与有序开发，形成海洋经济发展规模、速度与海洋资源、海洋环境承载能力相协调。集约高效和持续发展原则，确保海洋经济发展建立在生态系统和海洋资源可持续利用基础之上，实现经济发展方式由粗放型向集约型转变，实现资源利用集约化、海洋环境生态化，促进海洋经济全面协调可持续发展。海陆联动和整体推进原则，以海洋为空间，以海洋资源为开发对象，以海洋产业为主体，统筹海陆规划，实现海洋资源开发与陆地开发一体化，提高海洋、沿海、陆域经济发展水平。海洋产业协调开发原则，协调海洋三次产业结构，引导产业合理布局，推进海洋渔业、水产加工业、船舶制造业、海洋物流业、滨海旅游业等重点产业发展，积极扶持海洋生物制药业、海洋信息服务产业等新兴产业发展，提高科技对海洋经济发展的贡献率，实现海洋高新技术产业发展整体水平的提升。港口城市产业互动原则，依托港口开发建设，发挥大型港湾港口综合带动功能，促进港口经济发展，带动城市、港区、产业联动发展，增强对经济要素的集聚能力，扩大对内陆腹地的辐射能力。政策引导与产业升级原则，根据各产业集聚区发展基础和功能定位，确立产业差别化发展战略，重点培育主导产业，改造提升传统产业，扶持特色产业，联动发展现代物流业，延伸临港重化产业链，鼓励发展高端、高效、高辐射力的先进制造业，建立优势明显、特色突出、结构合理的海洋产业布局体系。

二 统筹海洋经济发展布局

1. 总体构想

充分发挥福建省沿海独特的区位、港口、港湾优势，推进港口区、工业区、城市群互动发展，构建"一轴六基地"蓝色产业带。"一轴"是以温福、福厦、厦漳铁路、沈海高速公路以及104、324国道等主要交通走廊为轴线，以沿海三都澳、罗源湾、兴化湾、湄洲湾、厦门湾、东山湾等六大港湾为重点区域，建成布局合理、特色明显、重点突出、分工协作，对全省产业发展具有较强辐射、带动作用的临港产业基地。

2. 基本思路

按照科学发展观和建设海峡西岸经济区总体要求，抓住我国大型重化工业布局向沿海转移、国家支持海峡西岸经济发展的历史机遇，以延伸产业链和提高产业配套能力为切入点，以工业园区为载体，实施项目带动、优化空间布局，重点培育发展石化、冶金、电力、船舶修造、海产品加工等临港工业以及海洋新兴产业，构建产业集聚明显、产业重点突出、分工布局合理、产业竞争力强的构建现代海洋产业体系，建设海峡西岸经济区先进制造业的重要基地。

3. 发展布局

（1）三都澳蓝色产业带。以三都澳经济开发区、福安经济开发区为主体，发挥电机电器和船舶修造等工业优势，加大赛江沿岸船舶修造企业整合力度，目前已引进大唐火电厂和冷轧矽钢片、精密铸造等项目，临港工业初显端倪。

（2）罗源湾蓝色产业带。罗源湾位于福州东部，随着港口的开发建设，以白水、松山和大官板围垦为载体，目前已建成华电、鲁能、亿鑫、三金、德盛镍业等一批龙头企业，初步形成以能源、冶金、机械为重点的临港工业。

（3）兴化湾蓝色产业带。依托福州江阴经济开发区，吸引国家电网、福抗药业、丽兴医药、建滔化工、美斯特凯尔医疗器械等一批龙头企业，已初步形成以医药化工、能源、机械为重点的临港产业。重点布局：兴化湾江阴精细化工、能源工业区，依托江阴港口及其深水岸线资源，在江阴经济开发区重点布局机械加工、精细化工、电力能源等临港产业。加大招商引资力度，着力推进福清洪宽台湾机械工业园区建设。

（4）湄洲湾（南北岸）蓝色产业带。目前，湄洲湾（南北岸）以"炼化一体化"项目为龙头，集聚了福建炼化、氯碱工业、海洋聚苯树脂、华星石化、泉州船厂、南埔电厂、佳通轮胎、湄洲湾电厂、LNG接收站等一批临港工业项目，初步形成了以石化为重点，能源、船舶、木材加工业同步发展的临港工业格局。重点布局：湄洲湾石化工业区、湄洲湾斗尾船舶工业区、湄洲湾林浆纸及木材加工业区。

（5）厦门湾蓝色产业带。目前，厦门湾已集聚了翔鹭石化、翔鹭化纤、腾龙树脂、正新橡胶、厦船重工、金龙汽车、嵩屿电厂、后石电厂、诺尔港机、漳州中集、凯西钢铁等一批临港龙头企业，初步形成了环厦门湾工程机械、船舶、汽车、能源工业为重点的临港工业发展格局。重点布局：厦门湾装备机械工业区、厦门湾船舶工业区。

（6）东山湾蓝色产业带。依托古雷 20 万吨级深水岸线资源，以古雷港经济开发区为载体，发展石化中下游产业、冶金工业、建材工业和其他新兴产业。重点布局：东山湾石化工业区、东山湾冶金、建材及其他新兴产业区。

三 统筹海岛经济发展布局

1. 强化海岛资源管理构想

以科学发展观、国家加快海岛经济社会发展政策为指导，按照省委、省政府建设海峡西岸经济区的战略部署，结合国家、福建省《海岛保护规划》与建设海洋经济强市的意见，着力实施"两个并重"（开发利用与环境保护并重），发挥海岛特色优势，以旅游、渔业、清洁能源发展为重点，壮大海岛特色产业规模，优化海岛产业结构；加强基础设施建设，改善海岛生产生活环境，提高海岛居民的生活水平，实现陆域经济与海岛经济联动发展；利用近台优势，加强与台湾经贸合作和文化交流，在拓展两岸交流合作方面发挥前沿作用，把福建省建成具有国际影响力、国内一流的海洋经济强省，促进海岛区域经济又好又快发展。

2. 强化海岛资源管理基本要求

以科学发展观统领海岛区域发展全局，更加注重海岛区域发展的质量和效益，更加注重转变经济发展方式，统筹海岛重点区域、重点产业发展。

（1）坚持陆岛联动，统筹海岛发展。加强陆岛交通、能源、社会事业等统筹规划，实施主体功能区规划，以陆地拓展为海岛发展提供基础和腹地，以海岛开发为陆地经济发展提供新的空间，发挥陆地对海岛的带动作用，把海岛的资源优势和陆地市场、资金、科技、人才等优势紧密结合，促进陆岛基础设施、产业布局、生态环境联动，实现海岛经济持续协调发展。

（2）坚持保护为主，促进适度开发。保护海岛资源和生态环境，维护国家海洋权益和国防安全。坚持因地制宜，从海岛实际出发，着力转变经济发展方式，调整海岛开发秩序，适度发展海岛港口、旅游、渔业及海洋能源等优势产业，促进海岛经济发展与旅游业、临港工业、物流业的联动发展，为建设海洋经济强市提供有效支撑，把海岛区域建成经济发达、社会繁荣、环境优美、生态良好的"海上明珠"。

（3）坚持发挥优势，突出区域特色。把握中央支持海峡西岸发展和海峡两岸关系出现积极变化的机遇，充分发挥各海岛独特的区位优势，充分发挥对台经贸合作比较优势，突出抓好重点区域、重点领域，做大做优海岛渔业、海岛旅游业、海岛运输业等，鼓励发展海岛生物医药、能源产业，形成具有较强竞争力、可持续发展的海岛产业体系，增强海岛区域发展后劲。

（4）坚持政府主导，引导社会参与。充分发挥政府集中力量办大事的主导作用，强化区域、产业发展规划的引导，搞好统筹协调，提供公共服务；发挥市场配置资源的基础性作用，调动社会各方面积极性、主动性和创造性，鼓励全社会共同参与海岛建设，引导民间资本参与海岛基础设施、度假旅游、产品加工、物流配送、船舶修理等产业领域投资，推动海岛经济社会发展。

四　统筹海洋产业发展重点

"十一五"以来，福建省大力发展海洋产业，初步构筑了闽东南临港产业带，为海峡西岸经济区先进制造业基地建设奠定了基础。"十二五"期间，要充分发挥独特区位和港口优势，根据港口功能定位，科学布局临港重化工业、海洋新兴产业，重点发展石化、船舶、装备机械、冶金、浆纸及木材加工、能源等临港工业以及海洋新兴产业，构建布局合理、特色明显、重点突出、分工协作，对全省产业发展具有较强辐射带动作用的临港产业基地。

1. 海洋石化业

按照"基地化、大型化、集约化"原则，以炼油为龙头、以乙烯等石化项目为核心，在沿海布局建设临港石化工业基地，发展石化中下游产品，延伸石化产业链，合理布局临港石化产业，加快湄洲湾、漳州古雷两大石化产业基地建设，促进产业集聚。

2. 船舶修造业

发挥发展船舶修造业得天独厚的地域优势，优化4大船舶集中区，建成6家符合现代造船模式的年造船生产能力100万载重吨以上的现代造船总装厂（厦船重工、马尾造船新厂、华东船厂、冠海造船公司、泉州船厂、福安白马工业园区），建成三个船舶配套园区（漳州、泉州、福安）、三个游艇工业园区（厦门、龙海、漳浦）、两个船舶拆解集聚区（福安、龙海）、一个船舶交易市场（福安），形成造船、修船、船舶拆解、游艇、船舶配套等同步发展的船舶产业格局，建成国内有影响力的修造船产业基地和游艇制造业基地之一。

3. 装备机械业

提升工程机械、电工电器、环保设备等优势产业地位，推进闽台机械装备产业深度对接，重点推进以闽江口、湄洲湾、厦门湾等区域为主的闽台装备产业对接区的形成，培育发展闽台机械产业对接专业园区；加强与台湾有关同业公会、企业的沟通联系，发挥台湾机械装备的技术及市场优势，重点推进台湾电机、数控机床、农业机械、木工机械、食品机械、纺织机械等产业转移和对接。

4. 冶金建材产业

发展新型金属材料产业，重点发展不锈钢和板材类优质钢冶炼及加工，延伸有色金属合金、复合材料、节能材料和环境友好材料的研发和产业化产业链，加快发展钢结构等新型建筑与装饰材料，形成我国重要的金属加工及制品产业基地。

5. 林产加工业

依托莆田石门澳、东峤临港工业集聚区，加快建设木材加工区，带动木材贸易发展，形成全国最大的现代化木材加工、贸易、集散中心；加快推进沿海林浆纸一体化项目和以进口木片、废纸、浆板为原料的浆纸项目建设，推进木材、竹材精深加工和高端林产精细化工产品生产，推广资源节约型、环保型的各类纸制品和新型纸基复合包装材料，建成全国主要的林产加工基地。

6. 港口物流业

推进沿海港口资源整合，加快港口集疏运体系建设，强化港口物流节点功能，重点建设海峡西岸北部、中部、南部三大港口群；做大做强物流企业，建成以港口带动远洋航线班轮、集装箱多式联运发展的格局。积极构建闽台物流合作前沿平台，加强两地临港物流园区交流对接，整合港口资源，发挥福州、厦门、泉州对台直航、保税港区、保税物流园区、产业集聚区等资源优势，加快建设联结海峡两岸现代物流枢纽中心。

7. 海洋生物医药业

利用本地丰富的海洋生物资源，发挥厦大、国家海洋局三所等高校科研单位优势，加强与台湾生物医药领域合作交流，重点发展海洋糖工程、蛋白工程、海洋生物毒素和海洋微生物高特异活性物质等海洋生物药源的海洋生物医药；加强海洋生物技术与下游产业衔接，在厦门、泉州、福州等地建设海洋生物医药和保健品研究开发生产基地，形成以海洋生物医药技术为核心的产业集群，培育海洋生物产业化生产与应用示范基地。

8. 海洋能源产业

利用良好深水港条件，引进煤炭、石油、液化天然气等省内外能源资源，建设能源储备中转基地，促进能源结构多元化。合理布局大型港口火电厂和核电站项目，优化沿海煤电，建设大型港口煤电；改善电源结构，鼓励开发海洋可再生能源，在沿海地区和海岛地区建设风力发电站，推进平潭、莆田、漳浦等沿海大型风电项目建设；加强两岸海洋新能源合作，有序推进潮流能、海洋藻类能、潮汐能开发。

9. 海洋资源利用业

加大海洋能源、油气资源勘探力度，引进相关开发技术，提升开发层次和效益，变潜在资源优势为经济优势。积极研究以膜法为主的海水淡化技术，推进海水综合利用技术，建设海水淡化、海水洁净、海水处理示范工程；利用淡化处理后剩余的高浓度海水，积极发展制盐、提钾等海洋化学综合利用产业。积极开发海水化学资源和卤水资源及深加工，推进盐业改造提升，发展海盐及海洋化工业，重点发展钙盐、镁盐、钾盐、溴和溴加工系列产品。

10. 海洋信息服务业

依托海洋信息服务公共平台，利用现代通信高技术成果，建设海洋数据库，实现海洋资源、环境、经济和管理信息化。以园区、产业基地、项目组团建设为载体，完善科技研发、金融服务、行业中介等公共服务平台建设，促进海洋产业集聚，推动海洋产业跨越式发展。

第四节　统筹海洋经济发展保障措施

一　创新海洋产业管理体制，推动海峡西岸蓝色带建设

结合福建省海洋经济发展实际，着力推进海洋经济发展试点省工作，突出先行先试和海洋特色，编制海洋经济发展试点省建设规划，确定海洋产业发展定位和目标措施，争取国家部委相关配套扶持政策，推动海洋经济的跨越发展。

1. 创新招商选资机制

在新一轮临港产业发展中，要瞄准产业起点高、科技含量高、产业关联度大的项目进行招商，增强"存量招商""龙头"项目招商观念，实现投资项目的滚动发展。要抓住沿海产业发展机遇，充分发挥港口资源优势，强化集约项目招商，提高招商引资的质量与效益。要创新项目招商机制，建立重点项目库和招商引资项目库，全面实施项目滚动发展和跟踪落实政策，采取专题招商、以商招商、网上招商等多种方式招商。要发挥福建对台"五缘"优势，推动闽台产业深度对接，主动承接台湾石化、船舶、机械、冶金等产业转移，积极推进产业配套，打造海峡两岸产业互动合作新局面。

2. 引导产业集聚升级

要强化产业链研究，按照"大项目—产业链—产业集群—制造业基地"发展思路，着力培育与引进一批投资规模大、技术含量与附加值高，对主导产业具有较强辐射、带动作用的临港产业项目。为此，要结合各临港产业发展区域，培育相应的产业集群，发挥重点项目对延伸产业链、推动工业园区建设、促进产业集聚、带动周边地区中小企业发展的功能，提

高工业园区产业规模；要精心组织临港投资项目的实施，科学谋划一批重点投资项目，做好项目的跟踪、分析、协调、服务；要创新项目带动机制，建立健全科学决策机制、项目目标责任制、项目生成和推介机制、项目监督制约机制等，提高临港工业投资项目履约率。

3. 加强海洋产业发展平台建设

人才、资金、技术等生产要素的合理流动与优化配置，是临港产业发展壮大的需要。要根据国家产业政策、技术政策，结合福建沿海实际，制定具体的扶持、鼓励临港产业发展服务平台建设：一是构建技术创新平台，依托科研院所、工程技术中心、国家重点实验室，扶持一批产业技术研发和推广基地，提高临港工业、相关企业的科技创新能力；二是构建工业园区平台，实现园区建设与品牌建设有机结合，促进产业结构的优化与升级；三是构建融资服务平台，健全中小企业信用担保、融资担保与再担保机制，为临港工业发展提供资金支撑；四是构建市场营销平台，突出抓好各类会展资源的整合与共享，拓展临港工业市场发展空间；五是构建人才集聚平台，根据临港工业发展需要，加快培养和引进一批高素质的专业人才，完善人才柔性流动机制、收入分配制度和社会保障体系，构筑人才高地。通过服务平台建设，促进临港工业和临港服务业相互结合，形成组合优势，共同打造先进制造业基地。

4. 推进海洋新兴产业发展

加大海洋科技投入，针对当前海洋经济在生产、研发中急需解决的关键技术和瓶颈问题，开展科技攻关与研发；强化海洋科技项目研发，促进科技成果转化。要在较高的起点上推进海洋能开发与利用，推进风能规模化开发；鼓励和引导海水综合利用，建立新型海水利用循环经济；积极建设海洋科技中试基地及研发平台，推动建立国家南方海洋科研中心，加大力度投入海洋药品和保健食品、海洋能源资源开发利用、海水综合利用等新兴海洋高科技行业研发，推进相应基础研究的发展，促进港口、产业协调发展。

5. 创新海洋产业发展管理体制机制

一是成立海洋产业布局领导小组。加强对海洋经济发展的组织领导、统筹协调，加强对海洋经济发展规划引导，协调处理好海洋经济发展与用海、用地、环境保护、水资源调度等关系，形成协调配合、一体发展的格局，推动海洋经济发展布局优化。二是强化海洋产业规划引导作用。按照高起点规划、高标准建设要求，结合海洋生态保护与海岸线合理利用，长远规划、分步实施，引导临港产业相对集聚、有序发展。三是强化临港港湾资源整合。要从经济社会发展的全局出发，充分考虑海洋生态保护与海岸线的合理规划、利用，按照"深水深用、浅水浅用"以及统一规划、合理分工、大中小结合和专业化配套的原则，强化港口岸线和陆域资源的保护与有序开发，实现港口资源的可持续发展。四是创新海洋布局管理体制。创新区港联动发展机制，采取专业码头建设与临港产业布局相结合，形成港口、工业互动，推动港口资源有序开发，提升产业发展水平。五是引导海洋经济产业项目投资。统筹陆域、海域资源，引导海洋产业项目有序布局的重要内容和前置条件，实行试验区区、县两级政府与部门联审制度，对不符合规划布局的项目不予审批、落地，持续推进海洋经济发展布局的优化。

二 强化海岛资源综合管理，推动海洋经济发展

1. 加快制定海岛发展规划

从国内外海岛开发经验看，岛屿开发利用最初大多由政府主导，在开发利用之前大都有一个科学合理的发展规划。

福建省海岛资源丰富，可开发利用的海岛数量多，在不具备大规模开发建设的条件之前，要统筹海岛保护、开发与建设关系，加快制定《福建省海岛保护与发展规划》，统筹兼顾，陆海统筹，分类管理，合理布局，按照国家海岛规划的类型，如有居民海岛、无居民海岛分类，科学有序统筹海岸、海岛、近海、远海开发，带动海岛经济社会可持续发展。要以保护和改善海岛及周边海域生态系统，促进海岛经济社会可持续发展为重点；要强化海岛分类分区管理，实施海岛保护重点工程，实现海岛及周边海域生态系统保护和海岛经济社会协调发展；要树立先保护后开发理念，进行"一岛一品"规划设计，规划一经政府批准后就不得随便更改，要严格按规划进行各项开发建设，对已开发建设的海岛、滨海旅游区，也可通

过规划加以调整，使之更加合理、完善。

有居民海岛：重点开发类有居民海岛是指社会经济发展潜力较大，资源和环境承载力较强，以及国家政策鼓励和支持开发的有居民海岛。优化开发类有居民海岛是指具一定规模的城镇化和工业化基础，资源和环境承载压力较大，需引导优化开发的有居民海岛。一般开发类有居民海岛是指资源和环境承载力有限，不宜大规模开发的有居民海岛。

无居民海岛：特殊保护类无居民海岛包括领海基点海岛、国防用途海岛、海洋保护区内海岛。一般保护类无居民海岛指没有明显的资源优势，目前或近期不具备开发条件的无居民海岛或不宜开发的无居民海岛。适度利用类无居民海岛指海岛或周围海域具有明显的优势资源，根据当地国民经济和社会发展需求，考虑海岛资源开发与生态环境的承载力，可进行适度开发利用的无居民海岛。包括旅游娱乐用岛、交通运输用岛、工业与城乡建设用岛、渔业用岛、农林牧业用岛、可再生能源用岛、公共服务用岛。

2. 加快海岛基础设施建设

重点是加快"登岛"交通设施建设，强化海岛内部公路改造和码头改造，加强重点海岛环岛公路建设，改善岛上居民出行条件；加快海岛供水设施建设，重点是建设引水工程，改善、改造海岛区域供水管网设施，完成海岛镇、村自来水管网建设，减少自来水漏失率，解决海岛居民饮用水存在的水源供给不足、水源污染、水质不达标等问题，力争到 2015 年海岛道路路面硬化达 95% 以上，居民安全饮水覆盖率达 95% 以上，促进海岛地区交通、水电等基础设施明显改善，垃圾及污水处理得到妥善解决。为此，要针对海岛基础设施建设难度大、投资额大的特点，实施更加特殊的优惠政策：设立海岛开发建设基金，主要用于改善海岛投资软硬环境，吸引项目、资金、技术、人才投向海岛基础设施领域。制定财税优惠政策，在一定时期内乡镇以下建制的海岛上缴地方税收给予返还，施以"以岛养岛"政策，积累海岛开发建设资金。推进无居民海岛有序利用和管理。组织编制福州市无居民海岛的保护和利用规划，在符合规划、确定生态保护措施的前提下，单位和个人可向省海洋行政主管部门申请无居民海岛使用权。在经批准利用的无居民海岛从事经营性活动的，可采取招标方式确定开发利用单位，以承包、租赁、转让、合资、合作、独资以及出让岛名权等方式，对无居民海岛进行保护性开发利用。

3. 加快海岛产业发展

重点是加强海岛与陆地经济联系、产业合作，在海岛基础设施得到明显改善的基础上，依托周边陆域发展海洋产业。

旅游业。做大做强海岛旅游业，围绕"海峡旅游"主题，按照"一岛一主题"原则，有序规划、开发具备条件的海岛资源，选择基础条件好、发展潜力大的海岛，如福州市重点推进马尾琅岐岛国际旅游岛、黄岐（环马祖澳）旅游区、福清东壁岛旅游度假区、苔录镇洋屿岛等岛屿，进行高标准规划和综合性开发，充分挖掘海岛旅游资源优势，拓展生态、休闲为主题的海岛经济，提升海岛旅游开发利用的水平。推动海岛与台湾旅游合作，积极引进台湾企业发展滨海旅游产业，联合台湾旅游业界编制、设计精品旅游线路，推出"一程多站式"旅游产品，把福建省建成海峡两岸旅游双向往来的主要集散地和旅游目的地。

可再生能源业。加快福建省沿海地区、海岛区域风电场项目建设，促进风电产业发展，建设海上风能装备基地。开发潮汐能、潮流能、海洋天然气水合物、生物质能等新能源，鼓励引进海洋新能源开发试验项目，打造我国东南沿海重要的海洋能源研究与开发基地。

邮轮游艇业。加快厦门、福州、宁德等海滨旅游区域游艇码头建设，推进游艇工业园区建设，推动沿海船舶、游艇修造企业建立游艇技术研究中心、工程实验室、创意基地、中试基地，开发高端游艇品种，引进台湾邮轮及相关设施的建设、经营项目，打造海峡西岸游艇制造重要基地。

现代农业。以海峡两岸农业合作示范区建设为依托，积极创新对台农业合作机制，扎实推进农业基础设施建设，着力推进农业产业化经营，因地制宜发展特色农业、休闲农业、生态农业和设施农业，做大做强蔬菜、水产、瓜果、花卉等优势产业，力争在引进花卉生产企业和设施农业方面有所突破。发展具有优势特色农产品的深加工，打造优势品牌，提高农产品的附加值。着力加大农业科技投入，扶持发展与农业高校、科研机构共建的农业科技创新平台，提高农业生产的科技含量，培育壮大农业龙头企业。

特色工业。按照区域发展规划、发展战略定位，高起点规划、高标准建设海岛工业产业集中区，引进与培育节水型、生态型的海洋高科技、农副水产品加工等特色工业产业，推进循环经济发展模式，建设资源节约、环境友好的海岛工业集中区。

4. 加快海岛社会事业发展

按照统筹经济建设与社会发展的要求，重点推进教育、医疗、文化建设，改善海岛社会事业发展条件，促进海岛社会事业协调发展。教育事业。继续巩固提高"双高普九"成果，加强海岛农村中小学合格校建设，有效整合海岛农村教育资源，加大校舍整合建设和改造力度，重点加强建制乡镇以上、行政村海岛中小学校舍扩建，危房改造和配套设施建设，改善海岛办学条件，实现海岛乡镇、村与周边陆地城乡义务教育的均衡发展。卫生事业。完善海岛农村合作医疗制度、农村三级卫生服务网络建设，加强海岛乡镇、村卫生设施建设，建设海岛行政村村级医疗卫生所（室），改扩建村级医疗卫生所（室），配套部分医疗设备，促进海岛乡镇、村医疗卫生设施得到明显改善，医疗服务水平显著提高，基本解决海岛群众"看病难"的问题。文化事业。结合农村文化事业发展规划，以乡镇为重点，建设海岛文化设施和文化活动场所，构建海岛农村公共文化服务网络。加大海岛农村公共文化设施建设投入力度，推进镇文化站、村级文化室、乡村体育文化休闲公园建设，开展"送文化下乡"，完善海岛农村公共文化服务网络，让群众享有免费或优惠的基本公共文化服务。

5. 加强海岛生态环境保护

强化海岛生态环境综合整治，促进海岛经济、社会与生态环境协调发展。

对有居民海岛，重点落实海岛生态功能区划，推进海岛防护林体系建设。抓好重点海岛风口造林、沿海基干林带加宽与断带补齐，推进老林带及其他低效林更新改造；加强海岛植被恢复和绿地建设。综合采取工程措施、生物措施和农业技术措施，加强海岛植被恢复，有效遏制海岛表层水土流失。加快海岛污水垃圾处理设施建设。重点推进海岛乡镇的污水处理和垃圾无害化处理设施建设，完善配套设施，提高污水就地处理率和垃圾无害化处理率，实现有居民海岛的面源污染得到全面治理，达到良性循环目标。推进旧村改造和新村建设。结合农村"家园清洁行动"等新农村建设专项行动计划，以建设新型住宅小区为重点，开展绿色社区、环境优美海岛创建工作，改善海岛人居环境质量。

对无居民海岛，重点探索适合海岛资源特点、生态特征的生态管理模式，保护海岛及其周边海域生态环境。开展海岛生态修复工程。严禁炸岛、炸礁活动，对受损的红树林、珊瑚礁、海草床等生态系统，采取移植、种植和改善水文环境条件等措施，恢复物种分布的生境空间和生态系统功能。岛滩、岛岸生境修复工程。对已被破坏并具有重要生态功能的沙滩、泥滩、礁石滩等各类岛滩和海岛海岸，实施清理整治，恢复岛滩、岛岸植被，改善生态环境。海域生物资源增殖工程。在海岛周围适宜海域，投放人工鱼礁及开展贝类、藻类等渔业资源的人工放流增殖，加强对增殖和恢复区管控，恢复和改善海域生物资源多样，把无居民海岛建成环境优美、生态良好的海上明珠。

三　强化"三群"联动，推动港口、产业、城市协调发展

1. 加快港口群发展

一是加强港口岸线规划管理。按照港口发展规划，科学、合理、节约、有序开发利用港口岸线，严格按照重点开发、适度开发、预留开发规划港区，有序推进三类港区开发、保护，引导、吸引具有码头建设与管理经验的大型港口经营企业投资建设公共码头。二是理顺港口行政管理体制与机制。协调港口企业与政府、企业的关系，树立合作共赢经营理念，引导港口业协调发展。三是推进大通道建设拓展内陆腹地。港口间竞争实质是港口腹地的竞争。腹地大，港口强；腹地小，港口弱。上海、宁波、广州、深圳等港口，正是背靠广阔腹地，在国内港口竞争中领先。福建要以三大港口为重点，以福州、厦门、泉州市为龙头，加快铁路、高速公路，由沿海地区向内地辐射，带动沿线地区发展，形成以点带面、联动发展的新格局。重点建设福州—宁德—南平—鹰潭—上饶发展轴、厦门—漳州—龙岩—赣州发展轴、泉州—莆田—三明—抚州发展轴，拓展西向腹地，做大港口群。

2. 加快产业群发展

一是强化产业梳理，梳理重点产业链，研究全省、各市产业优势，加强指导目录和与规划衔接，明确全省各地市特别是沿海地区发展重点，要站在产业发展前沿、站在区域发展高度，根据本地资源禀赋和产业基础，科学谋划产业发展、转型升级路径。二是各地产业发展，要与国家产业政策、规划相衔接，与土地利用规划、港口规划、城市规划、海洋功能区划相协调。三是根据产业空间布局规划，按照"高起点规划、高标准建设"要求，引导产业向重点园区和专业园区集聚。四是要做好项目、投资前期准备工作，建立投资项目储备库，按照"投产一批、建设一批、开工一批、储备一批"要求，为产业发展储备项目支撑，为投资者提供项目前期服务。

3. 加快城市群发展

一是实施"集聚、转型、提升"策略，推进港城一体化。集聚，城市发展重点向沿海地区集聚。转型，以提升城市发展质量为主线，引导单个城市向构建大都市转型。提升，完善区域和城乡服务功能，引导城市向质的提升转变。二是加快建设滨海都市带，依托沿海综合交通走廊和沿海湾区，形成北至宁德福鼎、南至漳州诏安的滨海城镇聚合区域，包括三大省级中心城市、25个市县和若干个乡镇，建成对接台湾的前沿平台、我国沿海城镇带的重要组成部分。三是重点推动两大都市区建设，厦漳泉大都市区：强化中心城市职能和国际化服务职能，推动区域整体升级，共同形成参与国际合作与竞争的高地。福州大都市区：发挥省会中心城市龙头带动、平潭先行先试优势，建成海西区重要的省会中心城市、两岸交流合作先行区。四是推进山海联动，打破城市行政界限，按照城市发展规律，做好交通、产业发展规划，引导产业分工合作，以沿海都市区带动"南三龙"城市发展。

（伍长南）

第十一章

统筹中央苏区与沿海发达地区发展研究

　　统筹地区发展是建立在区域间经济、社会关系相互关联和协同互动的基础之上，是推动区域协调发展的重要内容。党的十六届四中全会指出，"要在指导方针、政策措施上注重加强薄弱环节……促进中部地区崛起，支持革命老区、少数民族地区、边疆地区和其他欠发达地区加快发展"。2010年，胡锦涛总书记在福建革命老区考察时指出，"帮助老区加快发展，改善民生，是党和政府的重要职责。今后，我们将继续实施各项扶持政策，推动老区又好又快发展。"因此，统筹中央苏区与沿海发达地区发展，不仅有利于缩小沿海发达地区与中央苏区县之间的经济差距，提高中央苏区县经济发展水平与人民收入水平，推动海峡西岸经济区的建设，同时对切实转变经济发展方式、统筹城乡区域协调发展具有十分重要的意义。

第一节　统筹中央苏区与沿海发达地区发展的意义

一　有关概念与范围界定

1. 区域统筹发展的概念

区域统筹发展是区域间合作形式之一，是地理上彼此相邻、经济上相互关联的区域与区域之间在区域经济发展、产业分工与协作等内在规律下，以市场为导向、政府为推动、企业为主体，通过消除产业、区域、生产要素等关联互动的障碍，使地区间的生产要素得到优化组合和合理配置，实现优势互补和联动发展的双向互动的良性发展系统。区域统筹发展既包括以产业为载体的资本、劳动力、技术、物流、信息流等各种生产要素的关联，也包括交通运输网络和通信网络等基础设施的互通共享，以及区域间社会、文化等各项事业的统筹发展。从发展方式看，区域统筹发展也可以看成促进区域协调发展的一种模式，通过与其他区域协同、互动的发展模式，不仅能够拓展区域自身发展空间、推动经济效益提升，而且能够缩小区域差距，调整产业结构，协调区域关系，优化区域布局，乃至重新定位区域功能。如果区域之间在产业、基础设施、政府行政管理机制、文化、社会事业等方面能够有效建立协调发展关系，使原来彼此自成体系、缺乏内在关联的各行政区经济社会实现有机融合，达到发展规划统筹、基础设施共建、信息资源共享、生态环境共治、社会文化互促共融的格局，那么这一发展模式就能够突破现存区域关系格局，为区域经济社会的整体绩效带来实质性提升。

2. 区域统筹发展与区域一体化、区域合作的区分

与区域统筹发展相近的还有区域经济一体化和区域经济合作两个概念，三者都有共同努力、共同发展的含义，但在内涵上仍有一定区别。我们认为，区域统筹是介于区域经济一体化和区域经济合作之间的一种合作形式。首先，和区域经济合作相比，区域统筹发展强调双方的产业、资源、经济要素以及社会事业等在同时期内协调变动。区域合作是泛指区域内各方在共同发展中的关系，区域合作既可以是松散型的合作关系，也可

以是紧密型的合作关系，而区域统筹发展则意味着区域之间的合作已经深入到一定程度，区域间的发展通过区域密切合作建立起来的联系渠道、联系机制产生相互的影响和联动效应。和区域经济一体化相比，区域统筹发展在区域协调发展过程中并未达到一体化所预期的程度。区域经济一体化强调的是区域与区域之间在区际联系或政策约束的前提下，在经济、社会、空间、文化和制度等要素上通过一定的协调机制联为一体，以促成更高一级区域即大区域的整体功能和实力的提升。在区域经济一体化中，单个区域的发展目标被让位于更高级别的大区域体的发展目标，以求得整体上与外部竞争中获得规模和效率方面的优势。

3. 中央苏区与沿海发达地区的范围界定

本研究中，中央苏区以中共中央党史认定的原中央苏区县为研究单位。截至 2011 年底，经中共中央党史研究室正式批复认定的中央苏区县有42 个，其中福建 22 个、江西 13 个、广东 7 个。

沿海发达地区是一个内涵宽泛的概念，出于各种原因，学术界并未对这一概念作出统一界定。沿海省份如广东、福建等省内经济发展差距较大，所以并不是沿海省份就等同于沿海发达地区。一般认为，我国的发达沿海区域主要有长三角地区、珠三角地区、福建东南沿海地区、辽东半岛地区、山东胶东半岛地区等。由于中央苏区县分布于闽、粤、赣三省，与京津冀地区、辽东半岛地区、山东胶东半岛地区等沿海地区空间距离相隔较远，接受这些区域经济辐射的条件相对不足。中央苏区县与闽、粤的沿海发达地区距离接近，其中诏安、饶平等中央苏区县自身也处于沿海地带，在空间距离上具备良好的统筹发展基础。江西东邻浙江，江西的部分中央苏区县与长三角地区也存在一定程度的经济联系，但由于统筹发展是一个跨行政区级别、跨行政地界、跨经济发展梯度的潜在的经济合作安排，主要的推动力源于不同区域的地区政府、中央政府的统筹合力推动，仅仅依靠区域经济发展中的市场机制与中心城市的扩散效应难以形成中央苏区与沿海发达地区均衡协调发展的格局。闽、粤沿海发达地区相对长三角发达地区而言，具有更加明确的带动内陆各中央苏区县发展的任务，因此中央苏区与珠三角、闽东南沿海地区的统筹发展也具有更加充足的可行性。所以，本研究主要以广东、福建的沿海发达地区为范例，阐明沿海发达地区与中央苏区的关联与互动，但研究结论并不限于中央苏区与闽、粤沿海地区之间的统筹发展，有关统筹发展模式、目标、核心内容等方面的研究结论同样可推定应用于中央苏区与国内其他沿海发达地区之间的统筹。

具体到行政区划上，福建沿海发达地区以福州、厦门、泉州为样本，广东沿海发达地区以珠三角经济区为样本，包括广州、深圳、佛山、珠海、东莞、中山、惠州、江门、肇庆9个城市。

表1　中央苏区县与沿海发达地区地理范围

福建省 22 个 中央苏区县	三　明　市	建宁、泰宁、宁化、清流、明溪、将乐、沙县
	龙　岩　市	龙岩新罗区、长汀、连城、上杭、永定、武平、漳平
	漳　州　市	平和、诏安、南靖
	南　平　市	浦城、武夷山、邵武、光泽、建阳
江西省 13 个 中央苏区县	赣　州　市	瑞金、兴国、宁都、于都、石城、会昌、寻乌、信丰、安远、上饶、崇义
	抚　州　市	广昌、黎川
广东省 7 个 中央苏区县	梅　州　市	大埔、平远、兴宁市、梅县
	韶　关　市	南雄
	潮　州　市	饶平
	河　源　市	龙川
福建沿海发 达地区	闽东南沿海	福州、厦门、泉州 3 市
广东珠三角沿 海发达地区	粤南部沿海	广州、深圳、珠海、佛山、东莞、中山、江门、肇庆、惠州9 市

资料来源：作者根据有关资料整理。

二　统筹中央苏区与沿海发达地区发展的意义

改革开放以来，中央苏区县在中央政府的支持下，基础设施建设步伐加快、人民生活得到改善，但在沿海发达地区高速发展的同时，中央苏区与沿海地区的相对差距仍在进一步扩大。推动中央苏区与沿海发达地区统筹发展有利于帮助中央苏区全面提高发展能力。

1. 提高中央苏区县发展水平，缩小中央苏区县与沿海发达地区的发展差距

首先，统筹发展符合国家现阶段的区域发展政策。日益凸显的地区差距问题已经受到党和国家的高度重视。统筹发展是利用沿海地区的先行优势带动落后地区发展的区域间合作模式创新，对欠发达地区与发达地区之间的协调发展有示范效应，在统筹发展上可以通过争取中央财政、金融、产业、外贸、科技、教育事业等政策的支持，实施后发展地区的赶超发展战略。

其次，中央苏区与沿海地区的统筹发展将进一步完善中央苏区县与沿海发达地区的经济协作关系，完善分工体系。沿海地区部分产业向中央苏区县转移将填补中央苏区企业的生产模式空白，提高中央苏区人民的收入水平，扩大中央苏区市场规模，有利于中央苏区县比较优势的发挥。

再次，中央苏区积极参与沿海地区的经济发展，不但可以共享沿海地区的技术、人才、信息，还可以借鉴沿海地区企业的先进管理经验和品牌经验，从统筹发展中获取更多的合作收益和分工收益。

最后，统筹发展有助于培育中央苏区的新核心区。核心区是区域经济发展的源头，创新活动活跃，边缘区不断接受核心区的创新信息、参与创新活动，自身也会生成新的核心区。沿海地区的核心区将在原有的发展轨迹上进行系统提升，而中央苏区在与沿海地区的统筹发展中将在经济相对发达、区位相对有利的地区培育新的核心区，以此来增强自我发展能力。

2. 提高中央苏区的对外开放度，促进中央苏区与国际市场接轨

中央苏区虽然靠近沿海地区，但无论是地理位置、经济技术基础、交通设施建设，还是与国外的经济社会联系，中央苏区的开放条件都无法与沿海地区相比。中央政府长期给予沿海开发开放的政策，中央苏区却无法切实享受到这一政策方面的优惠，从而进一步扩大了两种类型区条件的不对等。由于开放程度和发展机会不均等，造成中央苏区与沿海地区在观念意识上存在较大差距，观念意识上的落后反过来束缚人们的手脚，延缓甚至错过改革最佳时机，使得中央苏区对外开放的动力严重不足。

区域经济发展的规律证明，自然资源丰富的区域经济增长要比其开放型地区增长率要低，沿海地区自然资源紧缺，但由于普遍实行"外向型"

战略和比较优势战略，不仅充分利用了国际资源还开拓了国际市场，不仅吸收了外国直接投资还促进了本地民间资本的增长。中央苏区的发展相对落后，并不是因为资源缺乏、生产要素缺乏，而主要是因为缺乏知识资源、缺乏高效率利用物资和资本的能力，以及缺乏开放的观念和竞争意识。缩小这一差距，实现经济社会发展从封闭性向开放性转换，应当是中央苏区参与到与沿海地区合作、统筹的主要收益之一。

开放型经济包括两个方面的含义：（1）通过经济合作，引进资本、技术和制度，发展新产业，改造传统产业，在合作中实现快速发展；（2）以经济全球化和大市场为前提，遵循比较优势原则，实现有所为和有所不为。中央苏区具有一定的资源优势、劳动力优势、传统产业优势、历史人文优势等，是参与国际化竞争的基础，但由于渠道不畅、资本形成不充分等原因，中央苏区的开放型经济发展存在一定的难度。在这方面，沿海地区既是经济全球化积极参与者又是主要受益者，国务院在《关于支持福建省加快建设海峡西岸经济区的若干意见》中明确了海峡西岸经济区的战略定位，其中之一就是"服务周边地区发展新的对外开放综合通道"。中央苏区通过与沿海发达地区统筹发展，能够增强与世界市场的联系，了解世界经济发展最新趋势，借助沿海的对外开放通道进一步参与到国际分工体系中去。

3. 推动中央苏区与沿海发达地区的统筹发展，有利于沿海地区向内陆拓展经济腹地

中央苏区位于沿海地带的内陆地区，推动中央苏区与沿海地区的统筹发展，不仅有利于中央苏区的经济发展，对沿海地区来说，这一模式既适应了沿海地区发展战略转型的内在需求，又提升了沿海地区的整体竞争力，延长沿海成熟产业的生命周期，有利于沿海地区创造新的经济增长点。

从区域发展战略的角度看，在沿海地区进入工业化中后期发展阶段之后，随着经济实力和国际地位的迅速提升，以国际市场需求为中心的外向型产业结构已无法承担和引领产业结构升级优化的重任，以粗放型、低附加值、低资金积累效率为特征的出口导向的发展方式对资源、环境、资本积累都构成了严峻的挑战。因此，依靠重化工业的科技带动与技术扩散效应，向重型化产业结构转型成为沿海发达地区发展新阶段的战略选择。但重化工业是资源型产业，对能源与初级产品的需求量大，沿海省份相对资源较为匮乏，同时重化工业创造的中间需求与最终市场需求对外部市场过于依赖也存在一定的外源性风险。为获得内地资源的供给支持和快速成长的国内市场需求保障，沿海发达地区迫切需要从外源型经济向内外统筹型经济发展模式转型，需要通过挖掘区域发展的内生动力来化解利用外部资源与外部市场的伴生风险。

另外，沿海地区的一部分主导产业在原有市场容量饱和、劳动力和土地等生产要素价格上升、区域分布过度密集等因素的影响下，出现产业竞争力下降、交易成本上升、发展空间受限等趋势。沿海地区的产业成本变化趋势导致沿海企业寻找新的产业发展空间，向外扩张进行产业转移。当前面临转移的产业既有纺织、服装、鞋帽、家具等传统产业，又有光电、电子信息等技术密集型产业。中央苏区与沿海地区的梯度发展差异以及异质的区域市场，为沿海地区产业转移提供了相应的产业环境，丰富的原材料、廉价劳动力、便宜的地租等比较优势对沿海企业在全国范围内重新布局具有极大的吸引力，因此，通过推动沿海产业的停滞部门和衰退部门转移到中央地区，无形中延长了沿海部分产业的生命周期。

从竞争优势的角度看，目前区域经济已成为世界经济竞争中最重要的空间主体，以整体优势参与国际竞争是当前区域发展的重要战略选择。沿海发达地区作为我国对外开放与参与国际市场竞争的前沿地区，已经成为我国市场经济外向一体化与内向一体化发展的核心。但沿海发达地区的空间发展模式仍然需要进一步拓展。国外大型城市群如美国大西洋沿岸城市群、日本东京经济圈、京阪神城市圈的发展经验表明，城市群的空间扩展模式已逐步从点轴扩张向联网辐射演进，沿海经济只有与内陆经济在融合中互动发展，才能走得更远。① 在这方面，处于内陆地区的中央苏区经济发展可以有效放大沿海经济发达地区的"龙头"作用，并为沿海地区的纵深发展提供广阔的腹地空间、市场和资源保障。

4. 中央苏区与沿海发达地区产业统筹，有利于中央苏区与沿海地区的产业竞争力提升

沿海地区和中央苏区经济发展和资源禀赋的差异性，决定了各自的区

① 陈秀山等：《国外沿海城市群发展模式的启示与借鉴》，《领导之友》2007年第3期。

域比较优势，从而决定了产业分布的不同空间指向性。中央苏区的优势产业与沿海发达地区的优势产业如果能够建立起良好的统筹机制，那么随之产生的产业统筹效应将提高区域的总体产业竞争力。

从企业层面的角度看，沿海地区企业与中央苏区企业之间的统筹发展可以突破企业和区域边界，获取稳定的原料和市场，快速响应需求，降低交易费用。在专业化分工体系中，每个企业只需专注于某一个部件或产品的一个部分，就能够获得规模经济效应。同时，不同企业之间的相互联合，又可以获得范围经济效应。

从产业层面的角度看，产业统筹可以促进产业链不同环节的沟通，使不同环节的产品结构和规模得到平衡发展，创造出上下游环节的利益博弈和平衡机制，加快产业链上技术和知识的传递速度，提高产业链的运作效率，对重塑区域间产业关系有积极作用。

目前，无论是企业层面还是产业层面，都越来越重视通过构建和延伸产业链来获取产业统筹发展效应。按照产业链理论，在统筹格局形成后，市场竞争将由单个企业之间的竞争转化为同一产业链中多个企业的竞争，区域之间的竞争也由产业层面的竞争升级为产业集群和产业链层面的竞争。因此，在加强中央苏区与沿海发达地区区域分工的基础上，有必要构建跨区域产业统筹，不仅可以避免区域产业结构雷同导致的区际冲突，而且可以提高统筹区域总体在国内区域经济中的地位与作用，促进区域产业组织的创新，实现产业结构的高级化。

第二节　统筹中央苏区与沿海发达地区发展的
相关理论简述

由于区域统筹发展涵盖经济、产业及社会事务等不同层面的范围，因此，对这一问题的研究涉及产业经济学、区域经济学、经济地理学等多个学科的内容。根据我们的梳理，各学科与本课题研究密切相关的理论主要有区域分工理论、区域空间增长结构理论、产业集群理论、产业链理论等等。

一 区域分工理论

传统的分工理论主要是研究基于自然禀赋差异（如自然资源、区位条件、人口与劳动力资源、历史和地缘等因素）所决定的分工，指出要集中生产本地区比较优势产品、生产本地区生产要素丰裕产品以获得比较利益、确立本区域竞争优势，这一核心的思想对国际和国内的区域合作有重要的参考意义，原因在于生产要素的赋存状况对一个区域参与到与其他区域的合作以及区域经济统筹中具有不可忽视的影响，资源禀赋的差异性往往是决定区域经济统筹的合理性的主导因素。

新分工理论中的新要素禀赋学说扩大了要素的范围，赋予要素新的含义，如智力投资、培训、研究与开发、技术进步以及信息获得等都可以形成新的比较利益，出现新的相对优势。这一学说对研究中央苏区与沿海发达地区统筹发展的可行性有一定的启发意义，拓宽了统筹发展现实基础的研究视角。

区域比较优势理论提出除要素禀赋外，区域之间在资源配置效率上存在差异，具有资本、技术、信息、人力资源优势的区域，其资源配置的效率相对较高。区域间分工就在"资源趋向效益，效益吸引资源"的利益导向下形成，区域比较优势理论对研究中央苏区与沿海发达地区统筹发展的内容、方式、定位等有重要的参考意义。

二 区域空间增长结构理论

区域空间增长结构强调区域经济增长的空间模式在架构上的实现，它把区域空间结构理论和区域经济增长理论结合起来，形成了增长极理论、点轴开发理论、梯度发展理论、双核结构模式和成长三角理论等。其中与中央苏区与沿海发达地区统筹发展相关密切的主要是增长极理论、点轴开发理论和梯度发展理论。

1. 增长极理论

增长极理论认为，经济增长并非同时出现在所有地方，有限资源应集中配置在某些具有创新能力的行业和产业部门。由该产业的配置效应及技术制度创新对周边地区经济单元产生的聚集和扩散效应，进而带动其他经济部门的成长。沿海发达地区的发展经验基本证实了沿海地区的中心城市如广州、深圳、佛山、福州、厦门等在扩张过程中通过极化效应不断形成与强化经济增长极，同时产生对周边地区的吸引与辐射的双重作用。"增长极"模式对考察中央苏区与沿海发达地区的统筹发展模式有重要的启发。此外，增长极理论认为经济中心对周边地区辐射作用随空间距离增加而递减。在研究沿海发达地区与中央苏区统筹发展时，必须充分考虑空间因素的影响。

2. 点轴开发理论

点轴开发理论认为区域经济发展过程中，经济中心总是首先集中在少数条件好的地区，呈点状分布。这种经济中心就是点轴开发模式的点。随着经济的发展，经济中心之间由于要进行生产要素交换，需要交通线路以至动力供应线、水源供应线等相互连接起来，这就形成轴线。轴线是以为经济中心服务为目标，但一经形成，对人口、产业也具有吸引力，吸引人口向轴线两侧集聚，并产生新的增长点。点轴开发模式对我国 20 世纪 90 年代以来各地区区域发展规划的制定有深刻的影响，对中央苏区与沿海区域统筹发展的进一步细分、产业空间布局有重要的参考意义。

3. 梯度发展理论

20 世纪 70 年代末期以来，为适应我国经济发展的需要，何钟秀、夏禹龙等国内学者，在前人研究的基础上提出了以区域经济发展战略为主要内容的梯度理论。梯度理论认为在经济发展初期，由于受经济实力限制，要求优先发展基础较好的地区，使区域间经济发展差距扩大，然后再通过扩散效应、回流效应带动落后地区的发展。梯度理论对我国经济发展战略的制定产生过重大的影响，我国 20 世纪 70 年代末 80 年代初改革开放初期宏观经济政策的制定及战略布局，以及优先发展沿海地区的指导思想就是在梯度理论的指导下实施的。中央苏区与沿海发达地区发展差距的梯度格局十分明显，统筹发展的方式按照梯度联动的模式展开，既可以发挥高梯度地区向低梯度地区转移产业、技术、组织管理、信息等单向推移作用，也可以发挥低梯度地区的比较优势，选择合适的地点形成"发展极"，在

"点、线、面"的带动下，与周边其他梯度地区进行资源的双向流动，以促进区域经济整体的发展。

三　产业群和产业链理论

产业集群是产业在较小的空间尺度上统筹发展的高级形式。产业集群理论认为，相互关联的企业围绕产业价值所形成的网络系统，是城市竞争力的支撑点。大量相关企业空间聚集所形成的本地化的地方特色产业氛围，是其他区域最难模仿的部分。由于集群内大量的同行业企业和相关企业之间发展高效的竞争与合作关系，形成高度灵活专业化的生产协作网络，使整个集群具有极强的内生发展动力和持久的生命力。在国际和国内范围内，产业集群已经成为区域经济发展的一个显著特征。在中央苏区与沿海地区的经济统筹发展中，沿海地区制造业分布在区域内或相邻地区产业集群化的特征十分明显，中央苏区县地理位置相邻，但限于经济规模较小、生产要素中的效率优势不明显、产业专业化领域少、资本密度和要素吸纳能力较低等因素影响，产业集群的趋势还不显著，产业集群理论对沿海地区产业集群如何与中央苏区县的产业建立关联具有一定的指导意义。

产业链理论认为，产业发展中以产品、技术、资本等为纽带结成的价值增值功能的战略关系链在空间上的配置是产业协作的基础，产业资本对资源禀赋和专业化分工效益的追求使产业链分布呈空间分散性。区域类型和产业链的层次存在内在关联，欠发达区域一般拥有产业链的上游链条，发达区域则更多从事深加工、精加工、精细加工的经济活动。产业链理论主要强调中间产品、生产要素等在企业间的传递，企业可以是集聚的，也可以是分散的，因此对跨区域的产业统筹发展，尤其是非相邻区域间的产业统筹提供了理论依据，使地缘上非直接相邻的中央苏区与沿海发达地区之间的跨省产业统筹具有相应的理论基础。

四　新经济地理理论和梯度推移理论

新经济地理理论从区域经济合作的地理环境，阐述运输成本是影响国际贸易量的重要因素，贸易量随距离的增加而迅速递减，地缘相近的国家或地区经济具有交往成本优势和便利性。该理论强调制造业分布、供求和市场分布等因素对区域经济中心形成的制约，暗示了区域经济合作市场驱动性，提出应加强与中心的交流与融合。同时，该理论还强调国家政策是决定国家竞争力的资源因素，国家推动在区域经济合作中具有重要作用。

而梯度推移理论则认为，一个区域的经济兴衰取决于它的产业结构，进而取决于它的主导部门的先进程度。一个区域的主导部门产品，处于创新到成长阶段是高梯度区域，处于成长到成熟阶段为中梯度区域，处于成熟到衰退阶段则属于低梯度区域。一个区域的经济发展客观上存在梯度差异，高梯度区域通过不断创新并不断向外扩散求得发展，中、低梯度区域通过接受扩散或寻求机会跨越发展并反梯度推移求得发展。创新活动（包括新产品、新技术、新产业、新制度和管理方法等）主要发生在高梯度区域，依据产品周期循环顺序由高梯度区域向低梯度区域推移，是决定区域发展梯度层次的决定性因素。梯度推移过程主要是通过多层次的区域扩展与合作，并通过产品交换实现比较利益在国际上的转移，从而提升区域内整体产业结构层次水平。上述两个理论在论述发达地区与欠发达地区之间的经济互补与依存关系的同时，也揭示了区域合作为合作各方提供发展机遇的基本原理。

五 "中心—外围"和"极化、扩散"理论

"中心—外围"理论是 20 世纪 70 年代发展中国家之间区域经济合作的理论依据。弗里德曼认为，在若干区域之间会因多种原因个别区域率先发展起来而成为"中心"，其他区域则因发展缓慢而成为"外围"，资本有一种向中心地区集中的倾向，"中心"与"外围"的经济差距将随着经济的发展而加大。"中心"与"外围"之间存在不平等的发展关系，总体上看，"中心"居于统治地位，"外围"在发展上依赖于"中心"，但"中心"区和"外围"区的边界会发生变化，区域的空间关系也会不断调整，经济区域空间结构的不断变化，最终达到区域空间一体化。"中心—外围"理论对早期发展中国家区域经济合作的对象、模式和结果都产生了决定性的影响。

"极化、扩散"理论的核心理念来源于"极化、扩散"两种效应。所谓"极化"效应，是指由于经济活动在地理上的集中会提高生产效率，经济增长慢的地区的人才、资本等生产要素将会流向经济增长快的地区，地区间的经济发展差距因此将会扩大。而"扩散"效应则是指发达地区的经济增长达到一定阶段时，人才、技术、资本等要素将会向邻近地区扩散，对邻近地区的经济增长产生有利影响。因此，发达地区与落后地区开展合作会产生相互促进机遇和双赢的效果。

六　各理论对本课题的适用性及应用依据

上述理论构成了研究区域统筹发展问题的基础，由于区域统筹发展领域的研究尚未形成高度概括化的理论成果，参考现有理论，在现有理论的基础上根据所分析问题的特征进行选择性的应用，是研究区域统筹发展问题的关键。中央苏区与沿海发达地区等周边地区统筹发展是具有重大实践意义的课题，没有先例可循，两大类型的区域发展现状和合作现状也不完全符合理论的假设前提，因此在具体应用中我们主要吸收理论成果中具有借鉴价值的重点和具有启发意义的观点，同时考虑到各理论的侧重点差异和理论的固有缺陷，在研究过程中我们力求消除这一因素的影响。例如增长极理论强调点开发，强调集中开发、集中投资、重点建设等，但也会产生极化效应拉大发达区域与不发达区域之间的发展差距、过于依赖外部资本和政策外力等问题。点轴开发理论在欠发达地区应用时，会出现由于自然地理障碍、经济密度低等原因导致的"轴线"开发和生成受到限制，产生区域发展断裂现象。在统筹中央苏区与沿海发达地区发展研究中，我们将针对理论的缺陷并根据问题对象的特殊性尽可能作出具体的分析。

第三节　统筹中央苏区与沿海发达地区发展可行性分析

统筹中央苏区与沿海发达地区发展，突出特征是两个区域之间的发展水平不处于同一阶段。这种地域经济差距的客观存在是区域统筹发展的基础和前提。因此，有必要通过区域发展差异各方面的深入分析，以准确评估地域统筹发展的现实可行性。

一 地缘相邻

区域统筹发展一般说来要以地理位置相邻为条件，由于地理位置相邻，生产要素能便捷地自由流动，并且人文空间相似、文化习俗相通、经济空间接近，使相互间的交易成本大大降低，区域合作易于实现。中央苏区地缘上和沿海发达地区虽然不是紧密相邻，但相互临近，统筹发展存在较好的地缘基础。

从地理位置看，闽三角、珠三角等沿海发达区域和中央苏区在地理位置上紧密相邻，中央苏区县与沿海区域的经济往来既有省际的区域间联系，又有省内的区域联系，是沿海发达地区的重要经济腹地。40 个中央苏区县中，福建诏安、广东饶平在地理位置上处于沿海地区，具备与沿海发达地区在临港产业、海洋产业上进行统筹的地缘基础。福建、广东两省的其余中央苏区县与沿海发达地区虽然未直接相邻，但与沿海发达地带只相隔了若干个县行政区，存在着统筹开发发展的现实基础。江西的 13 个中央苏区县与沿海地区地理距离较远，但均分布在江西省的东部和东南部与福建、广东交界的地带，其中抚州的黎川、广昌县，赣州的石城县、瑞金市、会昌县、寻乌县与福建的中央苏区县相邻，赣州的信丰县、安远县、寻乌县与广东的中央苏区县相邻。因此，在地缘分布上，中央苏区县具有集中连片、与沿海发达地区地缘相近、人文相邻的地理特征，从空间经济理论的视角来看，中央苏区县与沿海发达地区的产业协作自然而然具有地缘文化纽带紧密、中间交易成本低等经济联系优势，在有效政策供给的推动下，两地间的统筹有可能产生良好的空间经济效果。

地缘相邻优势还表现在中央苏区县与沿海发达地区同属于海西经济板块。2011 年 3 月国务院对《海峡西岸经济区发展规划》的批复正式明确了海峡西岸经济区的地域范围，福建各中央苏区县、江西中央苏区县所隶属的赣州、抚州市，广东中央苏区县中的饶平、大埔所隶属的潮州、梅州均属于海峡西岸经济区的地理范围。在海峡西岸经济区的规划框架下，位于闽粤赣发展区、粤东沿海发展区、闽浙赣互动发展区的各中央苏区县与沿海发达地区之间的统筹将具备更为良好的制度基础。

另外，鄱阳湖生态经济区自成立后得到快速发展，正在成为江西经济发展的重要支柱，江西的中央苏区县虽未划入鄱阳湖生态经济区范畴，但与鄱阳湖生态经济区紧密相邻。各中央苏区县位于鄱阳湖生态经济区与珠江三角经济区、海峡西岸经济区之间的交通要道和交界地带，向西与长株潭城市群相邻、向北与长三角经济带衔接。随着海西经济区、珠三角经济区、鄱阳湖生态经济区、长三角、长株潭等区域经济板块的快速崛起，中央苏区县能够充分利用新经济版图下的区位优势，起到促进沿海地区与中部地区经济合作的桥梁和纽带作用。

二 资源互补

自然资源是区域间经济统筹的重要基础之一，以本区域自然资源基础为支撑的产业，既可以在发展中建立起一定的低成本优势，又可以在区域经济统筹发展中确立商品交换的比较优势基础。中央苏区的自然资源丰富，动植物资源丰富多样，矿产资源储量、可开发量大，并拥有较为丰富的旅游资源。福建龙岩、三明地区的中央苏区县矿产资源丰富，两地区已发现矿产资源85种，占全省矿产总数的72%；已探明资源储量的矿产55种，占全省探明矿产的64%。[①] 其中上杭县紫金山的金铜矿、龙岩东宫下的高岭土、马坑的铁矿、漳平岭兜的石灰岩矿、三明龙溪等地的铅锌矿、宁化的钨矿、永安的重晶石矿、长汀的稀土矿等大型、特大型矿床闻名省内外。新罗、漳平、上杭等县（市、区）矿业经济已经成为重要的支柱性产业。9个中央苏区县所属的江西赣州市同样矿产资源丰富，有"世界钨都"之称，已经形成有一定规模和发展潜力的有色冶金、稀土、氟盐化工、新型建材四大矿业体系，成为国家重要的钨精矿生产、冶炼加工基地，其钨精矿产量约占全国的1/3，冶炼产品及钨粉占全省的90%，硬质合金占全省的60%。从发展趋势来看，当前我国工业发展逐渐步入重工业

---

① 福建省矿产资源总体规划（2008~2015年）。

化阶段，由于重工业运量大，在临海地区、港口地区定位是必然趋势，因此沿海地区正面临着新一轮的重工业化，海峡西岸经济区发展规划中，临港产业、重化工业都提升至重要地位，广东沿海地区的工业发展重型化趋势依然在逐步增强。由于沿海地区矿物资源匮乏，重化工业的发展越来越面临着煤炭、矿石、能源等工业材料不足的困境，例如广东省不能满足生产需求的短缺矿种已有铁、铜、金、铅、锌等。其中缺口较大的矿种铁、铜、金，在未来十五年自给率仅达 20%～30%；铅锌矿自给率约 60%。此外，煤、铝土矿、磷矿、钾盐矿产由于受成矿地质条件限制，资源潜力差，将长期依靠外来供给保障需要，① 中央苏区的丰富矿物资源能够作为沿海地区的经济腹地。这也就为增强沿海发达地区与中央苏区之间的统筹发展带来了良好机遇。

除矿产资源丰富外，中央苏区县的林业资源也极为丰富，有 9 个中央苏区县的赣州地区森林覆盖率达 74.2%，三明的森林覆盖率达 76.8%，龙岩的森林覆盖率达 72%，是福建省的重点林区，远远高于福建全省 63% 的平均水平，丰富的林业资源可承接沿海发达地区传统产业的对外转移，形成以木竹资源为基础的人造板、制浆造纸、林产化工、家具制造等产业集群。

此外，中央苏区的生态文化旅游资源丰富，可发展为面向沿海发达地区的旅游互动开放带。如武夷山、泰宁拥有世界自然遗产和世界地质公园等国际性旅游景区，各中央苏区县具有地方特色的旅游资源，如将乐玉华洞、建宁闽江源头和金铙山名胜、宁化天鹅湖和客家祖地、清流中国温泉城和农业观光、沙县淘金山等。赣州的瑞金、会昌、宁都、兴国、石城等县具有全国知名度较高的红色旅游线路和丹霞地貌，安远、寻乌的客家文化旅游资源与以客家建筑闻名的福建永定、"世界客都"的梅州、河源等客家文化聚集地也存在较大的整合可行性。

三 经济发展的梯度差异

一是经济规模差距。为测度沿海发达地区与中央苏区的经济规模差

① 广东省矿产资源总体规划（2008～2015）。

距，我们主要采用人均国民生产总值指标来对两地区的经济发展程度进行比较。选用"人均"指标是为了消除跨区域比较中因人口数量不同而导致总量差异的影响。从人均国内生产总值数据看，2010 年江西 13 个中央苏区县的人均 GDP 为 10300 元，其中最高的崇义县为 18592 元，最低的石城县仅为 7505 元，人均 GDP 1 万元以下的县还有上饶、兴国、安远、会昌、瑞金、于都、广昌等 7 县，低于 1 万元的中央苏区县都分布在江西省，占 42 个中央苏区县的 19%。广东 7 个中央苏区县的人均 GDP 为 15313 元，其中新入选的中央苏区县梅县的人均 GDP 最高，为 23130 元，兴宁、龙川、大埔等县的人均 GDP 较低，但都在 1 万元以上。福建 22 个中央苏区县的人均 GDP 较高，平均值为 31770 元，远高于江西、广东两省，其中龙岩新罗区的人均 GDP 为 61855 元，不仅在中央苏区县中最高，也高出了福州、厦门、泉州等市的人均 GDP，而连城、平和的人均 GDP 在福建中央苏区县中序次靠后，均低于 2 万元。沿海发达地区，其人均 GDP 已超过 8000 美元，东莞、福州、江门、肇庆、惠州等市的人均 GDP 则为 7000～8000 美元，12 城市的人均 GDP 为 64483 元，远远超过 2010 年的全国人均 GDP 29663 元。从 42 个中央苏区县与 12 个沿海发达城市的人均 GDP 差距来看，已呈现出两极分化的态势。尽管江西、广东的中央苏区县人均 GDP 都高于世界银行界定欠发达地区的标准（1000 美元以下），但除了广东梅县外，其他各县人均 GDP 低于 3000 美元，仍然处于普通发展中经济和工业化初级阶段。福建中央苏区县人均 GDP 则普遍超过了 3000 美元的重要发展临界点。从国际经验看，当一个国家或地区的人均 GDP 达到 3000 美元后，往往会出现一个高速的、持续较长时间的增长期，三次产业结构将得到优化升级，经济增长的质量和效益将明显提高。因此，福建中央苏区县相对江西、广东中央苏区县而言，有望率先进入小康经济社会。

二是工业发展差异。工业化程度与城市化水平密切相关，缺乏城市化空间载体的中央苏区县工业发展要远远落后于沿海发达地区。改革开放以来，珠江三角洲经济以生产出口型消费品的劳动密集型产业为主，支撑了作为"中国制造"基地的珠三角地区三十多年的快速增长。在轻工业为主的工业化时期，重化工业增长处于较低水平，但是近年来，珠三角沿海地区的重化工业增长迅猛，大大超过了轻工业的增长速度，总量上不断扩展，已经进入以适度重型化为主导的增长周期。同时，珠三角地区装备制造业比较优势明显，已形成以广州、深圳、佛山为核心的珠三角装备制造业产业群。其中广州建立了以汽车、核电、燃气轮机、造船等重型装备为核心的装备产业基地；深圳发展成为通信设备、医疗器械和民族品牌电动汽车和混合动力汽车制造基地；佛山拥有精密制造产业基地、自动化机械及设备产业基地等 10 个国家级特色产业基地，在陶瓷机械、塑料机械、纺织机械和建材机械制造等领域具有国内领先优势。福建沿海发达地区的工业也实现了从轻工业优势起步向重工业的转变，从 21 世纪初开始，福建调整产业结构和出口战略，大力发展临港重化工业和装备制造工业，2003 年后，工业经济增长从轻工业拉动为主转向以重工业拉动为主。沿海地区的临港战略型产业得到了良好的发展，在不同地域形成了现代工业集群，例如泉州的泉港石化工业区，福州的江阴石化工业区，福州、厦门的汽车及零部件生产基地，厦门、泉州的飞机维修基地，等等。总体来说，福建沿海发达地区正在进入工业化后期，重化工业还处于发展阶段，具备较大的上升空间，但沿海地区以装备制造业为代表的工业高加工度化还有所不足。

与沿海地区相比，中央苏区县的工业发展缓慢，呈现出产业基础薄弱，工业化水平低，龙头企业、新办企业和科技型企业少、主导产业不突出，产业集聚趋势不明显等特点，许多中央苏区县还处于"工业立县"的起步阶段。造成这一现状的原因既有主观的，又有客观的。一是受限于财力的限制，政府工业项目优先投向于区位条件良好、服务设施齐全、市场需求大的县市，并赋予了较多的政策优惠，对中央苏区县的工业建设资金投入不足，政策优惠力度有限。二是以资源禀赋和地理位置为基础的区域分工使中央苏区县在区域产业分工中处于不利地位。如江西赣州地区的中央苏区县由于处于丘陵地带，公路、铁路、运输网络在很长时间内极不完善，虽然具有较好的资源优势，但资源开发成本高、开发所需配套条件不理想，导致投资回报率低，影响了资金向工业的流入。

表2 中央苏区县与沿海发达地区工业发展比较

	沿海发达地区	中央苏区县
产业结构	从原材料工业为重心转向加工、组装工业为中心	原材料工业仍然是工业的重心
	产业关联度高、产业链长、技术含量高的装备制造业正在快速发展	除个别中央苏区外，大多数中央苏区的装备制造能力低
	工业内部结构趋向集约化，重化工业发达	工业内部结构集约化特征不明显
制约因素	传统制造业面临土地、劳动力、能源紧缺的约束	具备承接传统制造业的基础
工业化阶段	工业化中期、工业化后期、后工业化阶段	工业化初期、中期
技术发展	重点产业关键领域主要依赖自主创新	依靠外部技术供给
产业配套	生产性服务业配套发展	生产性服务业发展滞后

资料来源：作者根据有关资料整理。

三是服务业发展差异。服务业是国民经济中涉及行业范围最广，与所有生产、生活活动最为息息相关的产业，按照三次产业发展的一般规律，从工业化中期后半段开始，服务业对非农产业的就业增长比工业具有更强的带动效应，到工业化后期，服务业功能将进一步强化，成为经济增长的主要驱动力。因此，服务业发展水平的高低是衡量一个区域经济和社会发展程度的重要依据。沿海地区的服务业已发展至较高水平，珠三角地区已确立高端发展的战略取向，重点发展以生产性服务业为主体的现代服务业，广州、深圳等中心城市已建立以服务业为主体的都市型产业结构，消费主导＋服务业推动成为经济增长新的动力。在服务业布局上，形成了错位关联、互补互促的差异化服务业空间布局。如广州东部和中部—东莞—深圳等东岸地区，重点布局发展金融、物流、会展、信息服务、专业服务、文化创意等现代服务业，广州北部和南部—佛山—中山—珠海等西岸地区，重点布局外包服务、教育服务、物流等现代服务业，惠州—深圳—珠海—江门等珠三角沿海地区布局商务休闲、文化创意、教育培训等现代服务业。福建沿海地区尚未进入高端服务业的快速发展阶段，但已将服务业作为调整经济结构的战略重点，福建十二五规划提出要把现代物流业和旅游业发展作为国民经济的主导产业之一，把福州、厦门建成金融机构集聚的两岸区域性金融服务中心，同时福、厦、泉还将建设若干个海峡西岸经济区文化创意产业集群，[①] 形成科技服务、信息服务、租赁和商务服务、人力资源服务等高端的生产性服务体系。

中央苏区的第三产业发展相对滞后，内部层次偏低，交通运输、仓储、餐饮、零售、批发等传统劳动密集型服务业居主导地位，资本和知识密集型的新兴服务业发展缓慢，特别是相关产业信息提供、广告、会计、金融服务、人才培训、产品检测认定以及律师事务所等专业性服务行业发展不完善。中央苏区最发达的第三产业是旅游业。以瑞金、武夷山为代表的红色旅游和生态旅游区推动了当地餐饮、住宿、娱乐、通信、商品零售等服务行业的发展，例如瑞金旅游业发展不仅带动区内餐饮住宿服务等级极大提升，对老区脱贫也起到了重要作用。如 1994 年瑞金农民人均纯收入是 1116 元，2006 年瑞金农民人均纯收入是 2853 元，2007 年达到 3108 元，旅游解决的贫困人口占全部脱贫人口的 10%。[②] 高建富等人（2010）的研究也表明武夷山旅游需求对经济增长的贡献率达到 30% 左右，武夷山重点产业的主要指标都与旅游需求密切相关。[③]

表 3　中央苏区县与沿海发达地区服务业发展比较

	沿海发达地区	中央苏区县
产业结构	服务业发展转型为以生产性服务业为主，服务业集聚效应明显，在城市容易实现规模经济	以消费性服务业为主，服务业集聚效应不明显，难以实现规模经济
	公共性服务业较发达	公共性服务业基础薄弱
产业配套	装备制造业及重化工业带动生产性服务业的发展	制造业对生产性服务业带动效应不明显
制约因素	研发设计、商务服务业较薄弱，文化创意等新兴服务业处于培育期	服务业人才不足、管理水平跟不上、大型服务企业少

资料来源：作者根据有关资料整理。

---

① 福建省"十二五"服务业发展专项规划。
② 黄细嘉：《革命老区发展与红色旅游关联性研究——基于中国区域反贫困的个案分析》，《中国经济与管理科学》2008 年第 6 期。
③ 高建富、郭庆广：《武夷新区主导产业选择研究》，《武夷学院学报》2010 年第 6 期，第 60～66 页。

四是经济外向度差异。外向型经济是沿海发达地区经济增长的重要源泉。改革开放后，沿海地区充分利用毗邻港澳台的地理优势和中央赋予的特殊政策，实行外向型发展战略，积极参与国际分工和交换，承接发达国家和地区的产业转移。建成了各种类型的保税区、加工区、经济技术开发区和高新技术产业区，形成多层次、多功能、多形式的对外开放格局。其中在珠三角地区沿"穗—深—港"经济主轴线，形成了以大陆与香港间以"前店后厂""两头在外、大进大出"为产业分工特征的投资与贸易制度安排，以投资和贸易的相互补充促进了粤港贸易量高速增长。福建则从厦门经济特区起步，逐步扩大到福州、泉州、漳州等沿海地区，依托对台"同等优先、适度放宽"的政策优势，建设了台商投资区、两岸农业合作试验区等经济和政策先行区，扩大对台合作。同时福建的华侨资源丰富，港澳台资与海外侨资的直接投资约占引进外资的75%以上。沿海发达地区在对外开放过程中，利用自身的劳动力、土地资源优势与台港澳的资金、国际市场、制度优势相互结合，不仅推动了产业升级、技术进步，也带动了沿海发达区域经济的高速增长。中央苏区虽然地理位置上靠近沿海地区，但地缘特征与沿海地区差别较大，交通不便，同时原有经济文化基础差、对外联系少等原因使中央苏区县的对外开放度处于较低水平，许多中央苏区县既是"欠发达"地区，同时也是"欠开放"地区。

从表4可以看出，中央苏区县的出口依存度普遍低于10%的水平，其中还有不少的中央苏区县出口依存度低于2%，而大多数沿海发达地区的出口依存度超过30%，深圳、珠海、东莞、惠州、厦门等市的出口额甚至高于国内生产总值。从外资依存度来看，江西中央苏区县的外资依存度高，和沿海发达地区的外资依存度之间的差距不大，主要原因是在"十一五"时期，已出现了部分珠三角、闽东南三角地区的台资、港资企业把生产线迁往劳动力资源丰富的赣州地区，[①]另一个原因是江西中央苏区县的GDP总量很小，上几个大的项目就可能得到较高的外资依存度。广东、福建的中央苏区县外资依存度与沿海发达地区的差距则比较明显。

---

① 赣州系商务部9个"加工贸易梯度转移重点承接地"之一，2007年"中部最佳投资城市"及"粤商最佳投资城市"。

表4 中央苏区县与沿海发达地区对外开放度比较

单位：%

地区	出口依存度	外资依存度	地区	出口依存度	外资依存度	地区	出口依存度	外资依存度
上饶县	21.02	9.25	吉安县	11.34	4.47	广州市	33.15	2.73
崇义县	8.63	1.68	吉水县	8.95	3.47	深圳市	144.26	3.04
宁都县	1.08	1.44	峡江县	9.58	5.15	珠海市	116.85	6.85
兴国县	0.77	4.72	新干县	7.17	4.6	佛山市	39.57	2.36
安远县	1.80	3.77	永丰县	7	3.13	东莞市	110.96	4.35
寻乌县	0.52	0.45	泰和县	10.75	4.26	中山市	82.32	2.44
会昌县	2.07	5.07	遂川县	6	3.91	江门市	79.73	8.49
石城县	0.36	3.84	万安县	10.68	6.34	肇庆市	58.97	21.21
瑞金市	7.88	4.87	安福县	4.89	4.15	惠州市	121.96	8.67
信丰县	11.28	5.54	永新县	6.32	3.41	福州市	35.35	2.57
于都县	2.62	4.59	井冈山市	0.47	2.4	厦门市	116.08	5.58
黎川县	7.27	3.08	万载县	11.12	2.59	泉州市	15.72	2.84
广昌县	8.87	4.86	南城县	7.91	2.19			
莲花县	15.86	6.94	南丰县	4.89	2.42			
上栗县	4.58	1.68	乐安县	3.88	1.05			
芦溪县	4.6	1.9	崇仁县	0	0			
分宜县	5.16	2.01	宜黄县	5.15	4.13			
贵溪市	8.54	1.92	金溪县	7.69	2.73	南平市	8.45	0.63
赣县	10.9	5.05	樟树市	2.8	2.27	三明市	7.82	0.60
大余县	0.88	6.54	资溪县	13.13	6.8	龙岩市	8.97	1.13
龙南县	27.6	7.32	上饶县	7.3	4.12	梅州市	10.51	1.24
定南县	8.34	8.32	广丰县	3.58	2.89			
全南县	15.23	10.54	铅山县	6.17	2.76			
南康市	2.78	5.52						

注：由于福建、广东统计年鉴中未统计县行政区的进出口和外资利用水平，因此，我们用中央苏区县所在市的外向度指标进行比较。

中央苏区县对外开放度不高，既和基础设施建设滞后等区位劣势有关，但很大程度上也是中央苏区县的发展思想、观念、行为、文化相对沿海地区更加封闭保守，开放意识不足，导致企业开拓国际市场的能力不高，只能在低层次上聚集各种生产要素，资源优势转化为经济优势的步伐缓慢。在引进外来直接投资方面，中央苏区县的外资依存度虽然和沿海发达地区的外资依存度并不存在显著的差异，但总量相距甚远，普遍缺少大的外资项目，境外知名企业很少落户中央苏区县，且许多外资项目以资源型产业、劳动密集型产业为主，对 GDP 的贡献度十分有限。

表5　中央苏区县与沿海发达地区对外开放特征比较

项　目	沿海发达地区	中央苏区县
经济结构	从引进外资的单向开放转为"走出去"与"引进来"的双向互动	以引进外资为主，缺乏走出去的实力
	数量扩张转向结构优化和水平提高，从结构提升阶段向要素优化阶段演进	规模扩张阶段；在外贸、外资总量上仍追求数量扩张产生的经济增长效应
	加工贸易在沿海发达地区进出口中占重要比重，但面临向内地转移趋势	加工贸易的土地和劳动力资源优势，但仍要克服区位劣势
发展要素	思想解放是沿海发达地区对外开放进展的基石	开放思想观念与市场经济发展要求有较大差距
发展程度	多层次的对外开放的格局已经形成	对外开放领域不广，对外宣传力度不足，知名度不足
资源禀赋	实现国内外资源互用，最大限度利用两种资源、两个市场很大	以本地优势资源为主参与国际产业分工，容易受自然资源及社会条件双重约束
产业配套	临港工业成为外向型经济的重要载体	工业基础薄弱，产业协作体系未形成

资料来源：作者根据有关资料整理。

四　基础设施互联互通

在中央苏区的发展历史中，由于地处山区，地形以丘陵山地和山间盆地为主，交通基础设施薄弱是影响中央苏区县与周边地区经济往来的主要因素，但随着近年来中央、地方对交通物流基础设施建设的重视，中央苏区县的交通基础设施也得到了迅速发展，部分中央苏区县已逐步形成"海陆空"兼备的立体交通体系，与沿海发达地区经济往来的空间距离进一步缩短。例如福建沙县建有飞机场、无水港（内陆地区设立的具有报关等港口服务功能的物流中心），并建成高速公路、高速铁路，成为闽西北承东启西、衔接南北的重要商贸物流枢纽。"十二五"期间，福建将进一步加强交通基础设施的建设，其中贯穿福建北部中央苏区县的有"杭州—南平—三明—龙岩—广州综合运输大通道"。海峡两岸经济区规划中也规划建设长汀经永安至泉州铁路、鹰潭经瑞金至梅州等铁路。

区域发展理论认为，交通基础设施的投资会产生乘数效应，即通过聚集经济、劳动力、运输网络经济和环境的条件改善促进区域的经济增长。随着中央苏区与沿海地区间交通运输基础设施的逐渐完善，铁路、公路、航道的立体交通体系的建成，将部分改变物流、信息流的走向规模和构成，改善中央苏区与沿海地区的资源要素的空间分布状态，产业、资本从沿海流向中央苏区的可达性和机动性大大提高。同时，网络状的基础设施将引致人口、资本、项目和各种经济活动向交通运输干线集聚，进一步转化交通联系为持续、稳定的经济联系，对增强中央苏区与沿海发达地区经济统筹发展效应有重大意义。

表6　中央苏区铁路基础设施通达性状况

基础设施路线	通达地域	规划及运营期
龙厦铁路	龙岩	运营2011年底
赣龙铁路	瑞金、长汀	2014年
向莆快速铁路	建宁、泰宁、将乐、沙县—福州	十一五
浦建龙梅铁路	清流、建宁、泰宁、连城、上杭—汕头	（规划）
杭广高速铁路	武夷山、沙县、永定、龙川—广州、杭州	（规划）
长泉铁路	宁都、石城、宁化、清流—长沙、泉州	（规划）
建武铁路	建宁、泰宁、邵武、武夷山	（规划）
鹰梅汕铁路	广昌、宁都、瑞金、会昌、寻乌（江西）、兴宁	（规划）
景宁铁路	武夷山	（规划）
吉武铁路	邵武、建宁、武夷山	（规划）
赣韶铁路	赣州、南雄	2012年

资料来源：作者根据有关资料整理。

第四节 统筹中央苏区与沿海发达地区发展障碍分析

中央苏区与沿海发达地区是有着较大发展差异的经济体，在经济社会发展方面存在着较大的不对称性，统筹两个区域间的经济社会发展注定存在着巨大的困难。为合理引导和规划中央苏区与沿海地区的生产要素流动，有效克服中央苏区与沿海发达地区统筹发展中的问题和困难，有必要对其中的深层矛盾和障碍进行深入阐释和分析。

一 文化差异导致统筹发展的认同度不足

中央苏区与福建、广东沿海发达地区地理和人文环境差异较大，由于山岭较多，沿海地区的交通与内陆腹地形成隔离，各区域相对往来少，文化呈现多元性。如广东的岭南文化就包括了客家文化、潮汕文化、桂系文化、海南文化等，福建省境内则有闽南文化、福州文化、客家文化等。江西的中央苏区县位于赣南，也是以客家文化为主。在各种类型的区域文化中，内陆山区由于最先接受到儒家思想，长期受中原正统文化的熏陶和教化，具有内陆文化的特质，文化中的规范性逐渐形成当地居民保守、排外等性格，在发展经济方面表现出缺少商品意识、竞争意识，仅局限于自给自足的小农经济。沿海地区则距中原更远，地区文化具有"远儒性"，居民逐渐形成开放、爱冒险、求创新的性格。同时，沿海居民同外界长期的文化交流以及日益繁荣的海上贸易也促使沿海文化具备开放性、创造性和包容性等特质。可以认为，中央苏区县与沿海地区的发展差距有一部分是来源于发展观念的差异，而观念的差异归根结底是文化经济性的差距。

文化差异对产业成长与企业经营决策行为有深刻的影响，尤其在类似企业集群这样的新产业空间成长过程中，地域文化的差异直接或间接地导致了集群形态的差异。① 在沿海发达地区企业向中央苏区地区进行投资的

---

① 李政新：《河南师范大学学报》2004 年第 6 期，第 78～81 页。

过程中，人才、投资环境等要素与局域文化特征密切相关，较大的文化差异对企业的本土化造成了一定的阻碍。

文化差异的存在对中央苏区与沿海发达地区统筹发展的"认同性"也存在一定的影响，文化认同意味着法律风险、经营风险、经济风险的下降，交易成本的降低，没有文化认同的经济合作则难以在有效的基础上得以进行。

二　交通基础设施通达性仍不足是统筹发展的直接障碍

尽管中央苏区县的交通基础设施状况有了较大程度改善，对激发沿线地区经济发展的活力起到了很大的作用，但基础干线的走向与经济势能在东西部之间梯度式的分布格局还结合得不够紧密。由于福建、江西的中央苏区县主要呈南—北分布的格局，在福建、江西省域内，中央苏区县的主要铁路线也呈南—北走向，且行政区划色彩较浓，这使得闽粤赣三省的梯度转移缺乏一个横向联系的纽带，无形间增大了空间距离，不仅加大了生产要素流动的运输成本，同时也降低了信息在产业统筹发展网络中的传递效率，增加了产业统筹网络中各主体寻求合作伙伴的信息成本。

此外，许多中央苏区县仅有一条或两条通道与周边地区连接，点对点的快速交通通道需要新建或改建，镇与镇之间的交通组织比较单薄，城乡道路网系统尚未形成。目前，福建中央苏区县主要依靠京九、漳龙、赣龙等铁路，龙岩市1区6县是苏区县，除武平外均已通铁路，三明市目前7个苏区县中仅有沙县一县通铁路。建设中的向莆铁路贯穿三明市域西北部的3个苏区县，但西南部明溪、清流、宁化三县仍是铁路空白，还存在"无铁路、无高速、无国道"的问题。江西省中央苏区县铁路建设也发展滞后，即将开工建设的鹰梅汕铁路可使4个现在不通铁路的苏区县通上铁路，但由于地理位置的原因，其路线只能选择经过宁都和石城两县中的一个。广东大多数中央苏区县的铁路交通也较薄弱，如南雄位于粤赣交通要道上，但也只有一条建设中的赣韶铁路通达，大埔县也只有梅坎铁路与周边地区连接。从新的各省中长期铁路规划来看，三明明溪、龙岩武平、赣州上犹等中央苏区县还是未能列入规划，不利于中央苏区县的均衡发展。

三 地方屏蔽效应是统筹发展的现实阻碍

屏蔽效应是行政边界阻碍空间相互作用的边界效用之一，主要表现在以下几个方面：一是地方保护主义明显，主要表现为区域行政主体经济决策的本位主义、司法等执法部门处理经济纠纷中的地方主义与工程招标中的地方垄断等。中央苏区县一些地区还未形成开放开发的发展观念和市场化运作的竞争意识，不可避免存在各种限制要素自由流动的区域壁垒。在这种条件下，企业要按照经济规律进行跨产业、跨区域、跨所有制的产业协作，必然面临着由于非经济因素所造成的高昂的外部交易成本，导致产业在区域间统筹困难重重。二是中央苏区县数量众多，地理位置相邻的苏区县产业结构具有相似性，不能排除一些地方政府为了发展本地经济，吸引资金，引进项目，在政策上不惜无原则地让利，影响区域协调发展。三是沿海地区的一些政府可能对本地产业存在一定的保护行为。企业迁出或到外地投资，意味着税收资源在转出地和外地政府间重新进行分配，企业原所在地政府为维护本地区的税收收入和经济利益，干预企业的自主投资行为。

第五节 构建中央苏区与沿海发达地区
统筹发展的机制与平台

体制机制是经济生活中内生变量的核心，经济生活中的一切创新，都要依赖体制机制予以保证。从一定意义上讲，技术进步和人力资本自身的发展与积累及其对经济增长的贡献取决于相应的制度（体制机制）创新。改革开放以来的区域经济发展证明，沿海发达地区经济实力的增强和发展的高速度是与持续发生的体制机制（制度）创新分不开的。在区域统筹发展议题中，体制机制创新同样不可低估。

一　体制机制在区域统筹发展中的作用

1. 创新法律体系是促进区域经济合作与发展的前提

由于中央苏区的区域经济合作属于市场行为，缺乏相应的政策、法规来予以规范，特别是合作各方正当权益及利益分配等没有可靠的法律保障。因此，闽粤赣边三地的地方人民代表大会及其常务委员会可从区域协调发展的实际情况出发，在不违背宪法、法律、行政法规的前提下，抓紧研究、制定相应的地方性法规，依法约束和保障中央苏区经济发展中各方的经济行为，加强在发展规划、基础设施、环境保护、市场准入、要素流动等方面的协调互动力度，革除资源重复配置、竞争盲目无序等弊端，为区域经济的发展提供强有力的法律保障和支持。

2. 建立利益机制是促进区域经济合作与发展的核心

建立互惠互利的利益调节机制。利益关系是政府间关系中最根本、最实质的关系。利益分配问题由此成为区域协调发展的核心问题，也是重复建设和地方保护主义顽症久治不愈的根源所在。建立利益调节机制必须本着差别原则和互惠性理念，提供一种恰当的利益兼容机制。一是建立利益分享机制。为突破中央苏区区域合作利益分享机制的瓶颈问题，在现有合作的基础上，建立符合中央苏区合作特色的"分享机制"。新的分享机制包含以下内容：争取中央政府的支持，得到相应的政策指导；新机制应强调地区之间既竞争又合作，并在此基础上实现产业利益的地区分享；实现利益分享形式的多样化；应在市场关系基础上形成一种新型地区经济关系，在强调效率优先的同时，重视公平原则，在平等、互利、协作的基础上促进各地区的共同富裕。二是建立利益补偿机制。按照博弈论的观点，作为制度交易博弈的行为主体，各方关注的都是自己一方的现实和未来的利益。怎样通过规范的制度建设，来实现中央与地方、地方与地方的利益转移，从而实现既得利益在地区间的合理分配。在行政区经济的特点和我国宏观经济转轨的大背景下，中央苏区与沿海地区合作关系中，必然存在发达地区与欠发达地区合作的地位不对等和优势不对称，这种合作关系的动力来自以政府为主导提供"利益补偿"的制度供给。主要表现在以政府为主导建立规范的财政转移支付制度和建立"共同基金",目的是要做到地区利益的补偿机制通过规范的利益转移来实现。"利益补偿机制"要强调公平,在机制运行中,政府处于核心地位,他是保障利益补偿机制能否切实得到贯彻落实的关键因素。

3. 构建有效的组织体系是突破区域经济合作与发展瓶颈的关键

区域合作是通过区域合作组织进行的,诺思认为"有效的组织是制度变迁的关键"。区域合作组织本身的出现是制度安排创新的产物,它使区域利益主体的获利空间得以扩大或延伸,能将原来对立的利益转化为一致利益,而且这种组织的安排方式是动态调整的,它既可能是正式的,也可能是非正式的;既可能是强制性的,也可能是诱致性的。从以往国内外的实践来看,有效的实施机制得以真正建立,必须在中央政府、地方政府和市场这三个层面上形成制度性的组织机构,实行多层次的协调互动。

根据目前中央苏区与沿海地区的合作模式组织机构的特点,这种柔性协商性松散的合作方式不适合未来长远的发展要求,仅仅依赖目前的组织机制,不能形成有力的约束和激励,不利于政策的贯彻落实。

4. 建立科学的政府考评机制是激励区域经济合作的有效制度

我国现有的对地方政府及官员的政绩考核制度,一方面过于偏重对地方政府 GDP 任务的衡量,另一方面又特别关注任期内业绩这一指标。在这一制度安排下,作为理性的经济人,区域地方政府及官员为追求业绩以及本地区经济快速增长,往往热心于市场分割与保护、过度竞争、重复建设等,结果造成了诸多负面影响。因此,在推进区域经济合作的有序发展过程中,有必要改革现阶段地方政府的政绩考核制度,适当调整片面强调 GDP 增长及任期内业绩的考核标准,可将区域经济合作成效作为政府政绩评价指标之一,具体可采用经济发展区域相关率指标、对内开放度指标、区域合作项目指标等作为评价政绩的必要标准,从根本上形成区域合作激励机制,鼓励各级政府扩大对内开放,进而有效推动区域合作关系。

5. 地方政府在制度创新中处于非常重要的地位

地方政府制度创新包括"由上而下"进行的强制性制度创新,"由下而上"的诱致性制度创新。地方政府促进制度创新,旨在实现本区域的经济增长和民众的福利提高。区域发展中有大量的组织、机构和团体相互发生着关系，地方政府在其中担当着政治、经济、文化和媒介方面的社会代理人角色，地方政府比国家在处理某些事务时有更多的灵活性和游刃的空间，能够在促进经济效益和竞争力、推动社会文化整合以及提供政治参与的舞台等方面更加有所作为。目前，区域合作在制度上的具体安排还停留在协议和战略层面上，必须从法律上加强约束力，从利益机制上实现供给，在组织机制上提供保障，并结合我国行政区经济的特点，充分发挥区级政府在制度创新中的作用。

总之，中央苏区与沿海发达地区统筹过程，由于范围比较广，涉及的议题比较复杂，又采取自愿、平等的协商机制，因此必须具有坚实的体制机制的有力保障，才能保证区域协调统筹发展的扎实推进，取得实效。

二　构建中央苏区与沿海发达地区统筹发展机制

1. 建立政府共商协作机制

一是建立党政联席会议制度。以中央苏区与沿海发达县（市）级政府为成员，每年轮值召开一次联席会议，由各县（市）书记、县（市）长以及有关部门负责人参加，指导和协调区域间各方多渠道、多层次的交流和协作，建立长期、稳定、紧密的区域合作关系，促进区域经济社会统筹、健康发展。

二是建立重大项目协商推进机制。实行双边或多边不定期磋商制度，加强跨区域公路、铁路、空港、内河航运、电网、信息网等关联性强的重大基础设施的统筹规划和项目建设的协调推进工作，促进基础设施尽快实现互联互通、共建共享。

三是建立重大公共安全联防协作机制。定期、不定期召开会议，统筹部署协调区域间重大公共安全事项的联控、联防工作，如重大疫情、生态危机、森林火灾、治安防控、重大群体事件等，提高应对和解决如重大自然灾害等突发性公共危机的能力。

2. 构建区域统筹发展的动力机制

一是构建中央政府对区域统筹发展的推动机制。中央政府应该积极协调各地方政府的经济统筹发展工作，为区域政府间合作创造良好的制度环境，为经济统筹发展提供一个有利于降低经济交往交易成本的制度安排。中央政府应对各省区进行经济统筹发展的积极性予以激励，鼓励区域合作，保护区域合作，推动区域合作。比如，对区域合作项目的投资给予工具性政策的倾斜、对跨区域的产业给予目标性政策的扶持、对跨区域的企业给予工具性政策的优惠、对跨区域的合作开发给予制度性政策的肯定、对积极推进区域合作的部门和领导的政绩评价应通过量化指标予以认可。

二是构建地方政府对区域内经济统筹发展的推动机制。地方政府应共同制定有利于区域内经济统筹发展的整体战略部署与谋划，并应规划其近期、中期和远期战略目标。各级政府之间应加强彼此之间的联系、信息交流和组织建设，并为所在地区的市场主体提供良好的制度环境，保护市场主体的合法权益。各级政府应消除阻碍市场主体发展的体制约束和不平等待遇，完善相关支持政策和服务体系建设。

3. 建立健全区域统筹发展的双赢机制

为了保证区域统筹的顺利和持久，还需要建立区域长期合作的双赢机制。中央苏区政府要积极主动加强与沿海发达地区（省内和省外）的经济联系与协作，相互建立对接关系，建立互助互惠和帮扶关系。要通过产业、基础设施、市场、文化、规划、政策等一系列对接、融合，建立起能有效整合区域资源的发展模式，实现区域持续、快速、双赢、统筹发展。

一是建立区域合作协调组织。目前各地政府大多表现出合作的愿望，类似城市联盟这样的区域合作也已开始，但基本上是一种非制度性的合作，缺乏强有力的组织保证。在合作初期可以建立转移地和承接地行政首脑联席会议制度，定期或不定期进行沟通协调，双方共同设立联络办公机构负责日常工作协调。发展到一定阶段要设立两地经济协调委员会等组织机构（委员会下设专业委员会和工作小组），两地行政长官轮流担任轮执主席，就包括产业转移在内的重大问题进行商讨和协调。除了政府间的合作组织，还可以建立跨地区的民间组织，比如建立共同的商会、行业协会、企业家协会等，这些组织的运作市场化程度高、成本低、效率高。

二是建立区域合作规则。没有共同的规则就不能对合作双方进行有效的约束，甚至一方领导人的人事变动就能让合作前功尽弃。为了合作的顺利，对双方达成的共识在自愿的基础上以制度化、法规化的规则来固化，通过彼此约束来降低合作成本。

三是推动区域一体化。沿海发达地区要充分发挥中心城市的强大辐射作用，积极利用与中央苏区县工业化阶段和产业梯度的差异，通过产业垂直分工和水平分工来强化产业联系，在基础设施、产业发展等方面作为一个整体来规划，着力实行统一规划、整体布局、资源共享、设施共建、交通互连、文化互融，以实现区域优势互补、共同发展。

4. 建立区际合作的利益补偿机制

区域合作不仅有区域间的合作，也包含区域间的利益博弈，这就使得区域合作关系变得十分复杂，仅靠合作中的诚信是不能维持长期合作局面的。因此，中央苏区与沿海发达地区间的合作，建设一种促进合作的利益补偿机制，在关乎区域整体利益的合作项目中，对在合作中作出牺牲的一方进行补偿。在补偿机制下，合作各方应当清醒认识到本地区的优势与不足，扬长避短，充分发挥本地区的比较优势，避免定位不清和区域内部重复定位的问题。

一是健全以合理的资源价格为基础的资源开发补偿机制，在市场经济条件下，应当建立国家宏观调控下市场发挥基础性作用的资源价格形成机制，使资源开采地区更多地分享资源开发的收益，促进资源的高效利用和资源开采地区的发展。（1）坚持按照市场定价原则，推进资源产权制度改革，使资源价格反映开采成本、生态环境成本和资源稀缺程度（市场供求）情况，促进资源利用效率的提高。（2）引导和规范各类市场主体合理开发资源，承担资源补偿、生态环境保护与修复等方面的责任和义务。（3）在资源价格形成机制还不完善的情况下，有必要建立资源产业链上下游之间、资源主产区和资源加工区之间合理的价格利益调节机制、相关行业的价格统筹机制、对部分弱势行业和弱势群体适当补贴的机制等。（4）调整资源税政策，适当提高资源税征收标准。保证国家作为资源所有者的合理收益，将资源税由从量征收改为从价征收，或者改为按占有资源量征收。

二是推进重要生态功能区开展生态环境补偿试点。加快推进中央生态补偿试点，条件成熟时选择有代表性的跨省区流域、重要生态功能区继续开展生态补偿试点。通过建立并不断完善生态环境补偿机制，为重要生态地区的生态环境建设开辟稳定的资金来源渠道，促进重要生态地区的生态环境保护和民生改善，带动我国其他相关区域的生态环境建设。对于受益主体不明确的，由政府出资建立生态补偿基金进行补偿。对于受益主体比较明确的，按照生态有价的理念，可以由受益地区向生态保护地区进行市场化、协商式的补偿，比如可以从水、电、气、旅游等相关收入中拿出一定的比例补偿生态功能区。应大力推进以对口支援为主的横向生态环境补偿机制，支持发达地区帮助落后地区开展生态环境建设。

5. 建立多元化的产业统筹发展机制

一是加大各方对产业统筹的支持。各级政府及有关部门都要把支持和引导产业统筹作为加快中央苏区振兴的工作重点，对转移到苏区的产业项目在项目审批、金融服务、人才和技术支撑等方面给予优先支持。沿海发达地区政府和有关部门尤其要积极支持本地有关产业和企业与中央苏区统筹发展。沿海发达地区高新技术开发区、特色产业基地等已有的创业孵化、创新服务机构可以结合自身优势在中央苏区设立分支机构。

二是改变单一协调模式，鼓励企业发挥主导作用。企业是区域发展的主体，也是区域合作的主体。政府推进区域合作的出发点和落脚点最终都体现在区域企业间的合作上，而且，区域合作与发展的目标也最终必须由企业之间的合作来实现。区域产业统筹发展不是各个区域产业之间简单的合并，必须把单一的资金扶持与援助转变为经济、技术、文化、组织和制度的全面交流。只有把原本分割的经济利益有机联系在一起，才能够真正做到区域之间的统筹、协调发展。在中央苏区与沿海发达地区产业统筹过程中，要创造条件，指导沿海发达地区的企业进入中央苏区，把它们的资金、技术、管理投向苏区的优势产业，以引导和促进中央苏区与沿海发达地区产业统筹发展。双方政府，一方面要充分动员和组织企业参与区域间的经贸交流和投资合作；另一方面还要通过环境的营造和区域合作政策措施的制定，切实保障企业主体作用的发挥，保护企业的合作成果。

三是充分发挥商会、协会的组织作用。在实际的经济活动中，民间商会、行业协会等社会中介组织，往往发挥着十分重要的组织作用。包括经贸信息的提供、经贸考察洽谈活动的组织、政策法律咨询、与政府部门的衔接联系等方面。因此，推进中央苏区与沿海发达地区的经贸合作，也应当让更多的民间商会、行业协会等社会中介组织参与。特别是政府部门，要逐步从组织区域间重大经贸洽谈等具体的活动中退出来，专心致力于规划、政策的研究和环境的营造，让位于商会、协会等，由其组织企业开展各种形式、不同规模的经贸交流和洽谈，搭建区域经贸合作的市场平台。

四是建立共建产业园区利益共享机制。积极探索建立区域间利益共享的合作机制，鼓励采取区中园、共管园、托管园和"飞地经济"等多种模式，合作共建园区。一是承诺将转移企业的管理营销部门留在发达地区；二是通过税收分成让发达地区政府分享共建园区收益；三是将园区服务业优先委托给发达地区企业承担；四是建议省政府与国家有关部门协商，对合作共建产业园区特事特办，研究制定 GDP 指标分解和跨区域合作政府的绩效考核办法。消除发达地区对因产业转移而出现产业空心化、税收减少、产业竞争力下降、就业不足等问题的顾虑。

6. 建立科学合理的区际合作保障机制

一是建立科学的地方政府绩效评价体系。应该明确，今后评价地方政府绩效，应突出地方政府在推动区域合作方面的作用，重点考虑各地争取中央政府强化对区域合作关系的支持力度，从根本上打破地区封锁格局，对区域合作项目的投资给予工具性政策倾斜，对跨区域产业给予目标性政策扶持，对跨区域的企业给予工具性政策优惠，对跨区域的合作开发给予制度性政策肯定，等等。同时，对于积极推进区域合作的部门和领导的政绩评价，也应通过量化指标予以认可和鼓励。

二是建立区际合作的行为约束机制。为了防止区域合作中的机会主义行为，保障区域合作持续健康发展，区域政府间需要建立一套区域合作的行为约束制度。其构成要件有：区域合作章程中明确的行为惩戒条款，包括区域合作各方在合作关系中应遵守的规则、在违反区域合作条款后应承担的责任、对违反区域合作规则所造成的经济和其他方面损失应负担的经济赔偿规定；加快建立区域合作冲突协调组织，负责区域合作中矛盾和冲突的裁定；中央政府通过相关的政策和法规对区域合作进行规范，对区域合作中的非规范行为作出惩罚性的制度安排；等等。

三是创新区际公共事务多元化治理机制。当前我国区域统筹发展中存在的许多问题都具体表现为跨行政区的区域公共问题，如区域环境保护、流域治理、跨境基础设施建设、自然资源开发和利用等，这些问题仅仅依靠单一的行政区组织已无法有效地解决。因此，应尽快在现有区域合作组织的基础上，完善区域合作的政策协调、利益协调、争议解决、广泛参与机制。要积极探索建立区域合作发展基金，由区域合作组织成员联合出资，用于引导区域重大基础设施建设补助、生态治理、区域信息平台建设等公共服务领域。要鼓励建立以区域合作组织、企业、各类中介组织等多主体参与的区域治理模式。

7. 建立地区统筹发展的长效机制

一是在行政区划调整上创新。要淡化行政区划色彩，强化经济区域功能，打破部门、市域界限，本着"互惠互利、优势互补、结构优化、效益优先"的原则联合起来，推动城市间、地区间的规划联动、产业联动、市场联动、交通联动和政策法规联动。通过行政区划改革整合区域资源，调整区域产业结构，壮大跨区域的龙头产业，以较低的成本促进产业优势的形成；通过行政区划改革促进资源和利益重新分配，促进改善社会利益结构，促进区域经济发展。

二是在发展模式转型上创新。转变发展模式，实现基础设施共享、功能资源优势互补，实现沿海发达地区资金、管理、信息、品牌与中央苏区等内陆地区的劳动力、土地、自然资源、市场等方面优势互补。中央苏区要主动融入、承接沿海工业区辐射，延长产业链，构建产业带，打造产业群，着力在"集群经济、循环经济、知识经济、生态经济"发展方面取得进展。

三是在主体功能区建设上创新。要根据资源环境承载能力和发展潜力，按照优化开发、重点开发、限制开发和禁止开发的不同要求，明确不同区域的功能定位，并制定相应的政策和评价指标，逐步形成各具特色的区域发展格局。通过不同区域的功能定位，有利于统筹协调人口、资源环境与经济的发展；通过相配套的评价、干预和扶持政策，有利于调控地区收入差距；通过明确不同土地资源对经济功能、社会功能以及生态功能的适应性，有利于协调区域经济社会发展。

四是在政绩考核上重点创新。长期以来，我国对地方政府的绩效评价和政绩考核重点是围绕经济和财政领域开展的，而且具体的考核办法、考核内容和考核结果不对外公布，造成地方政府盲目追求经济增长、忽视社会发展和生态环境保护的现象。针对中央苏区等贫困落后地区经济社会发展的实际情况，建立以社会发展和生态环保为主导的绩效考核体系势在必行。要切实加强对社会发展领域的考核，制定就业、社保、教育、卫生等不同领域的考核评价指标和权重，进一步强化生态功能区的生态环境考核指标，完善绩效评价和政绩考核制度，增强考核办法、考核内容和考核结果的透明度，保障舆论媒体和普通民众的参与监督权利，从绩效评价和政绩考核制度上推进区域结构优化和发展模式的转变。

三　构建中央苏区与沿海发达地区统筹发展平台

1. 建立联席会议制度

每年定期召开有省（区）省会城市市长参加的联席会议，研究解决合作中的重大问题，并根据省（区）合作的新精神调整本协议的相关内容。围绕共同关心的重大问题，进行联合研究合作，为联席会议提供决策服务。

2. 政府秘书长协调平台

协调推进合作事项的进展，组织有关单位联合编制专项合作计划，并向年度联席会议提交主要合作项目的进展情况报告和建议。设立日常工作办公室，负责合作的日常工作。

3. 建立部门衔接落实制度

建立各行业主管部门与重点地区的对口合作关系，组织专题合作活动。合作各方责成有关主管部门加强相互间的协商与衔接落实，对具体合作项目及相关事宜提出具体实施措施，制订详细的合作协议、计划和工作方案，落实本协议提出的合作事项。对已达成合作意向和已签约的合作项目由有关管理部门跟踪服务和协调落实。

4. 设立"首长论坛"

论坛实行"联合主办、轮流承办"的原则。"首长论坛"与联席会议有机结合，每年举办一次，上届论坛决定下届承办城市。"首长论坛"可结合承办城市的重大会展、商贸洽谈活动举行。

5. 建立公共服务平台

公共服务平台主要是地方政府或民间为本地企业提供设备、资金、技术、信息、培训等服务的形式。按照服务平台功能不同，可分为基础条件服务平台、研发公共服务平台和创业公共服务平台三大类。基础条件服务平台是通过共用、共享提供研发需要的软件和硬件设备，为企业降低研发成本和风险而建立的服务平台，包括大型仪器、中试平台、测试手段、技术手段、科技文献、信息等。研发公共服务平台以应用技术的产业化为目标，通过两地科技人员的合作，研究开发产业发展急需的关键技术、共性技术和前瞻性技术，着力于科技成果商品化、产业化开发，加速产业升级换代。创业公共服务平台是由一系列包括人财物相互关联的资源，经过整合而形成的集成式保障服务，包括各种有形和无形的创业服务。

6. 建立健全行业协会、商会等民间组织

推进区域间各类行业协会或商会之间的联合与合作，充分发挥其在招商引资、信息交流、行业自律、反倾销等方面的重要作用。合作出版学术研究刊物，研究、总结合作和发展中的经验，展现专家观点，体现民情民意。

（吴德进、张旭华）

主要参考文献

[1] 国务院:《国家基本公共服务体系"十二五"规划》(国发〔2012〕29号)。

[2] 福建省委办公厅、省政府办公厅:《关于进一步加强农村公共文化服务建设的意见(2012)》。

[3] 福建省住房与城乡建设厅:《福建省城镇体系规划(2010~2030)》。

[4] 云南省发展与改革委员会:《云南省统筹城乡协调发展总体规划(2009~2020)》。

[5] 沾益县发改局:《沾益县推进城乡统筹协调发展规划(2009~2020)》。

[6] 云南省人民政府门户网站:《云南推进城乡统筹协调发展规划(2009~2020)》。

[7] 西安交通大学中国管理问题研究中心:《2012中国社会管理发展报告》,科学出版社,2012。

[8] 迟福林、殷仲义:《城市化时代的转型与改革》,华文出版社,2010。

[9] 苏时鹏:《城镇化进程中的城乡基本公共服务均等化研究》,中国农业出版社,2011。

[10] 曹志勇:《新农村基础设施》,中国社会出版社,2006。

[11] 李学举:《加强社会建设和管理促进社会和谐与发展》,《求是》, 2005（06）。

[12] 仇晓洁等:《中国农村社会保障财政支出效率分析》,《经济问题》, 2012（03）:74－78。

[13] 刘畅:《收入分配视角下的城乡一体化社会保障体系》,《宏观经济管理》,2011（02）:40－41。

[14] 李斌宁:《社会保障指标体系的实证分析》,《工业技术经济》,2007（08）:69－76。

[15] 马晓河、刘振中:《"十二五"时期农业农村基础设施建设战略研究》,《农业经济问题》,2011（07）。

[16] 方菲:《从失衡到均衡:统筹城乡社会保障制度的路径研究》,《理论探讨》,2009（06）:72－75。

[17] 黄庆华、王钏、姜松:《城乡统筹发展水平测度及动态研判:以重庆市为例》,《农业技术经济》,2012（02）:99－108。

[18] 张金艳:《美国农业基础建设的经验及启示》,《国际经贸探索》,2009（02）。

[19] 景天魁:《适度公平就是底线公平》,《中国党政干部论坛》,2007（04）:25－26。

[20] 陈振明、李德国:《基本公共服务的均等化与有效措施》,《中国行政管理》,2011（01）。

[21] 吴知论:《以保障和改善民生为重点　推进社会管理体制创新》,《中国机构改革与管理》,2011（02）。

[22] 赵晓呼、钟龙彪:《服务:社会管理的核心价值》,《求知》,2011（05）。

[23] 吴宇、李巧莎:《日本、印度金融支持农村基础设施建设的经验及启示》,《日本问题研究》,2009（01）。

[24] 王习明、彭晓伟:《新农村建设之国际经验——以日、韩、法、印为例》,《三农中国》,2007（04）。

[25] 何灵:《城乡收入差距视角下的农村社会保障制度建设》,《安徽农业科学》,2012（02）:7453－7454,7464。

[26] 王宁：《城乡社会保障均衡发展的制度设计及路径选择——基于对昆明市的实证分析》，《安徽农业科学》，2012（11）：6814－6817。

[27] 张雪、付林：《农村社会保障的差异衡量与评价研究》，《商业研究》，2009（06）：183－186。

[28] 李月风：《福建农村公共服务供给问题分析》，《发展研究》，2008（05）。

[29] 胡献政：《福建省"十二五"期间加快推进公共服务均等化的政策建议》，《发展研究》，2012（01）。

[30] 刘书祥、王克祥：《农村基础设施建设落后状况亟待改善》，《中国金融》，2007（06）。

[31] 王金凤：《财政支持福建省加快农村基础设施建设的探索》，《中国商界》，2010（08）。

[32] 林小香、陈群勇：《福建推进基本公共服务均等化研究》，《北方经济》，2012（12）。

[33] 林俏、李宏：《论城乡统筹发展背景下的社会保障制度》，《沈阳师范大学学报》（社会科学版），2012（01）：102－105。

[34] 陈振明：《提升公共服务质量的战略与策略——福建省"十二五"公共服务案例研究》，《电子科技大学学报》，2011（03）。

[35] 李时鹏、张春霞：《农村公共服务的差距分析与体系构建》，《华南农业大学学报》，2006（01）。

[36] 祖薇：《福建农村公共服务体系建设：问题、原因与对策》，《江西农业大学学报》，2010（06）。

[37] 赖文忠：《福建"十二五"提出努力实现基本公共服务均等化》，《福建日报》2011－12－31。

[38] 王敬尧：《逐步实现基本公共服务均等化的重大意义》，《学习时报》2011－01－08。

[39] 朱海波：《城乡基本社会保障一体化研究》，中共中央党校，2007。

[40] 陈卫璀：《福建省统筹城乡经济发展研究——基于马克思主义城乡关系理论》，福建农林大学，2010。

［41］张明花：《福建省城乡经济协调发展研究》，福建师范大学，2008。

［42］刘蕾：《城乡社会养老保险均等化研究》，山东大学，2010。

［43］王谦：《进一步优化我国社会管理和公共服务对策的探讨》，湖北省行政管理学会 2006 年年会论文集，2007。

［44］杨军剑：《公众参与社会管理的基本思路和对策分析》，第 19 届中国社会学年会社会稳定与社会管理机制研究论文集，2009。

［45］仲伟金：《浅谈社会管理存在的问题及解决对策》，中国法学会行政法学研究会 2010 年年会论文集，2010。

后　记

　　本专著由伍长南担任主编，吴肇光、陈捷担任副主编，共同负责对全书章节的确定、定稿工作。参加本专著撰写的人员有：第一章（吴肇光、倪成）；第二章（林昌华）；第三章（伍长南）；第四章（黄继炜）；第五章（马晓红）；第六章（陈捷）；第七章（张旭华）；第八章（冯洁）；第九章（程春生）；第十章（伍长南）；第十一章（吴德进 张旭华）。本专著在研究与撰写过程中，参考了大量的国内外相关著作、论文、专题研究等成果，并引用了福建省各有关部门的相关研究成果及"十一五"专项规划纲要等资料，在此谨表谢意。

　　本专著在出版过程中，得到社会科学文献出版社的大力支持，在此一并致谢。

图书在版编目（CIP）数据

统筹城乡发展研究／伍长南主编.—北京：社会科学
文献出版社，2013.4
ISBN 978 - 7 - 5097 - 4360 - 7

Ⅰ.①统…　Ⅱ.①伍…　Ⅲ.①城乡建设－经济发展－
研究－中国　Ⅳ.①F299.2

中国版本图书馆 CIP 数据核字（2013）第 041141 号

统筹城乡发展研究

主　　编／伍长南
副 主 编／吴肇光　陈　捷

出 版 人／谢寿光
出 版 者／社会科学文献出版社
地　　址／北京市西城区北三环中路甲 29 号院 3 号楼华龙大厦
邮政编码／100029

责任部门／经济与管理出版中心（010）59367226　　　　责任编辑／许秀江
电子信箱／caijingbu@ ssap. cn　　　　　　　　　　　责任校对／王彩霞
项目统筹／许秀江　　　　　　　　　　　　　　　　　　责任印制／岳　阳
经　　销／社会科学文献出版社市场营销中心（010）59367081　59367089
读者服务／读者服务中心（010）59367028

印　　装／三河市尚艺印装有限公司
开　　本／787mm×1092mm　1/16　　　　　　　　　印　　张／21.75
版　　次／2013 年 4 月第 1 版　　　　　　　　　　　　字　　数／333 千字
印　　次／2013 年 4 月第 1 次印刷
书　　号／ISBN 978 - 7 - 5097 - 4360 - 7
定　　价／79.00 元